LES MOTS MIGRATEURS

Du même auteur

AUX ÉDITIONS DU SEUIL

Allons-y, Alonzo !
ou Le Petit Théâtre de l'interjection
1994, « Point-Virgule », n° 137

Le Dico des mots-caresses
1997, « Les dicos de Point-Virgule »

Calembourdes
1999, « Point-Virgule », n° 189

Les Mots voyageurs
Petite histoire du français venu d'ailleurs
2003

AUX ÉDITIONS DU SORBIER

Les Mots oiseaux
Abécédaire de mots venus d'ailleurs
2007

Marie Treps

LES MOTS MIGRATEURS

LES TRIBULATIONS DU FRANÇAIS EN EUROPE

Éditions du Seuil
*27, rue Jacob, Paris VIe*

À Mélanie et Lucie

ISBN 978-2-02-086258-5

www.editionsduseuil.fr

J'ai longtemps vécu sous de vastes tropiques.

Enfin, presque. J'ai passé ma belle jeunesse à deux pas de la frontière belge et, je dois vous le dire, cela m'a ouvert des horizons.

À peine la barrière rouge et blanc franchie, on se retrouvait en pays wallon et le français se bariolait de nouvelles couleurs.

Là, on vous dit « Bondjou ! » « A'rvoye ! » « K'mint va-t-i ? ».

Là, une femme est une « feume », un imbécile un « djondu », et le « pistolet » un petit sandwich. C'est comme ça.

Ce français agrémenté de mots wallons, il ne faut guère d'efforts pour le comprendre, même si quelques mots chatouillent l'oreille. Le wallon est une variété des dialectes romans d'oïl, c'est dire qu'il a poussé sur le terreau latin. Mais, tout de même, le pur wallon, peu parlé de nos jours, diffère du français. Et puis il y a l'accent.

La première impression que m'ont laissée ces expéditions enfantines en territoire belge n'a jamais été démentie par la suite : les frontières linguistiques sont choses subtiles.

Les grands jours, nous nous aventurions plus au nord. Alors, un changement brutal se produisait. Du côté de Bruxelles, un parler étrange faisait son apparition. Pas de doute, on parlait là deux langues se ressemblant autant qu'une carpe et un lapin.

Admettez que le wallon fut le lapin, et vous allez deviner que la carpe n'était autre que le flamand. Si l'un est roman, l'autre est germain.

Cela m'a toujours réjouie d'entendre parler, à Bruxelles, un français bigarré et une langue à mes yeux on ne peut plus exotique. Lire les panneaux routiers flamands est une véritable aventure oculaire. Voyelles redoublées (oo/aa), débauche de consonnes organisées dans d'improbables suites (chts/msch), des noms longs comme ça. Ah! le flamand.

La voyageuse imaginaire que j'étais déjà se disait qu'il n'est pas besoin d'aller bien loin pour changer d'univers.

Plus au nord, le wallon disparaît. Quelques kilomètres suffisent et pfuitt…

Alors, sans quitter la Belgique, nous avions franchi une seconde frontière ? Beaucoup moins douce que la première. Ainsi, pensais-je, une frontière linguistique peut ressembler à un mur ? J'eus la confirmation de cette intuition quand j'appris que Wallons et Flamands pouvaient en venir aux mains pour des motifs linguistiques. Que des querelles de mots pouvaient se révéler identitaires, je ne l'avais pas encore compris.

Bien plus tard, à Bruxelles, j'ai rencontré des vrais « zineke », des gens qui, ne se voulant ni d'un côté ni de l'autre, revendiquent de n'être pas purs, se sentent riches d'une double culture. « Zineke » désigne un chien bâtard.

Entre-temps, j'étais devenue linguiste. Ce n'est peut-être pas un hasard.

M.T.

PROMENADE FRANÇAISE EN EUROPE

Moi, je remercie cette même Providence de m'avoir fait naître français parce que j'aime beaucoup à courir, et qu'il me paraît fort doux et fort commode de trouver ma langue chez tous les peuples de l'Europe [...] mais je suis forcé d'avouer aussi que nous abusons bien souvent de nos avantages, et que nous sommes les enfants gâtés de toutes les nations du monde.

Charles de Peyssonnel, *Petite Chronique du ridicule. Les Français ont-ils changé depuis 1782 ?*

Au cours de l'hiver 2007, j'ai séjourné quelques jours à Budapest. Je n'étais jamais allée en Hongrie, j'ignorais tout du hongrois, langue avec laquelle le français n'a aucune accointance. Et pourtant, dès mon arrivée, j'ai éprouvé un sentiment de familiarité. J'étais allée rendre visite à une lointaine cousine... Nous ne nous connaissions pas, il nous aurait été impossible d'entretenir la moindre conversation, mais d'évidence nous appartenions à la même famille. La famille européenne ?

Mais jusqu'où s'étend l'Europe ? Que l'on se place d'un point de vue géographique, historique ou politique, la question embarrasse. Selon les géographes, l'Oural est la frontière au-delà de laquelle le continent est dénommé Asie. L'Europe au temps de l'Humanisme s'arrêtait aux frontières de la Pologne, elle a, au siècle des Lumières, repoussé ses limites jusqu'à l'extrémité du continent, accueillant la Russie dans son giron. Si, au sud, la Méditerranée borde l'Europe, avec, à l'ouest, la borne du détroit de Gibraltar, doit-on placer la limite sud-est aux rives du Bosphore ? Cela pourrait contenter les géographes, mais une Europe ainsi délimitée englobe Istanbul, le centre nerveux de la Turquie. Or la question des frontières de l'Europe politique fait débat, comme on sait.

Être citoyen d'Europe, c'est partager un territoire, ancré dans une triple réalité, géographique, historique et politique.

La première est incertaine, les deux autres mouvantes. Il n'empêche, on peut se sentir européen. Sur quoi repose ce sentiment ? L'Europe réunit en son sein des nations affranchies de leurs frontières réelles, des nations entre lesquelles quelque chose fait lien, qui est de l'ordre de l'imaginaire.

Au-delà des différences et des particularités, en dépit des conflits et des déchirures, s'est patiemment échafaudée une Europe qui fut l'œuvre de l'esprit et n'eut jamais autant d'éclat qu'au XVIIIe siècle, dans la lumière, alors, de l'influence française. Cette Europe de l'esprit, scellée par des valeurs issues des Lumières, fit du français sa langue d'élection. Messieurs les Anglais inventèrent alors un mot pour désigner la mode qui avait saisi l'Europe aristocratique : *gallomanie*.

Cette passion qui sévit au cœur du XVIIIe siècle, toute furieuse qu'elle fût, ne dura point au-delà de quelques décennies : la Révolution française se chargea de rafraîchir l'enthousiasme des plus fervents francophiles. Mais, bien avant cet épisode gallomaniaque – depuis le Moyen Âge – et bien au-delà – aujourd'hui encore – des mots français n'ont cessé de voyager à travers le continent, escortés par des soldats ou des pèlerins, des clercs, des poètes ou des étudiants, par des princes ou des aristocrates, par des voyageurs ou des émigrants, par des commerçants ou des techniciens, faisant étape dans telle ou telle langue, s'établissant ici ou là, rejoints par d'autres au cours des siècles.

La vaste Europe qui aujourd'hui porte l'empreinte de la langue française, nous allons la parcourir ensemble.

Tout commence au Moyen Âge

Dans une Europe médiévale où le latin assurait les échanges entre nations, le français trouva ses premiers ambassadeurs parmi les chevaliers et les pèlerins, les commerçants, les étudiants et les poètes. Grâce à eux, du XIIe au XVe siècle, le français peu à peu s'imposa, à côté du latin, comme langue internationale.

Les conquêtes territoriales d'une France à forte démographie, accompagnées de migrations, ne furent pas sans incidence sur la carte linguistique de l'Europe. L'implantation normande en Sicile (à la fin du XIe siècle) a laissé des traces encore audibles aujourd'hui dans le dialecte de l'île. La conquête de l'Angleterre par les Normands (Guillaume le Conquérant, duc de Normandie, est sacré roi d'Angleterre en 1066) eut un impact décisif sur l'histoire de la langue anglaise.

Les incitations au départ ne vinrent pas seulement des autorités temporelles. Des motivations religieuses ont poussé les gens de France sur les routes. Les pèlerinages à Saint-Jacques de Compostelle, Rome et Jérusalem ont participé à la diffusion du français en Europe du Sud (Espagne, Portugal, Italie) et au Proche-Orient.

Les mots français empruntèrent aussi, tout naturellement, les voies du commerce, de tout temps favorable aux échanges linguistiques.

L'expansion précoce du français est enfin liée à des facteurs culturels. Au XIIIe siècle, le prestige de l'Université de Paris attire un auditoire international, Thomas d'Aquin et d'autres grands maîtres étrangers viennent y enseigner. On y croise des étudiants italiens, allemands, anglais, écossais, polonais, hongrois. Ces étrangers se mêlent à de proches voisins, les Lorrains, les Comtois, les Brabançons et les

Flamands. Certes, à l'université comme dans les collèges, l'enseignement est dispensé en latin, mais la vie estudiantine familiarise les jeunes gens étrangers avec le français de Paris. Leur diplôme en poche, ils rentreront chez eux en emportant des bribes de vocabulaire français et des rudiments de syntaxe. Bientôt, dans l'Europe médiévale, le français s'impose comme une langue du savoir. L'auteur norvégien d'une encyclopédie recommande l'apprentissage du français : « Si tu veux être parfait en science, apprends toutes les langues, mais avant tout le latin et le français, parce qu'ils ont la plus grande extension. »

La littérature de langue française, lue, appréciée et même composée bien au-delà du domaine d'oïl, participa également au rayonnement médiéval du français. À l'aube du XIIIe siècle, le troubadour catalan Raimon Vidal, tout comme deux siècles plus tard l'écrivain italien Dante Alighieri, associent spontanément langue d'oïl et genre romanesque. Chansons de geste et romans français voyagent en Italie, en Angleterre, en Allemagne, aux Pays-Bas.

Ainsi, les circonstances politiques, économiques et culturelles favorisèrent la course du français à travers l'Europe naissante. Le prestige de cette langue y est reconnu en différents endroits, à Venise notamment, quand, à la fin du XIIIe siècle, Marco Polo dicte en français *Le Livre des merveilles*, récit de ses aventures en Extrême-Orient.

Au crépuscule du Moyen Âge, la langue française était devenue une langue convoitée.

Une langue véhiculaire émerge dans une Europe polyglotte

Au siècle de l'Humanisme, deux événements majeurs vont bouleverser le paysage linguistique, l'avènement des langues nationales et la naissance de l'imprimerie. Dès le XVIe siècle, et surtout au siècle suivant, des ouvrages de plus en plus nombreux, écrits dans la langue natale, sont traduits tandis que les élites, les princes notamment, développent des pratiques polyglottes : Louis XIV maniait fort bien l'italien. L'usage d'une langue internationale n'en est pas pour autant inutile, mais le latin, qui en tient lieu, s'efface peu à peu et ne se maintient que dans des milieux savants restreints.

Or, la prééminence politique et culturelle de la France liée au règne de Louis XIV installe un contexte favorable à la propagation du français. Celui-là gagne du terrain dans les domaines de la philosophie, de la médecine, de la banque, du grand commerce et de la diplomatie. La France est alors le pays économiquement le plus avancé et celui d'où vient la nouveauté. Ses produits – en particulier les produits de luxe – sont demandés et appréciés partout, les modes et les usages français s'implantent dans leur sillage.

Dans cette Europe du XVIIe siècle, le français circule encore avec les jeunes gens lettrés. Aux Pays-Bas, douze écoles l'enseignent, les universités allemandes et anglaises recrutent des professeurs français renommés.

Étudiants, soldats, princes… Nombreux étaient ceux qui, au XVIIe siècle, se trouvaient d'une manière ou d'une autre exposés aux langues étrangères, et particulièrement au français. Et celui-là, fraîchement peaufiné par le grand réglage classique, se trouvait prêt à jouer un rôle prééminent.

Un événement majeur de la politique du Roi-Soleil eut alors des conséquences inattendues. La révocation de l'édit de Nantes (1685) provoque le départ de France de près de 200 000 huguenots (le cinquième de leur effectif) vers le « Refuge » (Angleterre, Provinces-Unies, Prusse et Suisse). Ces émigrants vont être des agents de diffusion de la culture et de la langue françaises dans les pays d'accueil, d'autant que l'enseignement du français est un métier tout trouvé pour les protestants exilés à l'heure où cette langue jouit d'un indéniable engouement auprès des élites cultivées. La diaspora huguenote joue ainsi un rôle capital dans la diffusion du français en Europe du Nord, et par son insertion dans la société civile et par sa présence auprès des princes et des aristocrates.

S'il n'a pas encore, au XVIIe siècle, le rôle de langue diplomatique qu'il endossera au siècle suivant, le français, considéré comme propice à l'échange d'informations et d'opinions, tient lieu de langue véhiculaire. Dans les sociétés de cour et les cercles aristocratiques, on choisit le français pour converser et correspondre, admettant l'idée que celui-là pouvait constituer un idiome privilégié pour exprimer un propos élaboré.

Pour autant, il n'est pas question de faire du français la langue officielle des échanges internationaux en Europe – cela lui aurait conféré une aura démesurée. On se contente d'emprunter furieusement. Dans le domaine militaire et politique, on voit apparaître un vocabulaire transnational, issu du français mais adapté par chacune des langues emprunteuses selon son propre système linguistique. Ainsi, tout le monde peut se comprendre sans que nul ne renonce à sa langue.

Les Néerlandais adoptent *admiral*, *bombarderen*, *discipline*, *eskadron*, *kavalerie*, *kolonel*, *militaire*, *parade*, *regiment*, *volontair*… Les Anglais élisent *alert*, *barrack*, *bayonet*, *canteen*, *corps d'armée*, *douanier*, *exempt*, *fanfare*, *fortin, guerite, police*... Les Allemands ne sont pas en reste, ils importent *armee, attakieren, bajonet, barrikade, desertieren, echappieren, fusilier, invalide, kadett, kanone, komplotieren, revanchieren, zitadelle*... Le monde juridique et administratif est aussi concerné par cette sorte de langue franche inspirée du français. Choix pragmatique de la part des élites d'Europe.

Mais cela ne s'arrête pas là. Dans l'Europe du XVIIe siècle, ce qui a trait à la vie quotidienne et au protocole social peut s'exprimer avec des mots voyageurs empruntés au français. Aux Pays-Bas, on retient *avonturier, courtisan, elegant, ignorant, inspekteur, paleis, prostitueren, vagebond*... En Angleterre, on s'empare de *berline, bourgeois, cabriolet, demoiselle, derangement, grisette, intrigant, mal de mer, nonchalance, porte cochère*... En Allemagne, on a un faible pour *akkompagnieren, chaise, cour, cousin, dame, equipage, galopieren, kabinett*...

Ce sont là des choix affectifs. À la fin du XVIIe siècle, ce n'est plus la raison qui parle, c'est le désir.

Le temps de la fascination

Louis XIV meurt en 1715. S'ouvre alors l'ère des Lumières. Langue de la diplomatie, des cours et des salons, langue de culture, d'échange et de débat depuis la fin du XVIIe siècle, le français va véritablement rayonner avec les Lumières et accompagner la diffusion des idées nouvelles dans une Europe aristocratique saisie de passion gallomaniaque.

On est dès lors confronté à ce paradoxe : la langue française est plus parlée à l'étranger qu'en France même. À la veille de la Révolution, les vingt-cinq millions de sujets de Sa Majesté sont loin d'entendre ou de parler le français – moins de trois millions d'entre eux sont susceptibles de le faire. Ceux-là demeurent en Île-de-France, en Champagne, en Beauce, dans le Maine ou le Berry, en Anjou ou en Touraine. Encore le peuple francisant de ces provinces ne parle-t-il pas « la langue du roy » mais un français populaire parsemé de provincialismes. Le français, qui deviendra avec la Révolution la langue de la nation, est encore celui du roi et de sa cour, il est parlé par les juristes, les officiers, ceux qui exercent le pouvoir, qui écrivent et, de fait, résident à Paris.

Cette variété restreinte de français va pourtant conquérir l'ensemble de l'Europe aristocratique, de la Scandinavie à la Russie, en passant par la Prusse, la Hongrie, l'Italie et, bien sûr, l'Angleterre.

Les cours d'Europe font usage de la langue du roi de France tout en cultivant d'étroites relations avec les tenants des idées nouvelles. Christine de Suède donne le ton en appelant le philosophe Descartes auprès d'elle (fin 1649). Le souverain le plus prestigieux de l'Europe des Lumières, Frédéric II de Prusse tient sa propre langue pour un « jargon barbare » et adopte la langue française pour converser et correspondre. Voltaire, hôte de marque et interlocuteur privilégié du souverain francophile (1750-1753), rapporte dans son journal : « La langue qu'on parle le moins à la Cour, c'est l'allemand. Je n'en ai pas encore entendu prononcer un mot. Notre langue et nos belles-lettres ont fait plus de conquêtes que Charlemagne. » Diderot, invité de Catherine de Russie, aura avec la souveraine des entretiens très libres (1773). À Stockholm comme à Potsdam, à Saint-Pétersbourg ou à Moscou, un aristocrate qui se respecte se doit de parler le français, la langue du roi de France devient pour certains une seconde langue maternelle.

Frédéric II de Prusse, sa sœur Frédérique Sophie-Wilhelmine, margravine de Bayreuth, Catherine II de Russie… Les têtes couronnées de l'Europe correspondent en français et certains souverains, tels Stanislas II Poniatowski, roi de Pologne ou Gustave III de Suède, révèlent un talent d'épistolier dans cette langue élue. L'exemple venant de si haut, des aristocrates – Charlotte-Sophie d'Aldenburg surnommée la « Sévigné de l'Allemagne », Lord Chesterfield – et des ecclésiastiques – l'abbé Conti, l'abbé Galiani – se régalent du français dans leur correspondance.

Pendant vingt ans, de 1753 à 1773, souverains, princes d'Empire et aristocrates, abonnés de la *Correspondance littéraire, philosophique et critique* de Frédéric-Melchior Grimm, se tiennent au courant de ce qui se lit et se dit à Paris. Les querelles littéraires ou philosophiques qui agitent les salons parisiens sont relayées par des gazettes publiées en français à Amsterdam, Londres ou en Allemagne. Les réfractaires à la francophilie ambiante s'en délectent. En dépit de leur peu de goût pour la France, ceux-là aussi lisent le français, conversent et correspondent en français.

Dans cette Europe aristocratique, les sociétés de cour fascinées par Versailles vivent à l'heure française. Chaque année, d'un bout à l'autre de l'Europe, on attend la petite poupée parisienne qui va révéler aux élégantes comment il faut s'habiller. Les arts de la table, associés par les Français à l'art de la conversation, séduisent : « Quelle gêne autrefois qu'une table russe, et maintenant quelle liberté, quel agrément ! On y parle avec intérêt, on y rit avec aisance, on y mange avec délicatesse, et c'est encore un miracle français [1]. »

L'Europe, qui lorgne vers Versailles et Paris, s'enthousiasme pour l'élégance et la convivialité françaises.

Et elle s'enflamme pour les idées venues de France. Le français va devenir la langue véhiculaire des milieux

1. L.-A. Caraccioli, *L'Europe française*, chap. XXVIII « Des tables », 1774.

intellectuels, fédérés autour d'auteurs français qui bénéficient d'un rayonnement exceptionnel. L'Europe du Nord, nourrie des œuvres de Montesquieu, de Rousseau et du «roi Voltaire», en étroite relation avec les salons parisiens, accueille avec ravissement l'*Encyclopédie* de Diderot et d'Alembert.

En Europe orientale, les contacts entre les élites intellectuelles francophiles et l'aristocratie sont assez étroits pour que le français exerce une influence culturelle. La langue française joue un rôle clé dans la construction du code écrit de plusieurs langues de l'Est, notamment le russe.

Enfin, le français est désormais la langue diplomatique de l'Europe, celle que l'on utilise dans les traités internationaux, même quand la France n'est pas au nombre des pays signataires.

Certes, l'Europe de l'esprit rayonne à partir de plusieurs foyers – la France, l'Italie, l'Angleterre. Mais la France, qui a ébloui la Scandinavie, séduit la Russie et conquis l'Europe centrale, règne sans l'appui des armées sur l'Europe des Lumières. Il lui suffit désormais de laisser agir son irrésistible pouvoir de fascination.

Autres temps, autres mœurs

L'Europe des Lumières avait fait du français une icône de la culture et l'avait élu comme langue véhiculaire transnationale. Coup de tonnerre dans un ciel serein, un événement décisif allait peut-être provoquer le désamour de l'Europe aristocratique vis-à-vis de sa langue chérie : la Révolution française.

Les cours ressentirent les événements de 1789 comme un séisme et la réaction des souverains ne se fit point attendre. Le roi d'Espagne Charles III ferme son royaume aux nouvelles venues de France, Catherine II, horrifiée du sort fait à un monarque, brûle bientôt ce qu'elle avait adoré : en 1792, les ouvrages de Voltaire et de Rousseau sont livrés aux flammes.

Tandis que la Révolution éveille le génie des nations et ranime en chacun l'amour jaloux de sa propre langue, le lien qui avait été tissé entre mœurs raffinées, politesse, culture et langue française se dénoue. L'unité spirituelle du continent européen était-elle sur le point de se déliter ?

Il était trop tard. Les élites avaient pris goût aux idées nouvelles propagées par des journaux enthousiastes et par les œuvres des encyclopédistes. La société cultivée applaudit à la nouveauté, l'usage du français demeura le symbole de son appartenance à la culture européenne.

Par ailleurs, les ambitions universalistes de la Révolution française allaient modifier de manière tangible le paysage linguistique européen. Exemple parmi d'autres, notre système métrique a essaimé. Issu de la volonté d'uniformiser un système des poids et mesures disparate sur le territoire français, le système métrique est devenu mesure commune internationale. On retrouve notre *mètre* un peu partout : en allemand *(Meter)*, en anglais, néerlandais et suédois *(meter)*, en islandais *(metri)*, en espagnol, italien et portugais *(metro)*, en roumain *(metru)*, en russe *(métr)*...

L'épopée napoléonienne eut-elle des retombées linguistiques ? À la fin du XVIIIe siècle, l'Europe respirait encore au rythme de la France et, quand Napoléon entra en scène, la « Grande Nation » qui s'était imposée par la vigueur des idées le fit par la force des armes. Si les campagnes de l'Empereur ont froissé bon nombre de sensibilités dans certaines parties de l'Europe (au Nord et en Russie, notamment), il n'en fut pas de même partout. Les Slovènes, comme les Croates et les Dalmates, ont gardé un souvenir positif de leur bref rattachement à l'Empire. Dans le sillage des armées napoléoniennes, il est vrai, se propageaient l'idéal libertaire hérité de 1789, et aussi le modèle administratif français : le Code civil s'imposa dans plusieurs États, au Nord et au Centre de l'Europe. Puis ce fut le vocabulaire de la diplomatie. Tout ce qui a trait au métier de diplomate, à la vie quotidienne d'une ambassade, au cérémonial et au protocole s'exprima avec des mots français : *ambassade*, *ambassadeur*, *consulat*, *agrément*, *lettres de créance*, *lettre de rappel*, *chargé d'affaires*, *attachés*, *corps diplomatique*, *prérogatives de courtoisie*... Cet usage persiste et, quand j'interrogeai une Finlandaise sur les mots français installés dans sa langue, le premier qui lui vint à l'esprit fut « force majeure »...

Le voyage de la Déclaration des droits de l'homme eut aussi des effets inattendus sur la diffusion de la langue et de la culture françaises, notamment en Europe centrale. En effet, les officiers de l'armée tsariste, soucieux de contrer l'emprise ottomane, ont introduit le français en Roumanie et en Bulgarie, espérant colporter ainsi la notion d'émancipation des peuples. En Roumanie, dans les principautés de Valachie et de Moldavie, le français deviendra effectivement une sorte de langue de résistance à la domination ottomane. À partir de 1878, la Bulgarie, libérée de l'occupation ottomane, se tournera tout naturellement vers l'Europe de l'Ouest, vers l'Allemagne et la France en particulier.

Autre conséquence de la Révolution de 1789, la culture française a transité dans les bagages de nouveaux exilés. Des aristocrates fuyant la France postrévolutionnaire reçurent asile et bon accueil en Europe centrale, notamment en Roumanie, où ils pouvaient gagner leur vie comme précepteurs et gouvernantes dans les maisons de boyards. En Bulgarie, les riches marchands de Plovdiv et Roussé firent venir chez eux des gouvernantes françaises. Ensuite, dans un mouvement inverse, les descendants des familles de la haute société roumaine et bulgare, puis ceux de la bourgeoisie en ascension, allèrent parachever leur instruction en France.

Le linguistique et le politique étant décidément liés, la restauration des Bourbons (1814) s'accompagna d'un renouveau de la langue française, qui restait malgré tout celle des élites européennes, et ce jusqu'à la révolution de 1848. Ensuite, les choses allaient changer.

En 1784, à l'invitation de l'Académie de Berlin, Antoine de Rivarol avait disserté sur « ce qui fait de la langue française la langue universelle de l'Europe ». Un siècle plus tard, en 1888, Renan prononce devant l'Alliance française une conférence « pour la propagation » de notre langue et conclut ainsi : « Messieurs, je me fie à vous pour que le français soit la langue éternelle. » L'idée qu'il était désormais nécessaire de « défendre » la langue française se fait jour.

Que s'était-il passé ? La France avait connu la défaite de Sedan (1870), sa puissance politique ébranlée, sa puissance économique entamée, elle ne rayonnait plus. Aux yeux des autorités françaises, il importait alors de rendre à la France son prestige et de l'étendre à ses colonies. Comme cela allait-il être possible alors qu'avait cessé la fascination ? On décida de recourir à une arme pacifique, la langue française, et en 1883 plusieurs cerveaux de la République fondèrent l'Alliance française.

Cependant, au XIXe siècle, on vit dans certaines régions l'influence française se propager par une voie nouvelle et inattendue, celle des chemins de fer. À partir de 1883, l'Orient Express circulait deux fois par semaine, entre Paris (gare de l'Est) et Constantinople *via* Vienne, Budapest et Bucarest. Il s'arrêtait à Giurgi (Roumanie), la traversée du

Danube jusqu'à Ruse (Bulgarie) se faisait sur un bac, puis un second train assurait le trajet jusqu'à Varna, port bulgare sur la mer Noire. De là, un vapeur conduisait les passagers en quatorze heures jusqu'à Constantinople. Un observateur contemporain souligne le rôle parfait de l'Orient Express… « L'on peut se voir transporter de la France en Bulgarie en cinquante heures seulement. » Des mots français ont été ainsi exportés et, dans le sillage de l'Orient Express, la culture française s'est diffusée dans les Balkans qui s'ouvraient alors à la modernité.

À la fin du XIXe siècle, l'influence française s'était déplacée du Nord de l'Europe vers l'Europe centrale, orientale et les Balkans. Le français, lié à l'émancipation et au progrès, à la modernité politique et des mœurs, était devenu la langue élue par les nouvelles élites, issues de la bourgeoisie. Enfin, en Europe, la gallomanie n'allait plus de soi et, en France, on l'avait compris.

Ici et là, repli ou nouvelle expansion. Partout, des traces vivantes

Si, au XIXe siècle, le prestige du français persiste malgré tout, les transformations sociales amorcées et confirmées au siècle suivant vont favoriser sa régression en Europe. L'aristrocratie et la haute bourgeoisie n'imposent plus leurs modèles de vie, l'élite n'est plus en position de promouvoir sa langue d'élection.

Et le politique vient, une fois encore, bouleverser le paysage linguistique. Le traité de Versailles – établi en français *et* en anglais, signé le 28 juin 1919 – annonce le déclin du français dans les relations diplomatiques. En outre, les puissances victorieuses, par les négociations qui suivirent la Première Guerre mondiale, imposent des remaniements territoriaux importants en Europe centrale (traité de Trianon, 4 juin 1920), ils seront lourds de conséquences. La sympathie vis-à-vis de la France s'étiole, notamment dans une Hongrie, une Bulgarie et une Roumanie désormais privées d'une grande partie de leur territoire.

Mais des mouvements inverses se font jour, ici ou là.

Paris, qui demeure le symbole de la Révolution française et des droits de l'homme, est le refuge des exilés politiques grecs… En Turquie, où les élites fréquentent des écoles françaises, Mustapha Kemal, admirateur des Lumières et de la France révolutionnaire, entreprend une révolution linguistique : adoption de l'alphabet latin, introduction de mots français (environ 7 500) pour répondre aux besoins nouveaux… Pendant la période soviétique, la jeunesse bulgare bricole, à partir des mots français, un argot réjouissant, manifestant ainsi une certaine liberté d'expression.

En France, la politique culturelle volontariste inaugurée au XIXe siècle se poursuit et se radicalise. Cela suscite parfois à l'extérieur de nos frontières des réactions allant de l'ironie à l'hostilité. D'aucuns dénoncent une manifestation de « l'arrogance française », d'autres tournent en dérision la gallomanie prétentieuse de certains, comme en Grèce où une série télévisée fort populaire dans les années 1970, *Madame Chouchou*, met en scène une petite bourgeoise que ridiculise un parler affecté, truffé de mots français.

Quoi qu'il en soit, aujourd'hui, des mots français saupoudrent les langues d'Europe, traces émouvantes de l'universalité de la langue française. Ces mots-là, plus simplement, disent que cette langue-là, incommode, difficile, aristocratique, a été une langue d'élection, qu'elle a été cultivée, aimée en dépit de sa difficulté. Où chercher les raisons profondes d'un si durable désir ?

Aux yeux de Voltaire, la langue française s'est imposée car elle était la langue idéale de la « conversation des honnêtes gens ». Selon Antoine de Rivarol, la « fortune si prodigieuse » de la langue française tient à une combinaison de causes fort diverses – climatiques, politiques, culturelles. L'un et l'autre sont d'accord sur ceci : l'expansion d'une langue n'a pas grand-chose à voir avec ses qualités intrinsèques.

Au XVIIIe siècle, la langue et la culture françaises étaient, selon le mot de Marc Fumaroli, « tout simplement contagieuses et irrésistibles, parce que leur image était celle du peu de bonheur et d'intelligence dont les hommes sont capables au cours de leur bref passage dans la vallée de larmes terrestres [1] ». Si une langue, à tel moment de l'histoire, est considérée comme supérieure, rayonne et finit par s'imposer, c'est en effet une affaire d'imaginaire.

Le français a été l'étendard derrière lequel se rallièrent les gens de qualité, car avec cet idiome voyageait un état d'esprit. Une certaine légèreté. Plus tard, c'est un idéal, celui de liberté, qui se transporta avec le français, et l'on vit dans son sillage émerger des nations. Plus près de nous, le désir de modernité porta en Europe, sinon la langue française, du moins des mots français. En fin de compte, tout emprunt est peu ou prou le reflet d'une fascination.

De tout temps, pour ouvrir au français de nouveaux territoires, il s'est trouvé des ambassadeurs, fameux ou obscurs. Il aura fallu, aussi, pour que s'accomplisse le destin européen du français, des circonstances particulières. Quand un État jouit d'un grand prestige, par sa position dominante sur l'échiquier politique, culturel ou économique, son lexique est sollicité. Et puisqu'il existe un lien indéfectible entre le linguistique

1. Marc Fumaroli, *Quand l'Europe parlait français*, Éditions de Fallois, 2001.

et le politique, serons-nous jamais à l'abri des surprises ? De récents événements semblent rappeler que non.

En 2003, au moment de la crise déclenchée par l'intervention américaine en Irak, les identités nationales se réveillent, ce qui se traduit immédiatement sur le plan linguistique. Les Américains, pour l'exemple, remplacent *french fries* par *potatoe fries*. Pendant ce temps-là, outre-Rhin, le boycott des anglicismes s'accompagne d'une incitation à utiliser des mots français présents de longue date en allemand mais délaissés par l'usage : *Adieu* ou *Ade* remplace *Bye Bye*, *D'accord* se substitue à *Okay*, *Formidable* évacue *Cool*.

Avant de partir

Voyager sur la trace du français en Europe, c'est faire étape dans une bonne vingtaine de pays et découvrir autant de langues hospitalières. Brosser un rapide portrait de chacune d'entre elles, la situer dans la généalogie des grandes familles linguistiques et mentionner ses signes particuliers s'imposaient – c'était en outre une façon de rendre hommage à la diversité linguistique du Vieux Continent. Cette variété, vécue comme un cauchemar au sein des institutions européennes, est en soi un sujet d'émerveillement.

Dans chaque région d'Europe, dans chaque langue, le destin du français est singulier. À chaque étape, on découvrira quand et comment les mots français sont arrivés, quels ont été leurs ambassadeurs et les circonstances de leur implantation, quel usage on fait, aujourd'hui, de ces mots français voyageurs, ici ou là.

Voyager sur la trace du français en Europe, c'est aussi rencontrer d'autres cultures. La clé des proverbes ouvre une porte sur ces imaginaires autres. Si la sagesse est la chose la mieux partagée du monde, elle s'exprime, ici ou là, avec des métaphores inattendues, et cela est fort réjouissant.

Voyager sur la trace du français en Europe, c'est voir se dessiner une image de la France et des Français. En effet, dans chaque langue d'Europe, il existe au moins une expression dans laquelle figure le mot *français*, ou l'expression *à la française*. Ces formules stéréotypées mettent en scène les Français, leur caractère, leurs habitudes et leurs mœurs supposés. Elles en disent long sur les sentiments que les peuples d'Europe ont éprouvés à l'égard des Français et sur la manière dont les Européens nous perçoivent aujourd'hui.

Voyager sur la trace du français en Europe n'aurait pas été possible sans le concours de nombreux correspondants. J'ai demandé à chacun d'entre eux de se faire l'ambassadeur d'un mot de sa langue maternelle, un mot intraduisible en français, un mot qui pourrait, pourquoi pas, prendre place dans la langue française. Ne serait-ce pas là une façon de remercier ces langues qui, parfois depuis fort longtemps, ont offert aux mots français une si généreuse hospitalité ?

PREMIÈRE ÉTAPE

LES LANGUES GERMANIQUES

EN ALLEMAGNE

L'allemand, une cousine dépaysante

Dans la grande famille indo-européenne, l'allemand a poussé sur la branche germanique, comme ses sœurs anglaise et néerlandaise. La famille germanique n'est pas des plus homogènes. La compréhension de l'anglais par un Allemand ou l'inverse ne va pas de soi, le néerlandais et l'allemand sont assez proches pour qu'une intercompréhension soit possible – assez limitée toutefois.

Signes particuliers

Les noms communs portent une capitale à l'initiale : voilà un premier sujet d'étonnement. Cette pratique, liée à une simplification de l'orthographe, a été introduite par Luther.

D'autres particularités, d'ordre grammatical, rendent cette cousine germaine bien étrange aux yeux et aux oreilles des Français : l'existence de déclinaisons, la présence d'un neutre, une panoplie de particules précisant le sens des verbes, certes, mais susceptibles de jouer à saute-mouton, selon leur fonction grammaticale. À cela s'ajoute le rejet du verbe en fin de proposition. Conséquence : le suspense est maintenu jusqu'en fin de phrase où, telle une énigme se dénouant, le sens global se révèle. Autre chose, l'allemand, fort pragmatique, se donne la possibilité de fabriquer des mots composés par simple juxtaposition. Résultat, des mots longs comme ça, à foison. Enfin, une langue où l'on dit *le* lune et *la* soleil ne plonge-t-elle pas l'esprit dans des abîmes de perplexité ?

Écriture et prononciation

Depuis l'abandon de l'écriture gothique, en 1941, l'allemand s'écrit avec un alphabet latin. Celui-là présente quelques particularités : le *v* se prononce [f], le *w* [v], le *ü* [u] et le *u* [ou] ; le *ch* traduit soit une consonne proche de la [jota] espagnole (dans *Bach* « ruisseau »), soit une consonne proche du [ch] français (dans *ich* « je »). Autre difficulté phonétique, les voyelles s'allongent par l'addition soit d'un *h*, soit d'un *e* : *Meer* « mer » et *mehr* « plus » sont ainsi homophones.

LE DESTIN ALLEMAND DES MOTS FRANÇAIS

Les relations entre le français et sa cousine germaine commencent timidement au XIIe siècle. Une longue frontière entre les domaines linguistiques français et allemand favorisant les contacts directs, l'allemand emprunte au picard, au wallon, au lorrain : *salse* « sauce salée », *beas* « beau », *moraliteit* « moralité ». Metz et sa région prennent une part active à l'exportation de mots français vers l'allemand. Le nom de peuple *Franzose* « Français » en est un exemple notoire : cette forme en *o* est caractéristique des dialectes de l'Est de la France.

Dès cette époque, des suffixes français sont adoptés par l'allemand – certains sont encore en usage aujourd'hui. Le suffixe *-îe*, servant à construire des noms abstraits ou collectifs, comme dans *kumpanîe*, le suffixe *-ier* que l'on rencontre dans *soldier* « mercenaire » et *kollier* ou encore le très productif *-ieren*, qui va permettre l'introduction des premiers verbes français : *condwieren* (de *conduire*) et *parlieren* (de *parler*).

Ces emprunts anciens concernent le domaine religieux : des juifs ashkénazes expulsés du royaume de France se réfugient en terre impériale germanophone et transportent des mots comme *leyen* ou *liienen* « lire, commenter les textes sacrés » ou *pen* « plume », de *penne*. Ils touchent aussi à la gestion des domaines fonciers : *walopieren*, emprunté au picard *waloper* « galoper ». Ils sont relatifs au commerce : noms de pierre de joaillerie (*amatiste*), d'étoffes (*zendal* « taffetas » de l'ancien français *cendal*) et d'épices (*kaneel* et *saffrân*). Enfin ils sont liés aux activités chevaleresques.

Après que les Croisades ont mis en contact les aristocraties française et allemande, le « français du roi » s'impose comme moyen d'expression de l'élite allemande, aux XII-XIIIe siècles. Vers 1270, Adenet le Roi, dans *Berte aus grans piés*, rapporte ceci : « Il était de coutume en pays de langue allemande que tous les grands seigneurs, les comtes et les marquis aient toujours des Français autour d'eux pour enseigner le français à leurs filles et à leurs fils. » Et il ajoute : « Le roi, la reine et Berthe au clair visage surent le français de Paris presque aussi bien que s'ils étaient nés au bourg de Saint-Denis. »

L'influence française passe alors, en premier lieu, par la littérature. Avec les aventures du roi Arthur arrive le vocabulaire courtois et chevaleresque : *prinze*, *schevalier*, *barûn* « baron », *sarjant* « sergent » et *garzûn* « garçon »... *amîs* « ami », *amîe* « amie » et *gentil*... *marveille* et *kurtosie* « courtoisie »... *tanz* « danse » et *turnoi*... *lanze* « lance » et *kovertiur* « couverture ». Bien longtemps après que s'est tarie la veine courtoise, il reste en allemand quelques traces de ce temps lointain où la littérature et les mœurs chevaleresques françaises ont influencé les poètes germains : *Preis* (de *prix*), *Abenteuer* (de *aventure*) ou *Teller* « assiette » issu de l'ancien français *tailloir*, plat sur lequel on découpait la viande.

Au XVIe siècle, le français a sa place dans le domaine germanique. Il est enseigné à l'Université de Wittemberg, en Saxe, parfois par des professeurs français ; grammaires et dictionnaires bilingues sont publiés ; à Paris, parmi les étudiants étrangers, la communauté allemande est la plus nombreuse ; les jeunes Allemands vont aussi étudier dans les universités protestantes de Saumur, Poitiers ou Angers – là, un lieu de promenade est baptisé « pré des Allemands ».

Au XVIIe siècle, le français est très présent en Rhénanie (de nombreux princes-électeurs et leur entourage parlent français) et le palatinat voit fleurir moult publications en français. Dans ces régions proches de la France, on apprécie les charmes de la société française et on loue les beautés de la langue française. En ce siècle, enfin, beaucoup de nobles allemands font le choix de correspondre en français et le goût du français est perceptible jusque dans les contrées du Nord, en Prusse notamment : en 1700, avec l'aide de Leibniz, la princesse Sophie-Charlotte de Brandebourg fonde, sur le modèle de l'Académie française, une « Académie de Berlin » qui favorise grandement la diffusion du français – l'Académie verra son rôle confirmé par Frédéric II.

À partir de la fin du XVIIe siècle et au siècle suivant, des phénomènes circonstantiels vont accélérer la diffusion du français : les politiques matrimoniales, l'exil des pasteurs calvinistes, l'enthousiasme de princes éduqués dans l'amour de la culture française.

Le hasard de deux mariages princiers va placer sur le devant de la scène politico-culturelle deux figures féminines. La première d'entre elles, Charlotte-Élisabeth de Bavière (1652-1722), princesse Palatine, épouse Monsieur, frère du roi. Ce mariage négocié par Louis XIV est un échec et « La Palatine », témoin lucide et implacable de la vie à la cour du Roi-Soleil, pour échapper à la censure, choisit de correspondre en français. Un français qu'elle ne maîtrisait pas totalement. Ses lettres expédiées outre-Rhin, d'un humour détonant, sont un exemple parfait de ces hybridations si fréquentes alors. Dans un mouvement inverse, Éléonore d'Olbreuse, protestante charentaise, à la suite de son mariage avec le prince Georges-Guillaume de Brunswick, s'établit en terre germanique. Là, elle enchante la cour par son goût pour les fêtes, les bals et le théâtre. Il s'ensuit une épidémie locale de francomanie.

La diaspora huguenote, si elle eut de graves conséquences économiques pour le royaume de France, accéléra, en revanche, la diffusion du français en territoire germanophone.

Trois semaines après l'édit de Fontainebleau par lequel Louis XIV révoque l'édit de Nantes, le Grand Électeur, soucieux de repeupler son État affecté par les ravages de la guerre de Trente Ans, par son édit de Potsdam de novembre 1685, offre aux huguenots français un accueil très avantageux en Brandebourg-Poméranie : exemption d'impôts, aides diverses, autonomie administrative. C'est ainsi que se fondent, de 1685 à 1731, quarante-huit colonies françaises, en majorité urbaines, regroupant de 16 000 à 18 000 immigrés dans les années 1710-1800, dont 6 000 à 8 000 à Berlin même. L'armée et la fonction publique accueillent une partie des réfugiés, d'autres, médecins, précepteurs ou gouvernantes, vont, par leur conversation ou leur enseignement, transmettre un français vivant à des élèves parfois illustres.

Avec les calvinistes fuyant la France, les mots français

arrivent en masse. À Berlin, un siècle après le début de l'immigration, un habitant sur quatre se trouvait être d'origine française, ce qui n'a pas manqué de laisser des traces. Aujourd'hui encore, le parler populaire berlinois est truffé de ces expressions pittoresques bricolées à partir de mots français et, cela n'est pas un hasard, inspirées par certains comportements observés chez les Français.

Leurs habitudes alimentaires, par exemple. À Berlin, un *muckefuck* désigne un mauvais café. Les immigrés huguenots arrivant de France, un pays où l'on connaissait le café et même le délicieux moka, ont l'idée d'ajouter au breuvage de la chicorée sauvage, ce qui améliore le goût de la pale mixture obtenue à partir de céréales et lui donne la couleur du moka. D'où son nom *Muckefuck*… « Moka faux ».

Dans le dialecte du Nord de l'Allemagne, au moment de choquer les verres, on dit *knusemang !* Derrière ce toast, une formule française, si déformée qu'elle pourrait bien avoir été importée, elle aussi, au XVIIe siècle. Quelle est-elle ? *À ceux que nous aimons !* Elle aurait été imitée et déformée par les paysans aisés du Mecklembourg désireux d'accéder, grâce à ces quelques mots empruntés à une langue prestigieuse, à une certaine notoriété bourgeoise.

Élégance vestimentaire et gestes intempestifs ont été remarqués aussi. Le chic français a inspiré le mot *totschick*, version germanisée de *tout chic*. « *Na, du bist ja totschick !* » dit-on, à Berlin, à qui se soucie de la mode et accorde de l'importance à la toilette : « Tu es bien *totschik* ! » D'un geste accompli dans un grand élan, on dit qu'il est fait *mit avec* « avec *avec* ». Ce pléonasme traduit fort bien ceci : le comportement de ces latins de Français semble un brin emphatique aux yeux des Européens du Nord, plus réservés.

Français immigrés et Berlinois mélangent joyeusement les deux lexiques. Trace de ces échanges, le mot *alle*, qui n'est autre que l'adjectif français *allé*, utilisé à Berlin pour signifier que tel ou tel produit manque : *Der Kaffee ist alle* « Il n'y a plus de café ». On raconte à Berlin que deux sœurs huguenotes vendaient jadis dentelles et broderies sur un pont de la ville et, quand un modèle manquait, elles s'écriaient « C'est allé ».

Il existe même un verbe en allemand qui mêle les deux langues et ce verbe exprime un état d'extrême solitude : *mutteseelenallein*. Tout commence avec quelques mots importés à Berlin à la fin du XVIIe siècle par les huguenots en exil « Moi tout seul ». Pour se faire mieux comprendre des Berlinois, les nouveaux arrivants fabriquent un hybride en ajoutant à la phrase française un mot allemand : *allein* « seul ». Comme de juste, ce mot *moitoutseulallein*, étranger aux oreilles et aux gosiers allemands, va être déformé. Mais, cela est remarquable, son sens va s'en trouver renforcé, car *moitoutseul* va être interprété comme *mutteseelen*, imaginairement composé de *Mutter* « mère » et de *Seele* « âme », exprimant que l'âme est touchée, que cette solitude poignante est liée à l'absence de mère. *Mutteseelenallein*, c'est connaître la solitude de ceux qui ont été abandonnés par leur mère.

L'enthousiasme des princes de l'Europe du Nord pour la langue française doit beaucoup – pour ne pas dire « tout » – à la présence auprès d'eux d'hommes et de femmes venus de France. Au siècle des Lumières, dans les milieux princiers et aristocratiques, l'apprentissage du français ne se fait pas à travers les livres, mais par la conversation avec les précepteurs et les gouvernantes qui transmettent une langue vivante, savoureuse. Frédéric II de Prusse et sa sœur aînée Sophie-Wilhelmine, margravine de Bayreuth, ont bénéficié de cette incomparable méthode.

Sophie-Wilhelmine, « grande dame jusqu'au bout des ongles, a beau lire Boileau et Voltaire : elle écrit avec désinvolture et talent dans une langue qu'elle tient directement de la noblesse de province française dont sortait Mme de Rocoules [sa gouvernante] et les officiers de cour dont descendait le précepteur Duhan. Le dédain aristocratique du pédantisme, chez la margravine prussienne comme chez le duc français, leur donne une oreille très fine et un discernement très sûr pour préférer au français d'école, d'académie ou d'administration, un français succulent et de vieille roche, lavé de toute trace d'abstraction [1] ». Non seulement Mme de Rocoules – que le futur Frédéric II appelait « sa chère bonne maman » – et le duc de Duhan inculquent aux enfants royaux le goût des livres, les initient aux manières françaises, mais ils leur apprennent un français parlé, coloré qui devient pour eux une seconde langue maternelle.

Cette éducation à la française rencontre le goût invétéré du siècle des Lumières pour tout ce qui vient de France, modes et idées. À l'heure où, en Europe, la moindre cour se prend pour Versailles et se plaît à parler français, dans son château de Sans-Souci, près de Potsdam, Frédéric II, roi de Prusse, se fabrique un petit coin de France. Dans son Versailles rococo, sous les plafonds peints, il contemple ses Watteau, boit du vin de Champagne, de Volnay et de Pommard. Quand le roi fait l'acquisition, entre 1752 et 1765, de la seconde version de *L'Embarquement pour Cythère* de Watteau, Potsdam n'a plus rien à envier à Paris.

En terre prussienne, les mots français trouvent alors un grand ambassadeur en la personne de Voltaire, qui, à Sans-Souci précisément, est le témoin amusé du rayonnement de la culture française. « L'allemand est pour les soldats et les chevaux », écrit-il de Potsdam le 24 octobre 1750. Le roi de Prusse, quant à lui, avait choisi la langue française pour publier en 1740 *L'Anti-Machiavel*, une réflexion sur

1. Marc Fumaroli, *Quand l'Europe parlait français*, *op. cit.*

le pouvoir qui valut à son auteur le surnom de « roi philosophe ». L'exemple venant de si haut, nobles et bourgeois se mettent à apprendre le français.

Et, avec la langue française, ce ne sont pas seulement des manières de vivre, des modes qui voyagent, mais aussi des idées. Il se trouva une femme pour se faire l'ambassadrice, et des Lumières et de la langue française. Charlotte-Sophie d'Aldenburg (1715-1800), danoise devenue par mariage comtesse de Bentinck, après sa rencontre avec Voltaire et Maupertuis à l'Académie de Berlin, se prit de passion pour les échanges culturels en français. Celle qui fut surnommée la « Sévigné de l'Allemagne » ne s'est jamais rendue à Paris. Elle n'en fut pas moins française. Cela ne signifiait pas seulement : francophone. Se vouloir et se sentir français revenaient à partager une manière aristocratique d'être au-dessus des conventions. C'était aussi, pour une femme, une façon de prendre part au débat d'idées de son temps et d'être libre.

Napoléon aurait-il laissé, comme ailleurs en Europe, trace de son passage en Allemagne ? Oui. *Leutnant* « sous-lieutenant », *Kapitän* « capitaine », *General*, *Kavalier*, *Regiment*, *Kaserne*, *Etappe*... *Code civil*, *Code Napoléon*, *Konsulat*... Des termes militaires ou administratifs, cela n'a rien d'étonnant. Mais, cela est inattendu, un mot qui fait partie du quotidien (il s'agit d'une variété de pain) rappelle la chevauchée de l'Empereur à travers l'Allemagne.

Pumpernickel, nom d'un pain complet de seigle, brun foncé et légèrement humide, serait arrivé dans le sillage des armées napoléoniennes. Cette sorte de pain fut un jour offerte à Napoléon qui, ne le trouvant point à son goût, se serait écrié : « C'est bon pour Nickel ! » Nickel n'était pas le nom d'un grognard mais celui d'une jument, ou plus exactement son surnom. Fayoune, l'une des cent cinquante montures de l'Empereur, avait en effet une robe grise, couleur de nickel.

Ainsi, aux XVIIe et XVIIIe siècles, alors que les grammairiens codifient la langue allemande et en dépit des efforts des puristes soucieux de contenir la vague francisante, au XIXe siècle, après que la Révolution française eut sérieusement rafraîchi l'enthousiasme des plus ardents francophiles, une ribambelle de mots français se faufile dans la langue allemande.

Paysages et villes en gardent l'empreinte. *Der Kanal*, *der Tunnel*, *das Viadukt* et *die Chaussee* « grande route » (souvenir de Napoléon qui, pour faciliter le déplacement de ses troupes, développa un important réseau de voies en Europe)... *Die Allee*, *die Avenue*, *der Boulevard* et *die Esplanade*... *Das Trottoir* et *die Passage*... *Das Monument* et *die Boutique*... *Die Arkade*, *die Nische*, *der Balkon* et *die Terrasse*... *Die Fassade* et *die Palisade*...

L'art d'habiter porte la trace du faste français. *Die Villa* et *der Pavillon*... *Die Appartement* (c'est une suite, un appartement luxueux) et *die Bel etage* (premier étage d'une résidence officielle ou d'un hôtel particulier, dédié aux réceptions)... *Die Veranda*, *die Markise* (auvent vitré) et *das Bassin*... *Das Vestibül* et *der Korridor*... *Die Mansarde* et *die Garage*... *Das Parkett* et *das Sekretär*... *Die Jalousie* et *die Girlande*... *Der Lampion* et *die Laterne*... *Das Barometer* et *die Karaffe*. *Die Chaiselongue*, introduite par Mme Récamier, désigne un divan. Et *das Tête-à-tête*, un canapé dont le dossier en *s* permet à deux personnes de converser sans se contorsionner.

L'art de la parure évoque le luxe français. *Der Brillant*, *der Diamant* et *die Perle*... *Das Medaillon* et *der Bijou* (bijou de pacotille). Dans le domaine de la toilette, voici *die Perücke* et *die Koteletten* (littéralement « les côtelettes »... les favoris).

C'est, en réalité, dans toutes les facettes de l'art de vivre en société que se manifeste le goût français. Voici, parmi bien d'autres, quelques mots apparaissant dans la première partie de *Faust* (publié en 1806) sous la plume de J.W. Goethe : *Billett*, *Ragout*, *Journal*, *Gage*, *Pedant*, *Patron*, *Kreatur*, *Parvenü*, *Puder*, *Dilettant*... Ce *Ragout* est une entrée chaude (petits morceaux de viande ou de poisson, petits légumes, sauce piquante). L'ancien verbe français *ragouter* signifiait « ouvrir l'appétit ».

Au début du XXe siècle, le flux des mots venus de France ne tarit pas. Avant guerre, dans les années 1930, les philosophes – Karl Marx en tête – empruntent des mots français, ou déguisent des mots français en mots allemands : l'Allemagne regardait alors plutôt vers la France que vers la Prusse et manifestait ainsi ses préférences politiques. Les *Œuvres de jeunesse* de Marx (publiées en 1932, cinquante ans après sa mort) sont truffées de mots issus du français : *Absolute*, *Affirmation*, *Dementi*... Ou de verbes fabriqués à partir du français : *absorbieren*, *dementieren*...

L'allemand, aujourd'hui, continue à tirer profit des relations tissées avec sa cousine romane qui s'est révélée, au fil des siècles, une partenaire privilégiée et une source d'imagination langagière inépuisable. Évidemment, comme toutes les langues d'Europe, l'allemand a aussi reçu, au XXe siècle, l'influence de l'anglais. Et les mots anglais se substituent parfois aux mots français. On raconte, en Allemagne, l'histoire de deux banquiers, l'un est un homme âgé, l'autre est jeune. Le premier est *Bankier*, il a *ein Rendez-vous* avec *seiner Maîtresse*. Il lui offre des *Dessous*, *ein Parfüm* et *ein Rouge*... Le second est *Banker*, il a *ein Date* avec sa *Love affair*. Ses cadeaux ? *Underwear*, *eine Fragrance* et *ein Blush*.

Mais, mais, mais... En 2003, au moment de la crise politique qui a précédé la guerre en Irak, à l'image de ce qui s'est passé en France, la question linguistique a cristallisé l'anti-américanisme ambiant. En Allemagne, des linguistes ont organisé le boycott des anglicismes et leur remplacement par des mots français déjà présents dans le lexique allemand. À cette occasion, des mots comme *Adieu*, *D'accord*, ou *Formidable* ont été réactivés pour remplacer *Bye Bye*, *Okay*, ou *Cool... Der Trikot* a dégommé *T-Shirt* alors que, jusque-là, il désignait exclusivement le maillot des sportifs. Et *Bonvivant* « noceur, fêtard » est ressorti du placard pour évacuer *Playboy. O tempora ! O mores !*

Comment on parle français, aujourd'hui, en Allemagne

Nos voisins allemands ne manquent pas d'occasion de jongler avec les mots français. Ils ont, pour cela, des terrains privilégiés. Sachez-le, outre-Rhin un *Rendez-vous* ne peut qu'être galant et un *Tête-à-tête*, amoureux. Qu'entend-on par *Karessasch* ? Il s'agit d'un flirt. *Karessant* désigne un homme à femmes, *Kavalier* un galant homme, *Filou* un séducteur (le mot est péjoratif). Attention, *Zölibatär* (de *célibataire*) désigne exclusivement un prêtre catholique.

Restons dans le domaine galant, où d'autres surprises nous attendent. Là-bas, les dames courent le risque de se faire apostropher d'un « *Voulez-vous coucher avec moi, ce soir ?* ». Comme dans la chanson ? Eh oui... Nos cousins germains ont appris des Français quelques formules directes. Ils cultivent même cette tradition, dirait-on. Au XIXe siècle déjà, on utilisait dans de semblables circonstances l'expression *Fisimatenten machen*, dans laquelle on devine *visiter ma tente*, les soldats de Napoléon ayant donné le mauvais exemple. Désireux de faire plus ample connaissance avec les filles allemandes, les grognards leur faisaient cette proposition directe, mais avec force courbettes, il faut croire, car aujourd'hui qui fait des *Fisematenten* fait des manières, s'embarrasse de complications superflues.

Décidément, quand il s'agit de la bagatelle, l'exemple français inspire. Mme Récamier rendit célèbre la chaise longue, propice à la conversation, à la paresse ou à certaines activités agréables, ce que l'allemand traduit par *Chaislong-Akrobatie*. Est-il besoin de traduire ? Un peu désuète de nos jours, l'expression cède la place à *Après-Ski Sport*. Est-il besoin de le préciser, l'activité évoquée se déroule en chambre… En cas de refus, vous serez surprises, mesdames, d'entendre le galant glisser dans un soupir « C'est la vie », en français dans le texte…

Outre *die Chaiselongue* (divan, sofa), on trouvera dans les maisons *das Etui*, un lit étroit, pour une personne. Dans la salle de bains, *das Bidet*, dans le bureau, *die Bürolamp* et dans les cuisines, *das Kabarett*. Qu'est-ce ? Un plateau alimentaire pivotant muni de compartiments destinés à recevoir différents aliments. Pourquoi ce nom ? Peut-être par allusion à la succession des numéros dans un cabaret.

Dans la *Garderobe* des filles allemandes : *das Korsett*, *das Negligé* « nuisette », *der Bikini* et *das Deux-pièces*. Mais aussi, *der Mini* « mini-jupe » et *die Plissee* « jupe plissée », *das Ensemble*, *die Bluse* « corsage » et *der Schal* « châle ». Les garçons ne sont pas en reste : *das Komplet* et *das Kostüm*, *der* ou *das Blouson*, *die Weste* « gilet » et *die Krawatte*. Le chic français voyage aussi avec ces mots-là : *die Mode* et *die Kreation*, *das Prêt-à-porter*, *die Couture* (haute couture) et *die Coiffure*, *die Toilette*, *der Schick* et *der Dernier cri*.

Au restaurant, les plus rebelles à la langue de Goethe n'auront aucune difficulté à se faire servir. On leur proposera *das Menü*, mais ils pourront choisir de déjeuner *à la carte*. Ces documents en main, on se passera aisément de traducteur. On pourra même se payer le luxe d'hésiter entre *die Bouillabaisse*, avec sa *Ratatouille* et *das Chateaubriand*, accompagné de *Pommes croquettes* ou de... *Pommes fritz* (traduction humoristique de *pommes frites* lue au menu d'un restaurant de Francfort en 2003). À moins qu'on ne se laisse tenter par *das Civet* ou *das Cordon bleu*, ou encore par *das Kotelett* ou *das Tournedos* – servis, s'il vous plaît, avec *das Pürée* ! Si vous optez pour *das Entrecôte* et si vous l'aimez à point, précisez *die Gare* : dans ces seules circonstances on use du mot français et non de son équivalent allemand *Bahnhof*, le modèle de la cuisson à point ayant été pris en France... dans les buffets de la gare. Le menu des restaurants allemands peut réserver d'autres bonnes surprises, *die Suppe*, *das Soufflé*, *der Vol-au-vent*... *die/das Fondue*, *die/das Raclette*. En prime, cette remarquable *Omelette* et le fameux *Champignon* (de Paris, il va sans dire) qui ont séduit l'Europe entière au XVIIIe siècle.

Après *der Salat*, les choses se gâtent un peu, mais on aura tout de même le choix entre *der Emmentaler*, *der Gervais* ou *der Roquefort*. Au dessert (*das Dessert*, dit-on là-bas), on n'aura que l'embarras du choix. *Das Kompott* ou *der Nougat*, *der Sorbet* ou *die Crêpe*, *das Éclair* ou *die Charlotte*, *die Crème brûlée* ou *die Mousse* (mousse au chocolat). Attention, *der Krokant* désigne la nougatine et *die Praline* une crotte au chocolat. Une autre surprise vous attend : si on vous propose *eine Baiser*... Acceptez, sauf si vous détestez la meringue. Souvenir du si léger XVIIIe siècle, cette pâtisserie nommée *Baiser* se déguste outre-Rhin. Prendre *ein mélange* avec *ein Baiser* serait-il plus compromettant ? Point, il s'agit d'un café au lait avec une meringue. On pourrait aussi bien vous proposer *ein Kaffee*. Ou même *ein Nescafé*. Rien n'est parfait en ce bas monde...

Mais, au petit déjeuner, vous serez ravis de retrouver, avec le même *Kaffee, die Baguette, das Croissant* et *die Brioche, die Konfitüre* et *der Gelee.*

Côté boissons, aucun souci, voici *der Aperitif, der Kir royal* et *der Muscadet... der Digestif, der Likör, der Marc* et *der Armagnac... der Champagner* et *der Cidre... der Beaujolais* et *der Bordeaux... das Bukett, das Depot, die Cuvée* et même *Demi-sec... das Panaschee, die Grenadine, die Orangeade... die Limonade* ou *die Limo* désignent un rafraîchissement sans alcool (soda, eau minérale). Cet inventaire réjouissant, sachez-le, est loin d'être complet.

Voici encore des termes utiles en cuisine : *die Bouillon, die Krokette, das Frikassee, das Filet, die Grillade... die Papillote, die Tranche... die Crème fraîche, die Mayonnaise, die Sauce* (sauce béarnaise ou hollandaise), *die Vinaigrette* et *die Fines herbes... au four, au gratin, au naturel... das Entree* et *das Hors-d'œuvre, das Diner* et *das Souper... die Nouvelle cuisine* et *der Chef.*

Enfin, sachez que nos voisins usent, abusent et s'amusent de formules et d'expressions françaises. *Pardon! S'il vous plaît! Voilà!... À gogo, à la bonne heure, à la longue, à tout prix, apropos... C'est la vie... Chacun à son goût... Faute de mieux... Das Fait accompli, das Laisser-aller, das Laisser-faire, das Ondit, das Savoir-vivre, der Nom de guerre, der Fauxpas, die Crème de la crème...*

L'ART D'ACCOMMODER LES VERBES FRANÇAIS

Dans la cohorte des gallicismes élus par l'allemand les verbes figurent en bonne place. On les reconnaît à la finale *-ieren*, qui remplace la finale française *-er* ou *-ir*. Dans un *Fremdwörterbuch* (dictionnaire des mots étrangers) publié à Leipzig en 1959, on relève à la lettre *A* cinquante-trois verbes issus du français. Point n'est besoin de traduire *abandonnieren, abonnieren, adressieren, affichieren, akkompagnieren, akkordieren, applanieren, arrangieren, dressieren, dublieren, exploitieren, füsilieren, jonglieren, karambolieren, korrespondieren, parlieren, retuschieren*...

Le suffixe s'est si bien acclimaté qu'il a servi à créer des verbes à partir de substantifs cent pour cent allemands : *buchstabieren* « épeler » (à partir de *Buchstabe* « lettre »), *stolzieren* « se pavaner » (à partir de *stolz* « fier »), *halbieren* « partager en deux » (à partir de *halb* « demi »).

L'AVENTURE ALLEMANDE DE *DÉCOLLETÉ* ET *BLOUSE*

La réputation de frivolité des Françaises fait fantasmer les étrangers depuis belle lurette. Quant au *Schick* parisien, il fait encore rêver. Comment s'étonner, dans ces conditions, que certaines modes aient fait florès chez nos voisins européens. Et que ceux-là aient importé, à l'occasion, quelques mots évocateurs.

Ainsi, nos amis allemands ont adopté de bon cœur le mot *décolleté*. Outre-Rhin, les dames ignoraient-elles la chose avant l'apparition du vocable français ? Pas tout à fait. Avant l'importation de *Dekolleté*, on utilisait le mot *Ausschnitt*, qui vient du verbe *ausschneiden* « découper ». On le soupçonne, les deux mots n'ont pas exactement la même nuance. Une enquête le confirme : quand on emploie *das Dekolleté*, on pense moins au décolleté lui-même qu'à ce qu'il y a dedans...

Als sie sich nach vorn beugte, sah er ihr Dekolleté. « Quand elle se penchait, il regardait sa poitrine. »

On réserve *Ausschnit* à un usage plus technique, il est

d'ailleurs l'équivalent de *échancrure*, en usage chez les couturières françaises.

Blouse, ce mot français qui, chez nous, évoque plutôt la tenue de la ménagère que la confection de luxe a voyagé en Europe où il suggère, au contraire, un certain chic. En Allemage, *Bluse* « corsage » plaît tant qu'on l'utilise pour faire allusion à la beauté sexy de certaines femmes. En témoignent deux expressions. *Sie hat ganz schön in der Bluse!* (littéralement « elle n'a que du beau dans sa blouse »)... L'inspiratrice de cette remarque a une belle poitrine. *Sie ist eine heisse Bluse!* (littéralement « C'est une chaude blouse »)... Elle est excitante.

Curiosités

L'allemand sait, dans un élan quasi jubilatoire, capter, adapter, utiliser voire assimiler, transformer les mots d'emprunts. Comment procède-t-il ? Avec un remarquable pragmatisme. D'une manière générale, l'orthographe des mots empruntés au français s'ajuste à la pratique standard : *milieu* est devenu *Miliö* et *cliché*, *Klischee*. Mais, au cours du voyage des mots outre-Rhin, il s'est produit quelques accidents de parcours.

Ainsi, bien que les mots français pourvus du suffixe *-age* soient masculins, ceux qui ont franchi la frontière allemande sont devenus féminins : *die Garage*, *die Etage*, *die Courage*, *die Entourage*, *die Sabotage*... D'autres ont, par-dessus le marché, pris une connotation péjorative. Outre-Rhin, *Die Visage* ne peut que s'appliquer à un visage louche ou laid. Et *Bagage* sert à désigner la canaille. Cela s'explique : en ancien français, *bagage* désignait les personnes qui, dans le sillage des armées, se livraient à des exactions. Ainsi, le suffixe *-age* a fini par endosser une valeur péjorative et il est désormais utilisé comme tel. Par exemple, le verbe *schmieren* signifie « gribouiller ». Il a deux dérivés pour signifier « gribouillage ». L'un, normalement formé, *Schmiererei*, et l'autre, bricolé avec le suffixe français, *Schmierage*. Ce dernier est nettement péjoratif. Moralité, des glissements sémantiques accompagnent parfois l'assimilation.

L'allemand ne se gêne pas, non plus, pour créer des pseudo-francismes. En voici deux exemples. *Journaille*, fabriqué à partir de *journal* et du suffixe péjoratif *-aille*, pour désigner la presse de caniveau, et *Raffinesse*, mot-valise combinant *raffinement* et *finesse*, que l'on pourrait traduire par « astuce subtile, rouerie ».

Faux amis

Au fil du temps, plusieurs milliers de mots français ont élu domicile dans le lexique allemand. On en dénombre à ce jour environ trois mille huit cents. Dans ce lot impressionnant se sont glissés quatre cent cinquante faux amis. Ces traîtres ressemblent comme deux gouttes d'eau à leurs jumeaux français, mais ils n'ont pas exactement (ou pas du tout) le même sens.

Outre-Rhin, *Sous-terrain* désigne un sous-sol, *Parterre*, un rez-de-chaussée (dans une maison ou un immeuble), *Plumeau*, un édredon, *Pommade*, de la gomina, *Portemonnaie*, un portefeuille et *Tresor*, un coffre-fort.

Là-bas, un *Antiquar* est… un bouquiniste, une *Soubrette*… une soprano léger, un *Patron*… un gai luron et *Friseur* est en Allemagne le terme officiel pour « coiffeur ». Un *Professor* exerce nécessairement à l'université et le *Premier* n'est autre que le Premier ministre lui-même. Une *Gouvernante* est une femme âgée qui donne des leçons à tout le monde, telle une maîtresse d'école. Souvenir (indélicat) de ces demoiselles qui s'expatrièrent dans toute l'Europe jusqu'à la fin du XIXe siècle pour y diffuser la langue et la culture françaises. L'allemand, d'une extrême courtoisie en la circonstance, a fait de *Politesse*… une contractuelle. Une *Mamsell* (de *mademoiselle*) désigne une employée de restaurant chargée de préparer et de distribuer les plats et *die Kalte Mamsell* « la froide mademoiselle » est préposée au buffet froid !

Mit Manieren signifie « avec élégance ». *Salopp* devra être traduit par « sympathique, facile à vivre » s'il est appliqué à une personne, ou par « décontracté » s'il est appliqué à une tenue vestimentaire. *Partout* signifie « absolument » : *Ich will das partout!* « Je veux ça à tout prix ! » *Savoir-vivre* ne renvoie pas à l'étiquette ou aux manières de table, mais au bien boire et bien manger. *Sich blamieren* (du verbe français *blâmer*) signifie « se couvrir de ridicule » et *Poussieren* (de *pousser*) veut dire « faire du plat ».

Certains glissements sémantiques improbables méritent d'être éclaircis. *Fidel* signifie « gai, enjoué ». Pour expliquer ce sens curieux, il faut remonter au langage étudiant du XVIIIe siècle où courait la devise « Toujours fidèle et sans souci »… *Ich stecke in der Bredullje sein*, littéralement « je suis coincé dans la bredouille », est l'équivalent de notre « je suis dans le pétrin ». On reconnaît, dans l'expression allemande, le mot français *bredouille*. Il faut l'entendre dans son sens ancien : la bredouille, en ancien français, c'était la boue.

Décalage

Man soll den Teufel nicht an die Wand malen « Il ne faut pas peindre le diable sur le mur ». Chez nous, on dirait « Il ne faut pas tenter le diable ».

L'exemple français

Sich auf französisch verabschieden, littéralement *filer à la française*, autrement dit partir sans payer, a remplacé *sich auf englisch verabschieden*, filer à l'anglaise.

L'amour *à la française* renvoie à une sexualité érotique. Pour être précis, disons qu'il est alors question de langue. Le préservatif est un *Pariser*, un parisien. La « maladie française », c'est la syphilis.

Nos voisins allemands ont retenu un tas de mots français désignant des personnages… Pas toujours fréquentables. Que faut-il en penser ? Citons *Ami*, qui à Cologne désigne un sale type, répugnant, vaniteux, et der *Chauvi* (de *chauvin*) le « macho ». Les Allemands connaissent *die Femme fatale* et *die Megäre* « la mégère », *der Parvenu*, *der Pedant* et *das Enfant terrible*. Cette liste édifiante est loin d'être close.

Mots choisis

Bruno Peyrefitte, directeur de l'Institut français de Francfort, a choisi deux vocables n'ayant aucun équivalent en français et les commente ainsi :

« Pour ma part et après réflexion, je suggère le mot allemand *Zweisamkeit* qui n'a aucun équivalent, que je sache, ni en français, ni en espagnol, ni en anglais… Il est à rapprocher bien sûr de *Einsamkeit* (qui exprime la notion de solitude) mais il s'agit en l'occurrence d'exprimer un ensemble plein, une intimité à deux…

Avec *Zweisamkeit*, il y a un fait intrigant. Le rapprochement avec *Einsamkeit* évoque un jeu de mots. *Einsam* signifie "seul" et *-keit* est un suffixe féminin équivalant au français *-té*. *Einsamkeit* correspond assez bien à *solitude*. Si l'on passe de *ein* à *zwei*, on quitte l'unicité pour entrer dans une dualité. Mais on ne peut s'empêcher de se référer au sens de *einsam*. Alors, comment réconcilier l'idée de solitude et la dualité ?

La première fois que j'ai rencontré ce mot, j'ai pensé qu'il évoquait l'idée de solitude à deux. Ce n'est pas du tout ça. *Zweisamkeit* renvoie à un ensemble plein et comporte pourtant la notion de dualité. S'il y a dans *Einsamkeit* une notion de plénitude (solitude et plénitude ne s'excluent pas, on est dans une conception romantique), *Zweisamkeit* exprime la notion de plénitude à deux, un état, proche de la complicité, dans lequel deux ensembles se complètent mutuellement. Cette complicité-intimité à deux exclut toute référence érotique ou sexuelle. Cet état de l'âme, ce sentiment, concerne deux personnes, un couple, oui, mais aussi deux amis ou encore une mère et son enfant. »

« La langue allemande regorge de mots composés... Il en est un que j'apprécie toujours, sans équivalent en français, qui est le mot *Schadenfreude* (plaisir pris au malheur, à la destruction).

Je dirais en préalable que ce mot composé, associant déterminant et déterminé, est suffisamment utilisé en tant que tel pour qu'on ne le perçoive plus comme un assemblage. Je ne l'ai pas choisi parce qu'il est exotique aux yeux français, mais parce qu'il associe des notions qui, dans la langue française, ne sont pas traduites par un seul vocable. *Freude* signifie "joie" et *Schaden* peut être traduit par "dommage, dégât". *Schadenfreude* est parfois rendu par "sadisme". Or, ce terme est étranger au domaine de la psychologie et de la pathologie.

Ce mot que l'on pourrait traduire littéralement par "plaisir pris à ce qui est défait, au dégât" s'applique à un travers de l'être humain que l'on constate, par exemple, quand des gens s'arrêtent dans la rue et regardent les dégâts causés par un accident ou encore quand quelqu'un rit du faux pas, de la chute… Bref, du malheur d'un autre. »

AUX PAYS-BAS

Le néerlandais, une langue pragmatique

La langue parlée aux Pays-Bas, le néerlandais (de *nederlands* « bas pays ») appartient à la famille des langues germaniques, plus précisément à la branche occidentale, sur laquelle il se situe entre l'anglais et l'allemand dont il est plus proche – toutefois la grammaire du néerlandais est plus simple. Le néerlandais actuel résulte de l'harmonisation des divers dialectes en usage aux Pays-Bas, notamment le dialecte parlé en Hollande, province la plus florissante de ce pays au XVIIe siècle. C'est pourquoi les Français disent indifféremment « néerlandais » ou « hollandais » pour désigner la langue parlée aux Pays-Bas.

Signes particuliers

Le néerlandais, qui adore rapetisser choses et gens, fait ses choux gras du suffixe diminutif *-je*. Pour modifier un adjectif : à partir de *zuur* « aigre » a été formé *zuurtje* « bonbon acidulé ». Ou un adverbe : à partir de *uit* « hors de » a été formé *uitje* « excursion ». Ou encore un substantif et en faire ainsi un terme affectueux : *bloempje* « petite fleur », *scheepje* « petit bateau », *koninkje* « petit roi ».

Écriture et prononciation

Le néerlandais utilise l'alphabet latin, complété de quelques signes diacritiques. Ainsi, le tréma est utilisé pour séparer des voyelles consécutives et éviter leur prononciation comme diphtongues : *België* (Belgique) *coördinatie* (coordination).

LE DESTIN NÉERLANDAIS DES MOTS FRANÇAIS

Plusieurs vagues de mots français ont déferlé sur les Pays-Bas. On trouve des traces d'une empreinte précoce au Moyen Âge, le mouvement prend de l'ampleur au XVIIe siècle, et surtout au siècle suivant, celui de l'apogée culturel français en Europe. À l'époque moderne, bien que l'influence de l'anglais devienne prépondérante, la gallomanie sévit encore aux Pays-Bas. Bref, au fil des siècles, le vocabulaire néerlandais a subi une profonde influence du français.

La présence de nombreux mots moyen-néerlandais d'origine française témoigne de l'empreinte française aux Pays-Bas dès l'époque médiévale. Le suffixe *-el*, plutôt que *-eau*, de certains mots suggère en effet des emprunts antérieurs à la fin du Moyen Âge : *casteel* (de *chastel* « château »), *sapeel* (de *chapel* « chapeau »). La raison de cette remarquable précocité ? La France du Nord et les Pays-Bas se trouvent alors réunis dans l'ensemble économique et culturel flamand, la frontière linguistique entre roman et germanique ne coïncide pas avec la frontière politique, d'ailleurs mouvante. Au sein de cet espace, toutes sortes d'échanges y compris linguistiques se pratiquent tout naturellement.

Des contacts prolongés, à la fois politiques, commerciaux et littéraires entre francophones et néerlandophones ont en effet suscité des emprunts réciproques. Les emprunts du néerlandais au français furent favorisés par le prestige des classes dirigeantes qui pratiquaient cette langue, par l'influence de la littérature et par le statut du français comme grande langue commerciale. Ces emprunts, très nombreux entre le XIIIe et le milieu du XIVe siècle, concernent les domaines du commerce, de l'administration, le vocabulaire religieux et le vocabulaire lié aux activités chevaleresques.

Au XIIIe siècle, les marchands néerlandais empruntent la voie fluviale pour se rendre sur les foires de Champagne, à Lagny, à Bar-sur-Aube, à Troyes. Ils viennent y vendre du drap, du lin, des vêtements, du cuir, du fromage. Ils en rapportent du vin, du miel, des figues, des épices… Et du vocabulaire : *cotoen* « coton », *livrereren* « livrer », *monoye* « monnaie ». Les Néerlandais empruntent aussi de quoi enrichir leur vocabulaire : des suffixes français. La recette est simple. Les Français disent *épicier*, les Néerlandais vont bricoler *kruidenier*, à partir de leur *kruiden* « épices », auquel ils ajoutent notre suffixe *-ier*, et le tour est joué. Dans le même temps, le vocabulaire de l'artisanat est partiellement francisé : les Hollandais adoptent *drapenie* « drapelerie », *cordewanier* « cordonnier », *parmenterie* et *polieren* « polir ».

Dans la partie des Pays-Bas administrée par la France s'implantent *aggraveren* « alourdir, aggraver », *article* « point, paragraphe », *gouverneerren* « administrer », *corrigeren* « réprimander, amender », *ordoneren* « commander ».

Les clercs ayant fréquenté les universités françaises, le vocabulaire religieux est également empreint de français : *celebreren*, *frere* « frère mineur », *heresie*, *pardoen* « pardon », *templier*.

Enfin, la littérature française, en particulier la poésie épique, est largement répandue au Moyen Âge dans les

Pays-Bas néerlandophones. Dans les milieux aristocratiques, où la vie littéraire est plurilingue, la poésie courtoise s'écrit en français. Lorsque celui-là ne sera plus compris, la traduction prendra le relais (*Lancelot* en a suscité trois) faisant passer en néerlandais des emprunts liés aux activités chevaleresques : *amie*, *avontuur*, *jugieren*, de l'ancien français *jugier*, *vie*, *assaut*, *chevauchie* « chevauchée », *force*, *gavelot* « javelot », *glavie* « glaive », *joste* « joute », *porpoint* « pourpoint ». On ne se prive pas du calque : en traduisant mot à mot *faire la cour*, on obtient *het hof maken*.

Aux XVIe et XVIIe siècles, le français est aux Pays-Bas la langue élue par les princes dans les correspondances diplomatiques, les administrations locales et l'exercice de la justice. Sous Philippe II d'Espagne (1527-1598), le français est encore utilisé comme langue véhiculaire par les autorités des Pays-Bas espagnols, cet usage étant compris comme un outil de paix. Plus tard, à la cour d'Orange, le français continue de jouer un grand rôle : Guillaume II (1626-1650) tient son journal en français et francise le nom des villes de son territoire.

Cependant, à la fin du XVIe siècle, les parlers de Hollande s'imposent et le néerlandais standard émerge. Il va s'affirmer au cours du XVIIe siècle et s'accompagner d'une forte tendance au purisme qui se manifeste par le désir d'éliminer de la langue les mots d'origine française, à vrai dire fort nombreux. Mais les hasards de l'histoire vont en décider autrement…

En 1672, Louis XIV envahit la trop riche Hollande. Amsterdam résiste aux armées, mais cède bientôt au modèle culturel de l'ennemi. L'austère et somptueuse peinture hollandaise s'efface devant un certain maniérisme qui s'exprime dans le portrait. En 1680 commence à paraître à Leyde un journal en langue française connu sous le nom de *Gazette de Leyde*. Dans le numéro du 4 mars 1683, le sieur des Hayes annonce l'établissement d'une « Académie pour l'éducation de la jeune Noblesse». Cette publicité, destinée aux princes et nobles des Provinces-Unies et d'Allemagne du Nord, fait référence à la France et à Paris, maîtres du bon goût. On y vante la présence «de maîtres français pour la danse, les armes, voltiger, manier le drapeau, faire l'exercice du mousquet et de la pique, pour les évolutions militaires, pour la langue française, l'italienne et la latine, en faveur de ceux qui veulent les cultiver avec leurs exercices, et qui ne veulent point entretenir de gouverneurs ni de précepteurs en leur particulier». L'éducation des élites passe par le français.

Autre événement d'importance, en 1685, Louis XIV révoque l'édit de Nantes. Des dizaines de milliers de huguenots (entre 50000 et 75000) fuyant les persécutions viennent se réfugier en Hollande et en Zélande. En un mois, on compte 5000 réfugiés à Rotterdam, beaucoup sont enrôlés dans l'armée ou peuplent les nouvelles colonies. Les mots français emportés dans les bagages de ces émigrants (nombre d'entre eux enseigneront le français) vont s'implanter à Amsterdam, Haarlem, La Haye, et, de là, ils vont circuler dans les Provinces-Unies.

L'importation de suffixes empruntés à la langue française se poursuit allégrement. À l'aide du suffixe féminin *-esse* à peine transformé, on rajeunit un vieux mot germanique : *lerarin* «professeure» devient *lerares.* Et le tour est joué. Ainsi *professeur* eut un féminin en néerlandais bien avant le français. Ces termes mâtinés de français, d'abord réservés aux cercles cultivés, vont se propager dans le peuple et supplanter les formes traditionnelles.

Ainsi, de manière inattendue, la pénétration du vocabulaire néerlandais par des mots français, qui avait été constante depuis le XVIe siècle, s'est brusquement accrue, si bien qu'à la fin du XVIIe siècle le néerlandais est une des langues d'Europe les plus mâtinées de français.

Ensuite vint le *pruikentijd* « époque des perruques ». Nous voici au XVIIIe siècle, tout ce qui vient de France fascine – manières de table, modes vestimentaires et littéraires –, le français envahit les conversations et la correspondance.

Dans la Hollande de la première moitié du XVIIIe siècle, le français est connu au-delà des cercles aristocratiques par le théâtre et les journaux. Plusieurs publications périodiques baptisées « bibliothèques » diffusent en français, sous une forme allégée et vulgarisée, le savoir moderne. Et les grands noms de la littérature française font le voyage vers la Hollande : Voltaire, Diderot, Montesquieu, l'abbé Prévost.

Avec les perruques poudrées sont apparus aux Pays-Bas quantité de vocables d'allure française, fabriqués par les Néerlandais à partir de mots et de suffixes cent pour cent français, mais selon des procédés inconnus de la langue française ! Ainsi, *secrétaire* a inspiré deux formes, l'une, masculine *secretaris*, l'autre, féminine, *secretaresse*. *Vacance* a été transposé par *vacature*, et *vacances* par *vakantie*. Nuance. *Compositeur* est devenu *componist*, *athée*… *atheist*. L'expression *à la mode* a été transformée en un adverbe qui fait défaut au français… *modieus*.

Pourtant, la Hollande, qui fut au XVIIe siècle l'un des premiers pays à diffuser le français, sera aussi le premier à le délaisser. Si le souvenir des guerres de Louis XIV porte une responsabilité dans ce désamour, il se trouve aussi d'autres langues – l'allemand, l'anglais et le néerlandais – prêtes à contrecarrer l'influence du français. Enfin, dans un contexte identitaire de retour aux pratiques locales, la cour se remet au flamand.

N'empêche, l'épopée napoléonienne va laisser des traces dans les Provinces-Unies. L'ombre du Code civil plane encore sur les institutions néerlandaises, comme en témoignent *parlement*, *plenère* (de *plenière*), *amanderen*, *annexeren*, *griffier*, *budget*, *administratie*, *ambassade*, *ambassadeur*, *consulaat*, *provincie*... Notre *ministre* a inspiré *minister* et *ministère* est à l'origine de *ministerie* : inutile de traduire *Ministerie van Defensi* ou *Ministerie van Finansien*...

Au XVIIIe siècle et même à l'aube du XIXe, plus que d'autres pays européens, la Hollande vécut à l'heure française, au risque d'occulter sa propre culture. On s'habillait à la française, on pensait à la française, et surtout il était de bon ton d'ignorer ce « patois » qu'était, pour Napoléon, le néerlandais. Ce qui produisit à nouveau une vive réaction puriste, à la mesure de l'acculturation qui l'avait précédée. Les effets ne se firent pas sentir partout de la même manière. Au cours de l'épisode napoléonien, le Nord des Pays-Bas avait évincé les Français plus vite que le Sud. Aussi, dans le Sud du pays, notamment dans la région du Limbourg, la langue française est-elle restée plus présente.

Notamment à Maastricht où, au XIXe siècle, on trouvait douze quotidiens en langue française. Dans cette ville si proche de Liège, restée bilingue jusqu'en 1920, le néerlandais était la langue administrative, le français celle du commerce et de la culture. Ce clivage n'est pas sans rapport avec des faits culturels ; il devait beaucoup à la mauvaise image de marque du hollandais perçu comme « protestant », « peu malléable » et assez éloigné du parler local. Dans cette zone frontalière, linguistique et politique ont été inévitablement liées, au point que le rejet de l'influence française, assimilable à celle de la Wallonie, a été entériné de façon solennelle en 1927 par un geste linguistique : l'effacement des inscriptions en français sur le théâtre municipal.

En fin de compte, le néerlandais, en dépit de tentatives réitérées de régulation, se trouve riche d'un nombre important de mots empruntés au français. Qui plus est – cela constitue aussi une sorte d'exception –, ces vocables sont passés dans l'usage courant. Comme ailleurs, la cour a montré l'exemple, la bonne société a suivi, mais, aux Pays-Bas, le peuple n'est pas resté à l'écart de ces toquades langagières. Pourquoi ? Trois siècles durant, du XVIIe au XIXe siècle, dans les familles bourgeoises, on prit l'habitude de parler français en présence des domestiques, pour les tenir à l'écart des affaires privées. Mais ces derniers attrapant au vol quelques mots, les adaptant au mieux à leurs gosiers néerlandais, ont enrichi leur vocabulaire. Ces mots français, plus ou moins déformés, se sont ensuite répandus. Est-ce ainsi que se sont introduits *bagatel* (la bagatelle) et *cadeau* (ou *kado*), *bordeel* et *plezier* (plaisir), *maîtresse*, *prostituee* et *gigolo* ? Ou encore *surveilliren*, *fouilleren* et *chanteren* (exercer un chantage) ? Peut-être aussi *escapade* (faux pas), *liaison* et *rendez-vous* – ce dernier n'est pas romantique aux Pays-Bas, il y sera question de sexe, en compagnie d'une *maîtresse* ou d'une *prostituee*.

Comment on parle français, aujourd'hui, aux Pays-Bas

La grande majorité des mots français sont entrés en néerlandais à l'époque où les classes dirigeantes de la société européenne se servaient du français comme d'une *lingua franca* : diplomates et érudits en usaient ainsi. À mesure que l'importance du français comme moyen international de communication diminuait, le néerlandais empruntait de moins en moins à cette langue, et de plus en plus à l'anglo-américain. Parallèlement, le rôle de la haute société s'amenuisait, sa vive appétence pour le français baissait, certains mots ou expressions ont même fini par disparaître.

Malgré ce double déclin, l'influence du français se fait

encore sentir dans certaines sphères de la société. Aujourd'hui, les mots issus du français appartiennent presque exclusivement au parler des gens instruits et la situation vis-à-vis de l'emprunt est assez ambiguë. Le respect de la prononciation étrangère (celle du français notamment) est un gage de bonne éducation et de prestige social, mais, d'un autre côté, celui qui prononce parfaitement les mots d'origine étrangère risque fort de passer pour snob. En vérité, ce néerlandais truffé de mots français se révèle être un sociolecte.

Par ailleurs, le désir de français est inégalement réparti sur le territoire néerlandais. Au motif qu'en 1673 un boulet de canon tua d'Artagnan devant ses portes, Maastricht, située à la pointe sud des Pays-Bas, se flatte d'être la ville la plus française de la Hollande. Les brochures destinées aux touristes claironnent le caractère *bourguignon*, autant dire *bon vivant* et *amateur de bonne chère* des plus méridionaux de tous les Hollandais. L'influence française, synonyme de savoir-vivre, de farniente et de gastronomie, est de toutes les influences européennes celle que la ville chérit le plus. Le parfum français de Maastricht se hume sur ses nombreuses terrasses, parfois situées sous des platanes typiquement français… Qui sait, si l'on y prête attention, on y entendra, dans le brouhaha des conversations, ces petits mots qui ont voyagé, dans leur costume français, à travers l'Europe ? *Bric-à-brac… Carte blanche… Comme ci, comme ça… Déjà vu… Enfin… Fait divers… Faux pas… Fin de siècle… Vis-à-vis…*

D'une manière générale, la substitution d'un mot français à un mot néerlandais trahit la recherche d'un certain chic. Gastronomie, produits de luxe, habillement, dans ces domaines le français est roi.

S'il vous prend l'envie de *dineren* dans un bon restaurant (là-bas, on prononce le *t* final), vous reconnaîtrez *menu*, *entree*, *diner* et *souper*. Qu'y a-t-il derrière *sla* ? Notre salade.

Et derrière *slaatje* ? Une petite salade. On retrouvera chez nos amis néerlandais *champignon*, cette chère *omelet*, *mayonaise*, *saus* et *jus* (le jus de viande). Voulez-vous une soupe ? Dites *soep* ou *bouillon*. Des frites ? Dites *patat* ou *friet*. Une côtelette ? Dites *kotelet* ou *karbonade*.

Dans les restaurants huppés, on peut demander un *dessert*. Pour obtenir la même chose dans un restaurant populaire, on utilise le terme vernaculaire *toetje* – prononcer [toutyeu]. Sachez ceci : *taart* désigne aussi bien une tarte qu'un gâteau, derrière *bonbon* ou *chocolaatje* « petit chocolat » se cache une bouchée au chocolat. Oui, vous trouverez *biscuit* et *likeur*, mais aussi *biscuitje* « petit biscuit » et *likeurtje* « petite liqueur ». Mieux qu'en France ! Avec *champagne*, point de surprise, mais *limonade* ou *limo* désigne une boisson non gazeuse aromatisée alors que *gazeuse* désigne la limonade. *Aubainmarie* fait partie du vocabulaire culinaire néerlandais et notre baguette nationale a fait le voyage, on la retrouve à peine modifiée : *baquet*. En prime, deux mots utiles au moment de l'addition : *inclusief/exclusief*. Il s'agit du pourboire (compris/non compris).

Traces du *chic* français, on trouve dans les garde-robes néerlandaises *pantalon* et *japon* « robe » (de *jupon*). Qu'est-ce qu'un *colbert* ? Une veste. Souvenir du Grand Siècle, n'est-ce pas. Un *demi paletot* ? Un manteau léger, pour l'intersaison. Un *mantel* ? Un manteau ou un pardessus. *Lingerie* et *negligé* sont sans malice, mais il existe quelques pièges : *vest* signifie « gilet » et, pour désigner un collant, les demoiselles néerlandaises disent *maillot*, *tricot* ou *panty*.

Au rayon « accessoires », on trouvera *bijou* (ce ne sera que pacotille) et *broche*, *bagage* et *paraplu* « parapluie ». Trois mots, rien que ça, désignent le porte-monnaie : *portemonnee*, *portemonnaie* et *portefeuille*. Enfin, derrière *horloge* se cache une montre – trace d'un passé où *horloge* désignait tout appareil destiné à indiquer l'heure.

Dans les maisons, voici *lamp*, *tapijt* « tapis » et *portmanteau*, *divan*, *canapé* et *sofa*, *fauteuil* et même *crapaud* (fauteuil crapaud). *Dossier* désigne un classeur et *pièce de milieu*, une décoration florale placée au centre d'une table…

Dans les villes, voilà *boulevard*, *avenue*, *plataan* « platane » et *trottoir*, *garage*, *appartement* et *bel etage* (premier étage d'une résidence officielle ou d'un hôtel particulier, dédié aux réceptions). Attention, *atelier* désigne un studio, et *souterrain*, le sous-sol d'un immeuble ou d'une maison. Dans les lieux publics, les toilettes répondent au vocable *toilet*, ou, curieusement, à celui de *latrine*…

Le terme *boetiek* (de *boutique*) confère prestige et élégance à toutes sortes d'entreprises, des petits magasins de mode jusqu'à des boulangeries qui prennent l'enseigne de *broodboetiek* « boutique de pain ». Tout à fait chic sous sa forme française *boutique*, ce mot chéri des Néerlandais existe aussi dans une version hybride : *boutiek*.

Dans le domaine du transport et des voyages, les mots français réservent encore quelques surprises. Au XIXe siècle, dans les chemins de fer, *diligence* désignait une voiture de 1re classe, *char à bancs* une voiture de 2e classe, *wagon* une voiture de 3e classe. Aujourd'hui, on reconnaîtra *lokomotief* et *compartiment* (*coupé* est aussi utilisé). Même mélange de termes anciens recyclés et de vocables modernes dans le domaine de l'automobile : on a *auto*, *carrosserie*, *chassis*, *volant*, et pour désigner la galerie destinée à recevoir les bagages… *imperiaal* (par référence à l'impériale des diligences). Voici encore *douane*, *excursie* « excursion » et *coupon retour* ou *retourtie*. Qu'est-ce donc ? Un ticket aller-retour, valable dans les trains et les avions.

Aux Pays-Bas, on sera surpris de découvrir une kyrielle d'adjectifs empruntés au français pour qualifier, avec nuance et précision, des manières d'être…

Pour souligner la bêtise, on a *stupide*, *idioot*, *naief* (« naïf »), pour souligner le côté séduisant on a *charmant* et *charm*. Pour le côté charmant, on a *aimabel*, *plezant*, *gracieus*. Voici encore *mysterieus* et *serieus*... *elegant*, *chic* et *elegantie* (ou *elegance*)... *ordinair*, *vulgair* et *vulgariteit*... *discreet* ou *discrete* « modeste » et *discretie* « modestie »... *futiel* « futile » et *futiliteit* « futilité ». Outre ces vocables pour la plupart transparents, voici *astrant*, derrière lequel il faut imaginer *assurant* (de *assurer*), il s'applique à quelqu'un de trop sûr de lui et pourrait être traduit par « impertinent ».

Merci et *pardon* sont utilisés dans la vie courante. Le verbe *tutoyer* a même été importé il y a peu, tandis que la devise des Pays-Bas demeure, encore et toujours, en français dans le texte, « Je maintiendrai ».

D'INGÉNIEUX PROCÉDÉS D'ASSIMILATION

Comme l'allemand, cousine du néerlandais, bien des langues emprunteuses s'efforcent d'adapter l'orthographe du mot étranger pour l'insérer dans le tissu linguistique. Le néerlandais cherche au contraire à maintenir la forme originelle, mais cette préoccupation entre en conflit avec des nécessités grammaticales propres. Alors ? Si le mot français reste parfois dans son jus, il est le plus souvent digéré par le néerlandais qui a, pour ce faire, développé d'ingénieux procédés. Une panoplie de suffixes organisés en système cohérent permet d'assimiler des noms, des adjectifs ou des verbes français.

Pour les noms, on utilise les suffixes *-tie* ou *-sie* (qui remplacent *-tion* ou *-sion*) ou *-iteit* (qui remplace *-ité*) ou *-antie* (qui remplace *-ance*). On obtient ainsi : *instructie*, *editie*, *excursie*, *infectie*, *injectie*... *antiquiteit*, *specialiteit*... *distantie*, *elegantie*, *intelligantie*.

Pour les adjectifs, on use du suffixe *-eus* (qui remplace *-eux*). Ce qui donne *mysterieus*, *nerveus*, *serieus*…

Pour les verbes, on mobilise le suffixe *-eren*. Ainsi on peut conjuguer *escorteren*, *fabriceren*, *introduceren*, *kalmeren*, *manicuren*.

En outre, des règles sont mises en place pour assurer la prononciation des francismes. Ainsi, dans les adjectifs, la voyelle accentuée est dédoublée pour préserver la prononciation de l'original : *ideaal*, *confuus*, *idioot*, *personeel*. D'autre part, la consonne finale muette est prononcée au masculin : *confuus*, *idioot*, *charmant*, *élégant*. Cela facilite l'emploi des formes fléchies : *de idiote man*.

Enfin, les accents français sont parfois maintenus graphiquement. Les Néerlandais prononcent alors le mot à la française (*stupéfait*, par exemple). Motif de cet apparent caprice ? Ce qui sonne français est considéré comme prestigieux ou élégant.

Ainsi, en empruntant, le néerlandais se montre créateur, attitude probablement inspirée par un certain pragmatisme, révélant néanmoins un talent assez rare pour être souligné.

L'aventure néerlandaise de *à part*, *Cathare* et *pur-sang*

Le mot *apartheid* a été façonné par les Afrikaaners, en associant le français *à part* et le suffixe néerlandais *heid*.

En néerlandais, *keter* signifie « mécréant ». D'où vient ce *keter* ? De notre *Cathare*… désignant un hérétique.

L'expression « pur-sang », appliquée en français aux chevaux de race, a été adoptée par les Néerlandais avec le sens de « authentique ». *Een pur-sang romanticus* : « C'est un vrai romantique. »

CURIOSITÉS

Le français que l'on peut entendre aux Pays-Bas ne manque pas de fantaisie. Là-bas notre *à l'avenant* devient *navenant*. *Elitair* est un bricolage, réalisé à partir du radical français *-élit* auquel on a ajouté le suffixe français *-air*, pour traduire *élitiste*. *Flux de bouche* est une expression fleurie inventée par les intellectuels : elle correspond à notre *torrent de paroles*. Aux Pays-Bas, les lits jumeaux se singularisent : en néerlandais, on dit *een* (un) *lits jumeaux*.

Qu'est-ce qu'un *salon socialiste* ? Quelque chose comme un représentant de la gauche caviar. Une *douceur* ? Un extra (en espèces sonnantes et trébuchantes).

FAUX AMIS

Lucifer signifie aux Pays-Bas « allumette », *bon* veut dire « contravention » et *perron* « quai ». *Abuis*, qui ressemble fort à *abus* – et pour cause – signifie « méprise ». Moins transparent, *krant* est l'avatar néerlandais du mot *courant* et désigne un journal. *Krek* est notre *correct* déguisé, mais il signifie « précisément ». Quant à *fatal*, il veut dire « néfaste ».

DÉCALAGE

Au pays des moulins, on dit *Die heeft een klap van de molen*, dans des circonstances où nous dirions assurément « Il est tombé sur la tête ». Ce qui signifie ? « Il a reçu un coup de moulin. »

Au pays des polders, on ne dit pas « Chercher une aiguille dans une botte de foin » mais « Baiser les fourmis » : *mieren neuken*.

Au pays des tulipes, on ne dit pas « Toute médaille à son revers » mais « Pas de roses sans épines » : *geen roosje zonder doornen.*

Au pays des canaux, on ne dit pas « Un petit chez soi vaut mieux qu'un grand chez les autres » mais « Une cheminée à soi vaut de l'or » : *eigen haard is goud waard.*

L'exemple français

Aux yeux des Néerlandais, les Français seraient-ils fainéants, flatteurs et débauchés ? On pourrait le croire, car on dit là-bas... *iets met de Franse slag doen*, littéralement « faire quelque chose à la française », autrement dit bâcler, faire par-dessus la jambe. *Met de franse slag* « à la manière française » correspond exactement à notre fort vilain « du travail d'Arabe »... On dit aussi *franse complimenten maken*, littéralement « faire des compliments à la française », c'est-à-dire tenir des propos flagorneurs... On dit encore *parÿse opvattingen*, littéralement « idées parisiennes » quand il s'agit de toutes sortes de débauches.

Cela n'empêche pas certains Néerlandais de rêver à la douceur de vivre en France. *Leven als God in Frankrijk*, traduction néerlandaise d'une expression yiddish, signifie littéralement « Vivre comme Dieu en France », c'est-à-dire être comme un coq en pâte, vivre sans souci.

Mots choisis

Un même mot, *gezellig*, a été choisi par deux néerlandophones.

Voici le point de vue de Claire Schirtzinger, jeune musicienne française vivant aux Pays-Bas. « *Gezellig* signifie à peu près “sympathique”, mais c’est légèrement différent. Pour les Néerlandais tout est *gezellig* ! Je ne veux pas être l’avocat de ce mot, car aux Pays-Bas il est beaucoup trop utilisé. Je trouve seulement étonnant qu’un mot si utilisé n’ait pas de traduction française. Dans le dictionnaire, *gezellig* est rendu par *agréable*. »

Jacques Gutwirth, anthropologue polyglotte, dont la langue maternelle est le flamand, se fait ainsi l’avocat de *gezellig*. « Le seul mot néerlandais qui me vient à l’esprit, c’est *gezellig*, avec des *g* gutturaux non pratiqués en français. Le mot est caractéristique du néerlandais des Pays-Bas. Sa traduction est culturellement difficile ; il signifie “agréable, accueillant” et me paraît surtout original quant à une ambiance dans une pièce agréable et confortable. »

AU ROYAUME-UNI

L'anglais, une germaine presque méconnaissable

La langue anglaise a poussé sur la branche germanique de la famille indo-européenne, aux côtés de ses sœurs de sang, la langue allemande et la néerlandaise. Mais, parmi les trois proches parentes, l'anglaise est celle qui a le moins de traits germaniques. Pour s'être jadis frottée aux langues celtes et aux dialectes français du Nord, la grammaire anglaise s'est érodée au point de perdre la déclinaison des noms. Quant au vocabulaire anglais, il est loin d'être purement germanique : il comprend près de deux tiers de mots d'origine latine dont la plupart ont transité par le français.

Signes particuliers

Son vocabulaire étant d'une grande richesse, l'anglais dispose de plusieurs mots là où le français n'en a qu'un. Ainsi, *temps* sera rendu par *weather* s'il s'agit du temps qu'il fait, par *time* s'il s'agit de la durée, par *tense* s'il s'agit du temps verbal.

Qui plus est, l'anglais jouit d'une extrême facilité à former des mots composés à partir d'une image ou d'une association d'idées : *hot-dog*, *pin-up*, *teen-ager*, *has-been*, *free-lance*…

Enfin, l'anglais manifeste un don pour assimiler les mots étrangers et ne s'embarrasse pas de considérations puristes.

Écriture et prononciation

Oui, l'anglais utilise un alphabet latin. Non, aucun signe particulier ne distingue cet alphabet du nôtre. Parler anglais, un jeu d'enfant ? Pas tout à fait. C'est précisément par sa phonétique que l'anglais trahit son éloignement de l'archétype des langues indo-européennes. Le jeu des voyelles, gracieusement combinées de manière à générer une panoplie de diphtongues improbables à l'oreille française, ne rend pas facile l'apprentissage de la langue anglaise.

LE DESTIN ANGLAIS DES MOTS FRANÇAIS

Après sa victoire à Hastings en 1066, Guillaume le Conquérant, duc de Normandie, marche sur Douvres et Canterburry puis force les portes de Londres. La noblesse soumise, les Normands s'installent en Angleterre. Ils imposent de nouvelles règles, et ce dans leur propre langue. Le dialecte français de Normandie, importé par des conquérants qui ne cachent pas leur mépris vis-à-vis de l'idiome des conquis, devient ainsi la langue du pouvoir et, bientôt, celle du prestige.

Un siècle après l'arrivée des Normands, le français se maintient à la cour et gagne quelques milieux nobiliaires, il est également élu par les prédicateurs, utilisé dans les textes législatifs et requis dans les cours épiscopales. Bref, le normand est implanté dans toutes les sphères du pouvoir. La *Vie de saint Wulfric* rapporte un miracle qui eut lieu à Somerset vers 1130 : un homme muet se mit soudain à parler… français et anglais à la fois !

L'anecdote illustre fort bien l'impact culturel de l'installation des souverains normands. L'habitude même d'écrire l'anglais se perdit et le français fut admis dans toutes les chartes et dans tous les livres. Si le français n'a jamais pénétré de manière significative la population indigène – le bas peuple conserva l'anglais –, il exerça une profonde influence sur les élites saxonnes. Les nobles anglais et leurs descendants apprenaient le français dès le berceau « car de celui qui ne connaissait pas le français, on ne tenait pas grand compte », observe Robert de Gloucester dans une chronique écrite vers 1300, soit deux siècles après l'arrivée des Normands.

L'anglais a cessé d'être la langue officielle trois siècles durant, cela n'est pas mince. Dans les registres où termes normands et saxons coexistent, le terme d'origine française est associé à la vie de cour, à la richesse ou au prestige, alors que l'anglo-saxon renvoie à des réalités plus humbles, voire communes : *dress* (de *dresser* : arranger, préparer) et *clothes* « vêtements », *aid* et *help*, *solitary* et *lonely*, *nourish* et *feed* « nourrir ».

Cette prédominance française se maintint jusqu'au XIVe siècle où un événement politique décisif eut lieu. En 1399, un roi anglophone monte sur le trône sous le nom d'Henri IV, ce qui ne s'était pas produit depuis le règne d'Édouard Ier (1272-1307). Encore celui-là savait-il l'anglais mais utilisait le français comme langue usuelle : des témoignages rapportent qu'à la cour une colère soudaine s'exprimait tout naturellement en français.

Mais, contre toute attente, le rétablissement de l'anglais comme langue officielle à la fin du XIVe siècle accéléra le rythme des emprunts au français. En effet, longtemps écarté des fonctions politiques et administratives, l'anglais s'est alors trouvé dans la nécessité de combler ses vides sémantiques dans ces domaines. Et il le fit en empruntant au français.

Aux XIVe et XVe siècles, le nombre d'ouvrages destinés

à l'apprentissage du français augmente notablement. Cela signifie deux choses, d'une part, la transmission de cette langue à l'intérieur des familles ne va plus de soi et, d'autre part, de nouvelles catégories de la population ont intérêt à apprendre le français. Ce sont les familles nobles (la guerre de Cent Ans nécessite des officiers bilingues capables de traiter avec les autorités locales) et la bourgeoisie commerçante (en relation avec la Flandre française pour le commerce de la laine et avec la Guyenne pour celui du vin). Les manuels utilisés à Oxford dans les écoles formant au commerce sont encore en français au milieu du XVe siècle.

Les domaines touchés par la déferlante normande sont multiples. Le vocabulaire normand du pouvoir a évidemment suivi les vainqueurs qui se sont emparés de tous les leviers du gouvernement. En 1137, on relève déjà *tresor*, *canceler* « chancelier », *prisun* « prison », *justice*. Depuis le château, s'imposent hiérarchiquement les termes juridiques : *court*, *justice*, *judge*, *jury*, *accuse* « accuser », *felony*, *crime*, *assize* (session d'une cour de justice), *session*, *damage* « dommage ». Les titres, les mots assignant une place dans la société, empruntent la même voie : *prince*, *duke*, *marquess* « marquis », *countess* « conte », *viscount* « vicomte », *baron*, *sergeant*, *page*, *villein* « vilain » et *serf*.

Outre le domaine du pouvoir, du droit et l'administration, l'influence lexicale du normand touche, dans une moindre mesure, d'autres champs de l'activité humaine : guerre, religion, chasse, arts, architecture, mode, habillement. On use, aujourd'hui encore, dans la vie quotidienne, de mots empruntés au normand médiéval : *vegetables* « légumes » (de l'ancien français *vegetable* « vivant »), *fruit*... *table*, *chair* (de l'ancien français *chaere*), *curtain* « rideau » (de l'ancien français *curtine*).

Enfin, et cela est à peine imaginable, des termes fondamentaux comme *language* (de *langage*) et *people* (de *poeple*) sont arrivés, au XIIIe siècle, dans les bagages des conquérants normands.

À partir du XVIe siècle, l'usage du français, qui avait été imposé par les circonstances politiques, va désormais être lié à des pratiques culturelles et littéraires vis-à-vis desquelles certains souverains ont d'ailleurs joué un rôle essentiel : Henri VIII (1509-1547) parlait français, sa fille Élisabeth Ire (1558-1603) traduisait Marguerite de Navarre, Charles Ier (1625-1649) épousait Henriette de France en 1625, ce qui provoqua un nouvel afflux de Français à la cour. Et, pendant tout le XVIIe siècle, les classes élevées, bilingues, mélangeaient parfois anglais et français dans un jargon qui allait faire le bonheur des satiristes tenants du tout nouveau parti « anti-français ».

Mais, après la révolution de Cromwell, avec le rétablissement de la royauté (1660), la mode française reprit de plus belle. Fils de Charles Ier et d'Henriette de France, Charles II parlait un français parfait, il entretint une cour brillante et rendit à l'Angleterre puritaine une vie intellectuelle. Le souverain dialoguait en français avec son invité Saint-Évremont, le philosophe Locke estimait le français indispensable à toute personne bien éduquée, les livres de La Rochefoucauld et La Bruyère trouvaient en Angleterre un public de choix tandis qu'au théâtre on jouait des pièces françaises. Dans l'Angleterre du XVIIe siècle, les classes cultivées aiment à lire, écrire et correspondre en français.

Depuis quelque temps, dans d'autres sphères de la société, d'autres acteurs étaient susceptibles de favoriser l'implantation du français en Angleterre : les réfugiés huguenots. Les premières communautés protestantes de langue française, placées sous la protection d'Élisabeth Ire, se sont installées à Cantorbery (repérées en 1561), d'autres s'implanteront à

Londres, Norwich, Southampton. Ces réfugiés ont préparé la venue de la seconde vague – celle qui suit la révocation de l'édit de Nantes. Après 1685, négociants, manufacturiers, artisans, venus de Normandie et du Poitou, viennent grossir les rangs des huguenots vivant en Angleterre. Mais ceux-là vont se fondre dans la population et bientôt abandonner l'usage du français.

Trace émouvante de l'émigration huguenote, *sally lunn*. C'est le nom d'une brioche, joliment imaginé à partir de *soleil* et *lune*, par une jeune huguenote réfugiée vers 1680 au pays de Galles. Solange Luyon baptisa ainsi les brioches rondes comme la lune et dorées comme le soleil qu'elle vendait à Bath. Autre mot probablement arrivé au même moment, *dandelion* « pissenlit ». Jusqu'au XVe siècle, le pissenlit était appelé *dent-de-lion* de ce côté de la Manche. L'ayant traversée, il s'est implanté sous cette forme.

Au siècle des Lumières, une importante communauté française vivant à Londres (18 000 personnes au bas mot) impose la mode, la cuisine et des comportements « à la française ». Les étudiants de la bonne société traversent la Manche pour parfaire leur accent (en l'ajustant à l'accent « pur » du Val de Loire) et pour faire l'apprentissage de la vie. À l'inverse, les écrivains et les philosophes français, curieux des institutions parlementaires anglaises, font des séjours en Angleterre, Voltaire s'y installe en 1726 pour un séjour de trois ans, y trouve l'inspiration de ses *Lettres philosophiques*, dites aussi *Lettres anglaises*, publiées en 1734.

Le XVIIIe siècle est un tournant. Les Français n'ont rien à remontrer à l'Angleterre, ils ont plutôt à l'envier. Et l'anglais, qui avait tant emprunté au français, va devenir prêteur. Dans le bouillonnement qui précède la Révolution, à la recherche de modèles institutionnels, l'élite française lorgne sérieusement du côté de l'Angleterre et sollicite l'anglais : *amendement*, *majorité*, *motion*, *vote*, *comité*, *jury*, *verdict* s'implantent en France. Ils s'acclimatent à nouveau, devrait-on dire, car ces mots-là sont de bons vieux mots français qui avaient suivi leur bonhomme de chemin outre-Manche, depuis leur importation par les Normands et les Angevins.

Et puis, ce qui vient de France ne suscite plus la même fascination. Dans l'Angleterre du XVIIIe siècle, le français ne survit que dans les hautes sphères de la société et dans les milieux intellectuels qui voient dans la France une terre de sociabilité. Dans les classes populaires, dans les milieux rigoristes, le français est assimilé à tout ce que la noblesse pouvait avoir de prétentieux et de ridicule et la haine du français se confond bientôt avec une haine de classe. Une réaction puriste accompagne alors la vague de sentiments anti-français. Cette dévaluation gagne les classes élevées, la vie à la française (modes vestimentaires et culinaires, manières et habitudes) est pain bénit pour les caricaturistes. Quand, en 1789, éclate la Révolution, la rupture est déjà consommée. Et, au siècle suivant, l'aventure napoléonienne n'arrangera évidemment rien.

Des mots évoquant l'art de vivre à la française ont tout de même pénétré la langue anglaise au siècle des Lumières et au XIXe siècle. Des mots évoquant la toilette : *corset* et *corsetière*, *pompon*, *jabot* et *lavaliere* (qui ne désigne pas une cravate large et souple comme en France, mais un pendentif), *toupet* « perruque », *chignon*, *frisette* et *friseur* « coiffeur ». Au rayon accessoire, voici le *papillon*, petit chien aux grandes oreilles… Des mots évoquant l'art d'habiter : *alcôve*, *salon* et *boudoir*, *banquettes*, *divan* et *sofa*, *chaise longue* « méridienne » et *bergère*, *berceau*, *cabinet* « secrétaire », *chiffonier* et *commode*, *chandelier* et *lustre*, *vase*, *bibelot* et *bijou* (objet d'art de facture délicate). Voici encore *bidet* et *chinoiserie* (décor à la chinoise)… Dans les villes d'Angleterre, on voit apparaître *avenue* et *boulevard*, *appartement* et *pied-à-terre*, *atelier*, *boutique* et *garage*, *rez-de-chaussée*, *terrace*, *balcony* « balcon » et *balustrade*.

Comment on parle français, aujourd'hui, au Royaume-Uni

Entre le Moyen Âge et la Seconde Guerre mondiale, quelque cinq mille mots partis de France ont traversé la Manche, ce n'est pas rien. Bien des domaines ont été touchés par l'influence française, et en particulier celui de la gastronomie.

Avec les termes de cuisine et de bouche empruntés au fil des siècles par nos voisins anglais, il y aurait de quoi composer le vertigineux menu d'un festin pantagruélique. Du *hors-d'œuvre* au *dessert*, en passant par l'*entrée* (qui désigne aujourd'hui le plat principal, le *main course*), voici quelques suggestions... *Consommé*, *Soupe*... *Foie gras*, *Vol-au-vent*... *Soufflé*, *Quenelle*, *Quiche*... *Écrevisses*, *Huîtres*... *Tête de veau*, *Rognons*... *Entrecôte*, *Tournedos*, *Rôti*... *Blanquette*, *Bœuf à la mode*, *Navarin*, *Pot-au-feu*... *Poulet rôti*, *Lapin sauté*. En accompagnement ? *Champignons* (de Paris), *Chanterelles*, *Macédoine de légumes*, *Pommes de terre frites*, *Purée*. Ensuite ? *Fromage frais*, *Gruyère*, *Roquefort*, *Petit suisse*. Un dessert ? *Baba*, *Beignet de pomme*, *Charlotte*, *Chou*, *Compote*, *Crème caramel*, *Crêpe*, *Éclair*, *Flan* (c'est un flan ou une tarte), *Mille-feuille*, *Mousse* (au chocolat), *Parfait*, *Profiterole*, *Sorbet*...

Du côté des sucreries et des *friandises*, voici *petit four*, *marron glacé*, *madeleine*, *pain d'épices*... *bonbon*, *fondant*, *caramel* et *nougat*. La meringue, en Angleterre, répond au joli nom de *chiffon cake* « gâteau chiffon ».

Du côté des boissons, voici *apéritif*, *anisette*, *pastis*... *vin blanc*, *vin rouge*, *rosé*, *champagne*, *sauternes*... *chartreuse*, *cognac*, *eau-de-vie*, *liqueur*... *orangeade*, *grenadine*.

En cuisine, on reconnaîtra *batterie de cuisine*, *cocotte* (c'est une petite marmite), *terrine* et *casserole* (c'est une cocotte, en fer ou en verre, dans laquelle on mijote un ragoût également appelé *casserole*) et, à table, *carafe* et *serviette*. Les termes utiles au *chef* sont d'origine française : *bain-marie*, *bouillon*, *bouquet garni*, *brochette*, *fricassee*, *friture*, *julienne*, *marinade*... *canapé*, *croquette*, *croûton*... *béchamel*, *mayonnaise*, *roux*, *sauce* et *vinaigrette*.

Le Français, qui passe aux yeux des Anglais pour être *gastronome* ou *gourmet*, redoute les séjours en Angleterre. C'est un tort. Si les mots ne mentent pas, il y trouvera de quoi se sustenter sans renoncer à ses chères habitudes alimentaires : *café au lait*, *café noir*, *brioche*, *croissant* et *baguette*... *pâté*, *saucisson* et *camembert*... *œuf à la coque*, *œuf sur le plat*, *œufs brouillés* et *omelette*... Et même *fondue*, *ratatouille* et *bouillabaisse*. Des enseignes aux noms rassurants sont lisibles en ville : *Auberge*, *Restaurant*, *Table d'hôte*, *Bistro*, *Brasserie*, *Buvette*, *Café*. Dans un bon établissement, l'un de ceux qui proposent la *haute cuisine*, c'est le *maître d'* (le maître d'hôtel) qui vous placera à table et vous remettra le *menu*, et si vous décidiez de déjeuner *à la carte*, peut-être vous conseillera-t-il la *spécialité de la maison* ou le *plat du jour* ?

Autre domaine de prédilection de l'influence française, la mode. Outre-Manche, on connaît *couture* et *couturière*, *garderobe* et *toilette*, *prêt-à-porter*, *chic*, *à la mode*, *dernier cri* et *démodé*. Quelques accessoires ont un certain succès auprès des Anglaises : *béret*, *cloche* et *foulard*, *espadrilles* et *mules*... *costume* « maillot de bain », *bikini* et *monokini*. Elles connaissent *décolleté*, quant aux dessous, elles ont adopté *lingerie*, *deshabillé*, *négligé* et *corselette* : ce charmant dérivé de *corset*, imaginé outre-Manche, désigne une gaine-combinaison. Ces dames disposent, en outre, d'une délicate gamme de couleur : *beige*, *cerise*, *couleur de rose*, *mauve*, *puce*, *rose*, *turquoise*.

Oui, des milliers de mots ont élu domicile dans la langue de Shakespeare, mais ce n'est pas tout. Une multitude d'expressions françaises peuvent surgir, sans crier gare, dans une conversation cent pour cent *british*. Curieusement, la première qui vient à l'esprit de mes interlocuteurs anglais est *déjà vu* : on dit « *I have a déjà vu* »... Les Français n'abusent pas, c'est le moins que l'on puisse dire, de cette expression incontournable en Europe.

Les Anglais, il est vrai, raffolent de tous ces mots qui donnent une couleur française aux échanges verbaux. Des termes d'adresse : *madame*, *mademoiselle*. Des formules de politesse : *adieu*, *au revoir*, *à votre santé*, *bon appétit*, *bon voyage* (en Angleterre, on envoie couramment un *RSVP*). Des formules utiles à la conversation : *apropos*, *en passant*, *entre nous*, *par exemple*, *soit-disant*, *à coup sûr*, *bien entendu*, *tout à fait*, *par excellence*, *tout de même*, *comme ci comme ça*, *n'est-ce pas*, *enfin*, *voilà*. Voici encore *Touché !* Ce terme d'escrime emprunté au français est appliqué à toutes sortes de situations dans lesquelles nous dirions « En plein dans le mille ! ».

Moult petites phrases françaises sont injectées dans les dialogues anglais dès que l'occasion se présente. *Noblesse oblige... Place aux dames... Cherchez la femme... Après moi le déluge... Faute de mieux... À contrecœur... À corps perdu... Je ne sais quoi... Laisser-aller... Laisser-faire... Esprit d'escalier... Fait accompli... Folie des grandeurs... Savoir-vivre... Comme il faut... Beau monde... Crème de la crème...*

Ainsi, au-delà des mots, ce sont des manières d'être et de se comporter que les Anglais ont emprunté aux Français, ceux-là étant parfois incarnés dans des personnages qui composent une galerie de portraits loufoques.

Voici l'*enfant terrible* et le *grand seigneur*, le *nouveau riche*, le *nouveau pauvre* et le *parvenu*, le *gamin* (enfant des rues) et la *gamine* (fille effrontée), le *bel esprit*, le *bon vivant* ou *bon viveur* (amateur de plaisirs raffinés) et le *beau sabreur* (aventurier fringant).

À travers cinq personnages épinglés par nos chers amis anglais, on entrevoit sept siècles de relations tumultueuses.

Le premier à entrer en scène est *baggage*, c'est un vaurien, un fripon. Du vieux français *bagage*, désignant les civils attachés aux armées en campagne, susceptibles de se livrer au pillage.

Arrivent ensuite *petimetre* et *beaulah*. Le premier est emprunté à *petit-maître*, terme péjoratif appliqué en français à un tenant de la vieille école. *Petimetre* désigne un(e) jeune élégant(e) aux manières affectées, prétentieuses, ou encore une personne tatillonne. *Beaulah* désigne, quant à lui, un homme efféminé. Ce terme ironique est en fait un mot-valise composé de l'adjectif *beau* et de *oh la la*, interjection typiquement française.

C'est ensuite le tour de *faux bonhomme*. Celui-là est un hypocrite. Cette expression en usage en France au XIXe siècle et aujourd'hui disparue de ce côté de la Manche a repris du service de l'autre côté pour décrire un comportement spécifiquement anglais (attitude hypocrite adoptée par finesse ou par intérêt), selon l'aveu des Britanniques eux-mêmes.

Le dernier arrivé est *homme moyen sensuel*. Autrement dit un individu lambda. Cette expression a été imaginée par les Anglais pour traduire le côté non élitaire, non intellectuel d'une personne. Un peu l'équivalent de notre *Français moyen*.

L'ART DE TIRER PARTI DES DOUBLETS

Comme c'était déjà le cas du temps des Normands, l'anglais dispose parfois de deux mots pour exprimer une même idée, l'un est anglo-saxon pure souche, et l'autre est d'origine romane. Et il sait parfaitement jouer de ces doublets, le premier ayant plutôt une couleur populaire, le second donnant une nuance sophistiquée. Des exemples : *to come* et *to arrive*, *look* et *appearance*, *clever* et *intelligent*, *skilled* et *qualified*…

L'aventure anglo-saxonne des animaux domestiques

Les noms d'animaux domestiques susceptibles d'être consommés témoignent, à l'aube du XXIe siècle, de la démarcation sociolinguistique qui a opposé, au Moyen Âge, les populations d'origines saxonne et normande.

En ce temps-là, l'animal vivant, élevé et gardé par le serviteur anglo-saxon, était désigné par son nom anglo-saxon, le même, cuisiné et servi à la table du seigneur normand, était accompagné de son nom français.

Ainsi *sheep*, mouton vivant, devient *mutton*… *Ox*, bœuf vivant, se transforme en *beef*… *Pig*, le cochon, se transmute en *pork*… *Calf*, le veau, se retrouve *veal*… *Fowl*, la poule, se métamorphose en *poultry* (de l'ancien français *pouletrie* « volaille domestique »). Même discrimination pour les produits de la chasse : *deer* s'applique aux cervidés vivants, *venison* (de *venaison*) les qualifie au menu des restaurants.

Curiosités

Les Anglais, qui ont, comme on sait, une réputation d'originaux, usent d'expressions formulées en français mais dont le sens échappe aux francophones : *À propos de bottes* (pour changer de sujet), *Toujours perdrix* (quand il y a trop d'une bonne chose).

Ils ne se gênent pas, non plus, pour inventer de fausses expressions : *C'est magnifique, mais ce n'est pas la guerre.* En voici une autre, fort pittoresque, apparue dans une bande dessinée avant guerre : *Alphonse-Gaston routine* ou *A/G routine*. Fabriquée à partir d'un double prénom évoquant l'aristocratie, elle brocarde un comportement affecté (courtoisie excessive).

Pire, ces diables d'Anglais déglinguent sans vergogne nos chères expressions. *Faux pas* se transforme en *fox paws* « pattes de renard ». *Merci beaucoup* et *tout de suite* deviennent *mercy buckets* « seau d'amertume » et *toot sweet* « coup de klaxon sucré ».

Faux amis

Parmi ces milliers de mots qui ont traversé la Manche, certains ont évolué de façon inattendue. *Bizarre*, comme disent les Anglais ! Ces farceurs nous le rappellent, le passage d'une langue, d'une culture à l'autre, ne se fait pas toujours sans *malentendu*.

En voyage, prenez garde. *Portmanteau* désigne une malle ou une grande valise (comme autrefois en France). Quant au mot *valise*, il désigne un sac de voyage, un bagage à main. Sachez-le, *camping-car* est inconnu en Grande-Bretagne pour la bonne raison que c'est un pseudo-anglicisme, et, pour corser l'affaire, ce véhicule aménagé pour le camping a été baptisé *caravanette* par les Anglais : c'est un pseudo-gallicisme. Échange de bons procédés.

Du rififi dans la *garderobe*. Outre-Manche, *frippery* (de *fripe*) désigne des fanfreluches, et *cagoule*, un coupe-vent à capuche, *a vest* (de *veste*, évidemment) est un tricot de corps (pour les garçons) ou une chemise (pour les filles)... Là-bas, *blouse* désigne un corsage, *corsage*, un petit bouquet porté sur un corsage et *boutonnière*, une fleur portée à la boutonnière. Les dessous des petites Anglaises réservent quelques surprises : *a chemise* est un sous-vêtement, *a camisole*, un corset, et *a brassiere* ou *a bra* est un soutien-gorge. Le nom de cet ancien vêtement français a été réquisitionné par le magazine *Vogue USA* en 1907 pour baptiser l'invention de l'Américaine Mary Phelps Jacob, dite Caresse Crosby.

Dans les maisons et dans les villes, gare ! *Entresol* désigne une mezzanine, *maisonnette*, un duplex, et *cul-de-sac*, une impasse. À l'inverse du français, l'anglais associe à *cul-de-sac* une notion de luxe, de calme.

Au restaurant, il faut être vigilant : *patron* signifie client. Au théâtre, ne criez pas *bis !* Vous vous ridiculiseriez. Criez *Encore !*

Décalage

Quand un Français affirme « Il y a un os », un Anglais déclare *There is a fly in the ointment*... « Il y a une mouche dans la pommade ». Quand un Français veut remplacer le verbe *mourir* par un euphémisme, il choisit « passer l'arme à gauche ». Dans la même situation, ce qui vient à l'esprit d'un Anglais est *to kik the bucket* « Donner un coup de pied dans le sceau ».

L'exemple français

Ce n'est un secret pour personne, Les Français nourrissent à l'égard des Anglais des sentiments mitigés. Et réciproquement. Entre eux, c'est un perpétuel « Je t'aime. Moi non plus ». Le langage porte évidemment la trace de ces querelles d'amoureux séculaires.

Du bon côté, des allusions au savoir français en matière de cuisine ou de décoration avec *french dressing* « vinaigrette » et *french polish* « vernis au tampon ». Et aussi cette allusion au caractère facétieux des Français : *a french bed* est « un lit en portefeuille ». Poursuivons. Notre *filer à l'anglaise* devient *to take a french leave* « filer à la française ». C'est de bonne guéguerre. Mais les choses se gâtent avec *pardon my french*, formule prononcée avant de servir une bordée d'injures. Traduisez « excusez-moi de parler grossièrement ».

Grossiers, les Français ? Surtout tournés vers les choses du sexe. Quand les Anglais évoquent l'amour à la française, il faut s'attendre au meilleur et au pire. Allons voir.

Affair est utilisé dans le domaine amoureux pour parler d'une brève relation, souvent adultérine. *Affaire de cœur* est plus sérieux. Le *french lover* « amant français » est un amant performant, le *french kiss*, baiser avec la langue, est universellement connu dans sa version anglaise. *To take french lessons* « prendre des leçons de français », c'est contracter une maladie vénérienne. Ce qui pourrait être évité avec *a french letter*... une capote anglaise. Procédé remplaçant avantageusement *the Vatican roulette*, méthode de contraception hasardeuse recommandée par les autorités ecclésiastiques catholiques.

L'amour à la française met en scène des acteurs répertoriés. Voici *amant*, *bien-aimé*, *fiancé(e)*, *divorcé(e)*, *galant* (homme courtois) et *gallant* (homme entreprenant)... *demi-mondaine*, *femme fatale* (modèle sophistiqué de garce), *fille de joie*, *ingénue*, *maîtresse*, *coquette* (séductrice).

Le *coup de foudre* n'est pas exclu, mais le parcours d'une *love affair* est parfaitement balisé. D'abord, *billet-doux* et *badinage*. Dans une version raffinée, on dispose de *to cajole* « couvrir de flatteries, de gentillesses » et de *coquettish smiles* « sourires séducteurs », dans une version plus directe, on recourt à *Voulez-vous coucher avec moi ce soir ?* L'affaire suivant son cours, on arrive à l'incontournable *rendez-vous*. Sachez qu'en anglais un *rendez-vous* est certes galant mais chaste, alors qu'avec *a date*, c'est la couette assurée… Ensuite, *escapade* ou *tête-à-tête*. À ce stade, deux versions encore : *cajolerie* (mot tendre) ou *soixante-neuf*… Enfin, le *ménage à trois* est envisageable.

Mot choisi

Jean-Loup Chiflet, auteur du mémorable *Sky, my husband !* a choisi une expression anglaise digne d'être adoptée par les Français qui ne manquent certes pas d'esprit mais sont dépourvus de cet humour farfelu qui, de l'autre côté de la Manche, est un sport national. « Je me souviens de cette blague de Coluche, qui, au moment de monter en voiture demandait “Vous préférez la place du mort ou celle du blessé grave ?” Ce côté pirouette-cacahuète, on le trouve dans l'expression qui, en Angleterre, désigne couramment un mauvais conducteur. On parle de *back seat driver*… Un *conducteur de siège arrière*. »

DEUXIÈME ÉTAPE

UNE LANGUE CELTIQUE

EN IRLANDE

L'irlandais, une celte résistante

Sur le grand arbre des langues indo-européennes, la branche celte est située entre la branche latine et la branche germanique. Cette branche celte se divise en deux rameaux, gaélique et britonnique. Sur le premier, se sont épanouis le gaélique d'Irlande et le gaélique d'Écosse, appelés irlandais et écossais par commodité, le manxois (jadis parlé dans l'île de Man). Sur le second, ont poussé le gallois (parlé au Pays de Galles), le breton, le cornique (parlé en Cornouailles) et le gaulois, langue à jamais fanée.

L'irlandais est plus proche du breton que de l'anglais et, pourtant, entre Irlandais et Bretons, il est aujourd'hui impossible de se comprendre. Les sœurs celtes, séparées depuis fort longtemps, parlées dans des régions isolées et distantes les unes des autres, ont évolué de manière autonome, elles n'ont plus que de vagues airs de famille.

Le gaélique a su se maintenir durant sept siècles, en dépit de la soumission de l'Irlande par l'Angleterre. Bien que fort peu d'Irlandais parlent le gaélique, il est aujourd'hui la langue officielle de l'Irlande.

Signes particuliers

Primo, l'ordre des mots peut surprendre : au lieu de dire « je suis », les Irlandais déclarent, sans l'ombre d'une hésitation, « suis je ».

Secundo, il n'y a point de verbe *avoir* en irlandais. Dans le monde gaélique, on considère que c'est l'objet (n'importe quel objet concret mais aussi le savoir, le droit, un problème, l'argent…) qui a la gentillesse de se soustraire à la destination universelle des biens pour se rapprocher de vous. Exemple. *Tá rothar agam*, mot à mot « vélo est près de moi », en bon français « j'ai un vélo ». Le rapport sujet objet est inversé, un peu comme dans la construction française « le vélo m'appartient », mais, en gaélique, la notion de possession est beaucoup moins affirmée. Il faut se rendre à l'évidence, les perceptions gaéliques et françaises sont radicalement différentes. « À qui appartient ceci ? » est rendu par *Cé leis é ?* « Avec qui c'est ? »… « C'est le mien » est rendu par *Is liomsa é* « Il est avec moi ».

Tertio, le gaélique, langue à déclinaisons chargée de plus de deux mille ans d'histoire, a su conserver son vocatif, cas spécialement inventé pour interpeller les personnes et même les objets inanimés – si d'aventure l'envie s'en faisait sentir. Le gaélique marque le vocatif par une mutation de la finale – rien d'original à cela –, mais aussi par une mutation en début du mot – et cela est propre aux langues celtes. Cette fantaisie n'est pas gratuite, elle donne à l'apostrophe un caractère grandiose et, figurez-vous, elle s'applique également aux prénoms : – *Séamus, a Shéamuis* « – Jacques, ô Jacques » – *Máire, a Mháire* « – Marie, ô Marie ».

Écriture et prononciation

Depuis les années 1960, l'irlandais s'écrit avec un alphabet latin de dix-huit lettres (dépourvu de *j*, *k*, *q*, *v*, *w*, *x*, *y*, *z*). L'ancienne écriture gaélique appelée *seanchló* (littéralement « vieille fonte »), héritée de la calligraphie monastique, est encore utilisée pour embellir panneaux ou en-têtes de documents, son esthétique conférant un certain prestige.

La prononciation du gaélique est pleine de surprises. Les consonnes sourdes (*p*, *t*, *c* et *f*) peuvent muter selon leur environnement et devenir sonores (*b*, *d*, *g* et [v]), d'autres peuvent rester muettes… La lettre *v*, inexistante, est transcrite par *bh* ou *mh*… En outre, *b*, *d* et *g* peuvent devenir *m*, *n* et *ng*.

Les voyelles portent parfois un accent aigu signalant leur allongement, c'est simple. Tandis que d'anciennes diphtongues se prononcent presque comme des voyelles : *ao* se prononce soit [e] soit [i], *ea* se lit soit comme un [a] soit comme un [o], *eo* et *eoi* se prononcent [o], *iui*… [u] et *oi*… [i], etc. Là, tout se complique. Ainsi *tabhair* se prononce [tour].

Un Français débarquant en Irlande peut s'attendre à quelques problèmes de déchiffrement. Ainsi, Mac-Mahon est un nom irlandais dont la prononciation est familière aux Français puisqu'il a été celui d'un président de la République française. Du coup, l'orthographe de ce nom a été francisée. Mais voilà, en Irlande, Mac-Mahon s'écrit *Mac Mathghamhna*.

LE DESTIN IRLANDAIS DES MOTS FRANÇAIS

Sans doute l'irlandais a-t-il, de bonne heure, partagé quelques mots avec le français, car les deux langues avaient emprunté au latin, le français directement, l'irlandais, par l'intermédiaire du latin d'Église et après l'arrivée en Irlande de saint Patrick, au ve siècle.

Mais les premiers contacts réels entre Français et Irlandais remontent au XIIIe siècle, quand les Normands francophones sont arrivés sur l'île.

En 1066, Guillaume le Conquérant avait jeté son dévolu sur l'île voisine, l'Angleterre. En 1166, exactement cent ans plus tard, pendant le règne de l'Angevin Henri II d'Angleterre, arrière-petit-fils de Guillaume, des seigneurs normands, dépités de n'avoir pu obtenir des terres et décidés à poursuivre ailleurs l'aventure, débarquèrent en Irlande. La conquête n'a jamais été totale (deux siècles plus tard, les coutumes irlandaises ont refait surface dans certaines régions) et, comme le dit un adage, les Normands ont fini par devenir plus irlandais que les Irlandais eux-mêmes. Ceux qui sont restés ont appris à parler le gaélique et ils ont introduit dans cette langue quelques mots venus de France. Un échange de bons procédés, en somme.

Ces mots nouveaux vont apparaître dans le paysage irlandais. Voici *tír* « pays » et *teach* « maison », empruntés au français *terre* et *toit*. Voici *caladh* « port » (de *cale* sèche), *claí* « barrière » (de *claie*), *muillean* « moulin » et *cairéal* « carrière de pierre ».

Depuis la nuit des temps, les Irlandais construisaient des *dún*, des « forteresses » consistant en une clôture en bois, cernée d'une ou de deux fosses et de remparts circulaires en terre, mais après l'arrivée des Normands, progrès oblige, ils se sont mis à construire des *caisleáin*, des *châteaux* précisément, édifices de pierre avec *túr* (de *tour*) et maison fortifiée, selon le modèle importé de France.

Dans les habitations, voici de nouveaux aménagements : *simléar* « cheminée », *siléar* « cave » (de *cellier*) et *siléar fíona* « cave à vin », *seomra* « chambre, pièce » et *cistin*

« cuisine »... Et de nouveaux objets : *almóir* « placard » (de *armoire*), *bosca* « boîte » (de *boiste*), *bata* « bâton », *bairille* « tonneau » (de *baril*) et *criscin* « cruche » (de *cruie*).

Il semble que l'on doive aux Normands l'importation de noms d'animaux : *capall* « cheval » remplace *eoc*, et *coinín* « lapin » arrive (de l'ancien français *connil*, qui, chez nous, a disparu au profit de *lapin*).

Débarquent également des termes relatifs à la guerre, *claíomh* « épée » (de *glaive*), *laoch* « guerrier » (de *laïc*), *buaille* « brouhaha, vacarme » (de *brouille*). Et d'autres termes culturels, les uns liés à la religion catholique, *eaglais* « église », *sépiéil* « chapelle », *mánach* « moine », *siúr* « religieuse » (de *sœur*), *cleirc* « clerc » et *grása* « grâce », les autres à l'exercice du pouvoir, *rí* « roi », *báille* « huissier » (de *bailli*) et *ceist* « question » (de *queste*).

Enfin, traces de la lointaine épopée normande et des coutumes chevaleresques des seigneurs, voici *amhantar* « bonne fortune » (de *aventure*) et aussi des termes désignant des jeunes gens. *Páiste* « enfant » vient du français *page*. Prononcé [pochte], ce mot est toujours en usage, ainsi que *peata*, emprunté jadis au français *petit*, qui aujourd'hui signifie « chouchou ». Et *gasúr*, inspiré de *garçon*, est aujourd'hui le seul mot pour désigner un garçon. Pour accompagner celui-là, les Irlandais ont même fabriqué un féminin imaginaire, *girseach*, qui correspondrait à notre *garçonne*. Ces mots témoignent, vingt siècles après l'arrivée des seigneurs normands, de la réelle fusion des deux cultures.

Quatre siècles après les Normands, d'autres sujets français traversent la Manche en direction de l'Irlande, ce sont des huguenots. Les premiers viennent à l'invitation du duc d'Ormonde pour implanter l'industrie textile dans la région de Dublin (à Chapelizod). Les huguenots ne s'implanteront en nombre (environ 5 000) à Dublin et à Cork qu'après 1685 (révocation de l'édit de Nantes).

Par ailleurs, en 1690, environ 3 000 huguenots s'enrôlent dans l'armée de Guillaume d'Orange. Après la victoire de Guillaume III sur Jacques II et ses partisans catholiques à la bataille de la Boyne, les régiments sont démobilisés et beaucoup se fixent alors sur les terres concédées au marquis de Ruvigny (à Portalington).

Quand les huguenots arrivent dans les villes irlandaises, celles-là sont déjà anglophones. Bien qu'ils se soient rapidement fondus dans la population, les immigrés huguenots ont marqué de leur présence certains domaines, et cela a pu laisser de furtives traces dans le paysage linguistique. Certains introduisent le tissage de la soie et de la *popeline*, mélange de laine et de soie, à Dublin, ou développent l'industrie du lin en introduisant l'usage de l'énergie hydraulique pour actionner les métiers à tisser, à Lisburn. D'autres, aux XVIIe et XVIIIe siècles, occupent à Dublin la charge de bibliothécaire, d'autres encore exercent le métier d'orfèvre. Au XIXe siècle, beaucoup se tournent vers les métiers de la banque.

À cette durable implantation, dans l'économie irlandaise, de familles de huguenots arrivées au XVIIe siècle, est sans doute liée la présence ou la persistance de termes d'origine française tels que *airgead* « argent » et *ór*, désignant à la fois le métal et la monnaie, *margadh* « marché » et *pá* « salaire, paye », mots introduits précocement. Et aussi des termes de banque, comme *beainc* « banque » (qui coexiste avec *banc*, lui aussi venu du français, mais plus tardivement, par l'anglais), *cuntas* « compte », *costas* « coût » et *bureau de change*.

Les liens historiques, culturels ou commerciaux entre les deux pays étaient assez puissants pour que les premières journées révolutionnaires françaises aient un retentissement particulier en Irlande. Elles soulevèrent un certain enthousiasme que le patriote irlandais Richard Burke Junior expliquait ainsi « la plupart des causes qui produisirent la Révolution française existent en Irlande : l'opposition entre aristocratie foncière et bourgeoisie commerçante, l'opposition entre les possédants et les non-possédants, l'opposition entre l'establishment ecclésiastique et le peuple ». Ces idées ont trouvé un large écho dans la population protestante non anglicane et chez les catholiques.

À partir du français *peuple*, importé de longue date, l'irlandais va alors fabriquer *poblacht* « république ». Bien des chansons irlandaises rapportent que l'on espérait les Français et en particulier Napoléon Bonaparte car, dans le sillage de son armée, voyageait l'idéal de la Révolution. L'élite irlandaise rêvait à la souveraineté de l'État nation et, dans les auberges, on chantait : *Ó Bhean a tí, cén buairt sin ort ?* « Oh, l'aubergiste, quel souci t'afflige ? » Dans cette chanson, le protagoniste assoiffé assure la *bean an tí* que les Français ont déjà débarqué sur les plages, et qu'ils vont bientôt arriver. L'Irlande sera libérée de l'occupation anglaise, la loi française sera mise en place, il n'y aura plus de fermages à payer : *Agus ó bhean a tí nach suairc é sin ?* « Eh oh ! aubergiste, n'est-ce pas agréable cela ? »

Dans le vocabulaire irlandais, des mots rappellent le souvenir de l'épopée napoléonienne (même si l'Empereur n'a jamais mis les pieds en Irlande) et de l'apport institutionnel de la Révolution française : *saighdiúir* « soldat », *sáirsint* « sergent », *captaen* « capitaine » et *ginearál* « général »... *ambasáid* « ambassade », *ambasadóir* « ambassadeur » et *consalacht* « consulat ».

Comment on parle français, aujourd'hui, en Irlande

Les Irlandais usent aujourd'hui de quelques mots français empruntés par le gaélique aux Normands au XIIIe siècle, faut-il s'en étonner ? D'autant que ces mots sont liés à des activités agréables, voire festives, manger, boire et danser.

Restaurant est le seul mot disponible, dans la vie courante, pour désigner tout endroit où l'on peut manger, quel que soit son style, son niveau, c'est un terme générique, en somme. Pour son chic et son caractère universel, *restaurant* est préféré au mot irlandais *bialann*, littéralement « emplacement de nourriture », c'est en effet le mot français qui figure sur les enseignes. Dans le domaine culinaire, la référence à la France semble de plus en plus recherchée comme en témoignent les noms évocateurs de restaurants récemment implantés à Dublin et proposant de la cuisine française : *Chez Max*… *La Péniche*… *L'Gueuleton* – sur l'enseigne de ce dernier établissement, une grenouille ! La boulangerie française s'installe en Irlande avec l'entreprise *Pain de France* : on peut désormais se procurer *croissant* ou *baguette*.

Dans les restaurants chics, on ne sera pas trop surpris de reconnaître quelques mots : *hors d'œuvre*… *sauté*, *flambé*, *sorbet*, *coulis*… *caife* « café », *siúcra* « sucre » et *seampéin* « champagne ». Oui, on retrouvera, en Irlande notre *omelette*. Il existe pourtant un terme gaélique, *uibheagan*, mais ce dernier est très peu utilisé. Il est d'ailleurs formé à partir de *ubh* [ove], lui-même emprunté au français *œuf* ou au latin.

Parmi les mots anciennement empruntés, voici *putóg* « saucisse » (de *boudin*), *biotáille* « spiritueux, alcool » (de *vitaille*

« victuailles, vivres »), *fian* « vin » et *builín* « miche de pain » (de *boulenc*, lié à *boulanger*). Voici encore *suipéar*, littéralement « se souper » qui désigne le dîner et *dinnéar*, littéralement « se dîner » qui désigne le dîner ou le déjeuner.

En irlandais, on ne souhaite pas un bon appétit, il n'existe pas de formule pour ce faire. Mais, vous pourrez vous permettre, en toute bonne conscience, de dire « *bon appétit !* ». La formule est mondialement connue et les Irlandais eux-mêmes, qui associent cette formule française à un certain chic, l'emploient à dessein.

Au pub, vous userez du traditionnel *Sláinte !* En dépit de sa prononciation [slonetcha], *sláinte* est directement emprunté au français *santé*. Voici d'ailleurs un toast remarquable dans lequel des yeux perçants découvriront des mots français : *Sláinte an bhradáin, croí laidir agus gob fliuich*... Vous ne voyez pas ? Voici la traduction : « La santé du saumon, un cœur robuste, une bouche mouillée. » Remarquez les ressemblances entre *sláinte* et *santé*, *croí* et *cœur*, *gob* « bouche » et *gober*, *fliuich* « mouillé » et *fluide*. Elles ne sont nullement dues au hasard.

Deux choses encore, au chapitre des formules utiles en société. *Pardún*, de *pardon*, peut être préféré à la formule irlandaise *gabh mo leithscéal* « excuse-moi ». *Galanta*, issu de *galant*, s'utilise en interjection : *Galanta !* « Joli ! »

Eh bien, dansons maintenant ! *Damhsa* vient directement du français *danse*, grâce aux bons offices des Normands venus danser sur le sol irlandais. Le danseur a aussi fait le voyage : il est devenu *damhsóir*. Les Irlandais qui avaient déjà quelque idée de la danse avaient leurs vocables, *rince* et *rinceoir*. Aujourd'hui, *rince* et *dámhsa* coexistent pacifiquement, ils sont interchangeables. *Is rinceoir mé, ar mhaith leat damhsa/rince ?* « Je suis un danseur, veux-tu une danse ? »

Dans les villes irlandaises, on reconnaîtra *garáiste*. Ce mot est issu de *garage*, se prononce [garachta] et désigne à la fois le garage et la station-service. Sachez-le, l'adjectif *briste* et le verbe *bris* [brich] viennent du français *briser* : *tá mo gluaisteán briste*, littéralement « est ma voiture cassée » signifie « ma voiture est en panne ».

Du côté des chiffons et de la toilette, quelques mots venus de France il y a bien longtemps : *chemis* (aujourd'hui en concurrence avec *léine*) et *bróg* « chaussure » (lié à *brodequin*), *bócla* « boucle (de cheveux) » et *rásúr* « rasoir ». D'autres, plus récents, ont probablement été convoyés par les Anglais : *carbhat* « cravate » et *blús* « corsage ».

Dans le droit-fil de la tradition qui consistait jadis à emprunter des prénoms aux Français, les Irlandais adoptent aujourd'hui certains prénoms féminins, ceux des Françaises qui séjournent comme jeunes filles au pair dans des familles irlandaises (on les appelle d'ailleurs *au pair*). Ainsi *Thérèse* et *Antoinette* sont particulièrement appréciés, ce n'est pas le cas de *Béatrice*, qui est ressenti comme vieillot. Étonnante permanence des habitudes culturelles…

L'AVENTURE IRLANDAISE DE *RAMAGE* ET *CHAMBRE*

Regardons de près le joli mot *raiméis*, bien utile en Irlande quand votre interlocuteur fait des discours particulièrement vides de sens. Le père Breandán Ó Doibhlin, qui a enseigné le français à l'Université de Maynooth, soutient que ce fort gaélique *raiméis* vient du français *ramage* « chant d'oiseau ». Les Irlandais ne disent pas, comme le renard de la fable de La Fontaine, « Si votre ramage se rapporte à votre plumage », mais ils usent de *raiméis !* [roomèche] comme d'une interjection musclée aux dépens de celui qui raconte n'importe quoi : *Raiméis !...* « Pipeau ! ».

Seomra (que l'on prononce [chomera]) vient du français *chambre* et désigne la chambre à coucher. En outre, avec son sens français ancien de *salle*, *seomra* est astucieusement utilisé par l'irlandais pour fabriquer des noms désignant différentes pièces : *seomra bia*, littéralement « chambre nourriture » désigne la salle à manger, *seomra folctha*, la salle de bains, et *seomra suite*, le salon. Cette dernière formule est un hybride : *suite* a également été emprunté au français, mais par l'intermédiaire de l'anglais.

Curiosités

Le gaélique d'Irlande *(Gaeilge)* et le gaélique d'Écosse *(Gàidhlig)* font partie des langues celtes dites en *Q* (ou langues gaéliques), au contraire du breton, du cornique ou du gallois, langues dites en *P* (ou langues britonniques). En clair, là où le breton affiche un *p*, l'irlandais brandit un *c*. Ainsi, le mot pour *Pâques* est *Cáisc* en irlandais contre *Pask* en breton, l'irlandais *ceann* (tête) a pour pendant *penn* en breton. On peut imaginer que *Kennedy* (*Ceann+éide* « tête vilaine ») se serait appelé *Penndu* en breton...

Aussi curieux que cela puisse apparaître, avant l'arrivée des Normands, les Irlandais ne savaient donc pas prononcer la lettre *p*, jusque-là inconnue. Et le saint patron de l'île s'appelait Cutrick. Grâce à l'aide des envahisseurs, les Irlandais ont enfin réussi à maîtriser cette drôle de lettre, et saint Patrick a retrouvé son vrai prénom.

Plus sérieusement, puisque le *p* n'existait pas en gaélique, on peut soupçonner que les mots irlandais commençant par *p* ou comprenant un *p* ont été apportés par les Normands, notamment *pardún* (de *pardon*) ou *lampa* (de *lampe*), *pá* « salaire, paie », et le fameux *páiste* « enfant » (de *page*).

Faux amis

Une fois n'est pas coutume, *conás*, pur mot irlandais, se prononce comme il s'écrit. N'ayant rien à voir avec notre vilain *connasse*, il signifie « comment » : *Conas atá tú ?* « Comment vas-tu ? »

Parmi les mots venus de France, certains réservent des pièges. *Briosca* et *brioscán*, issus de *brioche*, désignent respectivement un petit gâteau sec, un biscuit, et une chips. *Mála*, emprunté jadis au français *malle*, désigne un sac (cela correspond au sens ancien du mot).

Décalage

« Paris ne s'est pas fait en un jour », dit-on ici. *De réir a chéile a t hógtar na caisleáin*, dit-on en Irlande... « C'est l'un après l'autre que les châteaux ont été construits ».

« L'habit ne fait pas le moine » s'exprime là-bas par *Cuir síoda ar ghabhar agus is gabhar i gconaí é*. Traduction : « Mettez de la soie sur une chèvre et elle est toujours une chèvre. »

Dans les exemples précédents, des idées semblables s'expriment à travers des métaphores différentes, mais voici une chose surprenante. Les Irlandais proclament *Is fearr an t-ádh ná an mochéirí* « Avoir du pot vaut mieux que de se lever tôt » quand nous assurons « Le monde appartient à ceux qui se lèvent tôt ». Deux écoles, en somme.

L'exemple français

Assez remarquable, le mot irlandais *francach* (issu de *français*) désigne à la fois un rat… et un Français ! Faut-il y voir une insulte ? Pas nécessairement. La raison de cette particularité ? L'arrivée des Normands, des Francs, était-elle accompagnée par une explosion dans la population de rats locaux ? Peut-être. Ce que l'on sait, c'est qu'au XIIe siècle les envahisseurs normands auraient introduit dans la douce Irlande la grenouille. Les chroniques relatent l'inquiétude des Irlandais : les grenouilles se mettent à résister au sol irlandais qui jusque-là les tuait, c'était un bien mauvais présage annonçant sans doute que les *Francach* allaient rester. Le double sens attribué à *francach* au Moyen Âge est le fait d'Irlandais facétieux – une sorte de pied de nez à l'envahisseur – mais, des siècles plus tard, la couleur péjorative du mot *francach* est nettement perçue car, pour ne pas offenser, un Irlandais préfère dire *luchóg mór* « grande souris » pour designer le rat à quatre pattes.

Mots choisis

Ciarán Mac Guill a choisi trois mots festifs ancrés dans la culture irlandaise.

« Les Irlandais ont le sens de la fête et disposent d'un vocabulaire varié pour qualifier l'ambiance festive.

Sult [solte], que l'on pourrait traduire par "plaisir", est appliqué à une ambiance bon enfant, celle des fêtes où l'on peut aller en famille.

À l'opposé, *an drabhlás* [ane draoulasse] est une soirée beaucoup moins convenable, qui frise même la débauche. Le terme français correspondant serait *beuverie*.

Quand on se situe entre ces deux extrêmes, il faut user de *craic*. Mot irlandais par excellence, *craic* signifie “bonne ambiance, convivialité”. *Craic* est traditionnellement utilisé pour parler d’une soirée sympathique où tout le mode parle et boit dans une ambiance conviviale, bref, une de ces soirées où l’on peut amener sa grand-mère ! Mais *craic* (qui, soit dit en passant, se prononce [krak]) est devenu célèbre au-delà des frontières de l’Irlande et son sens a évolué. De nos jours, *craic* est associé à tout rassemblement irlandais mouvementé. »

TROISIÈME ÉTAPE

LES LANGUES SCANDINAVES

AU DANEMARK

Le danois, entre rudesse et caresse

Les rameaux danois, suédois et norvégien ont poussé sur la branche germanique de l'arbre indo-européen.

Ainsi le danois est une langue germanique scandinave, proche du norvégien et du suédois. Quelqu'un qui parle couramment le danois n'aurait pas beaucoup de mal à comprendre le norvégien et le suédois. Le danois à l'écrit et le bokmål norvégien sont particulièrement proches : le danois a été la langue officielle de la Norvège pendant près de quatre siècles. Cependant, à l'oral, la prononciation met le danois un peu à l'écart de ses sœurs scandinaves.

L'indépendance du danois a été reconnue au moment de la Réforme, qui a vu paraître la traduction de la Bible en danois, en suédois et en islandais.

Signes particuliers

Comme dans les fratries humaines, dans les familles linguistiques, on cultive la différence. Le petit quelque chose qui fait l'originalité de la langue danoise, c'est le *stød*, le « coup de glotte ». Imaginez une sorte de hoquet qui suspend l'articulation d'une voyelle. Ce brusque arrêt des cordes vocales est indispensable pour faire la différence entre certains mots :

hun « elle » et *hund* « chien » ; *gul* « jaune » et *guld* « or » – dans ces deux mots le *d* est graphique et ne se prononce pas. Les Danois plaisantent à ce sujet. Selon eux, le danois ne se parle pas, il se tousse. Les Suédois, quant à eux, disent que le danois est une maladie de gorge… Bref, entre frères et sœurs, on se chamaille.

Si l'étrangeté de la langue danoise est liée à son rythme heurté, son charme provient pourtant de la douceur de ses consonnes, dont certaines sont aujourd'hui inexistantes, ou presque, à l'oral. *Rødgrød med fløde*… Les étrangers ont un mal fou à prononcer le nom de ce dessert (une gelée de fruits rouges nappée de crème fraîche), cela réjouit beaucoup les Danois qui, eux, savent rendre évanescentes les consonnes *r*, *d* et *g*.

Enfin, cela mérite d'être signalé, les mots n'ont pas toujours de sens précis en danois, il y a place pour l'interprétation. L'individu fait la langue, en somme.

Écriture et prononciation

L'alphabet latin employé par le danois ne comporte pas de *w*, mais dispose de trois voyelles supplémentaires : *æ* qui se prononce [è], *ø* prononcé comme [eu], *å* qui est une sorte de [o]. Le *y* et le *j* danois se prononcent respectivement comme le [u] et le [y] français, tandis que le *a* danois est proche de [é].

Cela dit, il est difficile d'établir la prononciation des mots danois à partir de leur orthographe. *Vejr*, *hver*, *vær*, *værd* (« le temps qu'il fait », « chaque », « sois », « valeur ») sont de véritables homonymes, de même que *hjul* et *jul* (« roue » et « Noël »).

Le destin danois des mots français

Au cours des XVIIe-XVIIIe siècles, la France et le Danemark entretiennent des relations diplomatiques, culturelles et commerciales. L'implantation du français a également été favorisé par une autre circonstance : le Danemark est, des pays scandinaves, celui qui a accueilli le plus grand nombre de protestants.

Au XVIIe siècle, un consulat français est ouvert dans la ville danoise d'Elseneur. Durant le siècle suivant, l'Académie royale des sciences de Paris compte des correspondants étrangers à Copenhague. Dans la dernière moitié du XVIIIe siècle, âge d'or de la bibliophilie, l'édition danoise s'inspire de l'édition française. Les bibliophiles font venir des livres de France et l'imprimeur Claude Philibert quitte Genève et s'établit comme éditeur à Copenhague. L'imprimerie danoise abandonne pour un temps l'impression allemande, le romain commence à s'imposer au détriment des caractères allemands. Enfin, dans les vingt dernières années du XVIIIe siècle, produits coloniaux et vins aquitains sont exportés, *via* Bordeaux, vers le Danemark.

Jusqu'au milieu du XVIIe siècle, le danois avait emprunté à l'allemand, langue de la Ligue hanséatique – association des cités marchandes de la Baltique et de la mer du Nord. Les mots français qui arrivent ensuite n'empruntent pas la voie commerciale, ils arrivent dans le sillage de la guerre de Trente Ans (1618-1648). Au lendemain de ce conflit, qui a agité l'Europe et favorisé le brassage des cultures, les classes dirigeantes vont se mettre au français.

Au XVIIIe siècle, l'esprit des Lumières – raison, bon sens, progrès, intérêt général, liberté – qui conquiert l'Europe commence à imprégner les mentalités, et le désir de France s'installe au Danemark. Là, comme dans d'autres pays d'Europe du Nord, l'apogée de cette attirance irraisonnée pour ce qui vient de France se situe au siècle des Lumières, ce qui fera dire à Ludwig Holberg « on parle le français avec son épouse, l'allemand avec son valet et le danois avec son chien ».

Une fois encore, un souverain va jouer un rôle important. Au triste et pompeux Christian VI succède Frédéric V (roi de Danemark et de Norvège de 1746 à 1766). Le souverain, ayant rompu avec le piétisme de son père, se révèle joyeux, superficiel. La cour fait aussitôt montre de frivolité, les activités théâtrales reprennent à Copenhague. Le royaume du Danemark est bientôt sous le charme de Versailles et le français, porté par des courants de mode, colporté par les diplomates, par des aristocrates qui ont la bougeotte, devient irrésistible aux yeux des Danois. On fait venir des professeurs de France, les gens de qualité correspondent en français, la noblesse adopte bon nombre de mots français qui ne tardent pas à se répandre parmi la bourgeoisie de Copenhague, alors en pleine ascension : *baron* et *respekt*... *souper*, *dessert*, *bouillon* et *kompot*... *alkove*, *boudoir*, *salon* et *pavillon* (dans un jardin, pavillon de musique, par exemple)... *korset*, *garderobe* et *toilet*... *œuvre*... *atelier*, *cire-perdue*, *cloisonné*, *gouache*, *akvarel*, *pastel*, *miniature* et *gobelin* (tapisserie), *kulisse*, *foyer*, *replik* et *premiere*... *ouverture*, *virtuos*... *pirouette*, et tous les termes de *ballet*. La vie en société, la gastronomie, la décoration, la mode, la littérature, l'art, le théâtre, l'opéra et le ballet sont marqués par l'influence française.

Le phénomène atteint une telle ampleur que les patriotes danois en sont agacés, une réaction se faisait jour dès 1723. Cette année-là, l'écrivain dano-norvégien Ludwig Holberg, quoique lui-même imprégné de culture française, s'indigne du snobisme des Danois entichés de français et se livre à une satire de cette folie francomaniaque dans une comédie intitulée *Jean de France.* Son succès vaudra à l'auteur le surnom de « Molière danois ». L'argument de cette pièce ? Au retour d'un séjour en France, un certain Hans Frandsen se fait désormais appeler Jean de France, et ne peut plus prononcer une phrase danoise sans y fourrer des mots français.

En dépit de cette spirituelle tentative pour échapper à l'influence française, les mots français résistent et, au XIXe siècle, le français demeure une source d'inspiration linguistique.

L'épopée napoléonienne va laisser des traces dans le lexique danois. Frédéric VI (1768-1839) ayant fait alliance avec Napoléon, le Danemark s'engage face à l'Angleterre aux côtés des Français. Des mots français apparaissent dans le domaine militaire : *kanon*, *ammunition* « munitions », *bastion*, *arsenal*, *kaserne*, *patrulie* « patrouille », *korps*, *rang*... Et dans le domaine médical : *ambulance*, *karantæne*, *bandage*, *kanyle* (de *canule*, « seringue »).

L'industrie, l'économie, la finance, la presse vont être touchées à leur tour, au cours du XIXe siècle et au début du siècle suivant : *industri*, *fabrik*, *branche*, *konkurrence*, *kvalitet* « qualité » et *kvantitet* « quantité », *budget*, *finanser* « finances », *rente* « intérêt » et *bon* « reçu », *stabilisere* « stabiliser » et *stagnere* « stagner », *entreprenoer*, *direktør* et *sekretær*, *presse*, *redaktør*, *journalist*, *annonce* et *reklame* (annonce publicitaire).

Enfin, dans les domaines administratif, politique, juridique ou diplomatique, les vocables français – présents dans plusieurs langues d'Europe – sont, au Danemark, particulièrement nombreux. *Ambassade*, *ambassadør* et *konsulat*, *minister* « ministre », *ministerium* « ministère » et *portefølje* « porte-feuille », *kulturattaché*, *attaché d'affaires* et *chargé d'affaires*, *provins*, *konstitution*, *parti*, *opposition*, *egalitet* et *minorit*, *emigration* et *immigration*, *fraternisere* « fraterniser » et *legalisere*, *attentat*, *artikel* « article », *paragraf*, *privat* « privé », *droit moral* (tout le système du droit d'auteur danois est calqué sur le français).

Au cours du XXe siècle, les mots français s'effacent devant les mots anglais, ils vont se faire rares au Danemark. Mais la tendance inverse a été observée récemment. Aujourd'hui de plus en plus de Danois utilisent des mots français et respectent la forme française à l'écrit. Tellement chic… Au beau milieu d'une conversation en pur danois, vous serez surpris d'entendre (comme ailleurs en Europe) le très français *apropos*. Est-ce là pure frivolité ? Probablement pas, car il s'est produit un événement d'importance : un Français est monté sur le trône du Danemark. Henri de Montpezat est devenu Son Altesse Royale le prince Henrik du Danemark depuis son mariage avec Margrethe II de Danemark, en 1967. Le politique, une fois encore…

Comment on parle français, aujourd'hui, au Danemark

On trouve aujourd'hui, au Danemark, moult traces de cet appétit ancien pour les mots français. À l'occasion d'un voyage en train, on retrouvera *cupé*, qui désigne un compartiment de train (autrefois compartiment de diligence) et *perron* qui désigne un quai. Au cours d'une promenade à Copenhague, dans le quartier de Nyhavn, on sera surpris par un panneau d'aspect officiel indiquant un « Pissoir ». Si l'on suit la direction indiquée par le panneau, on arrive devant… des toilettes publiques.

Au royaume du Danemark, on peut fréquenter le *café*, ou dénicher un *restaurant*. Au *menu* (sur la carte) du Royal Café de Copenhague, on peut lire *rosé vin*, *dessertvin*, *champagne*. Si l'on veut goûter aux *smushies* – croisement du typiquement danois *smørrebrød* et du *sushi* –, on essaiera peut-être le *smushie « camenbert frit »*...

En cuisine, on trouvera un joli lot de mots français. À commencer par *nouvelle cuisine* précisément, *gastronomi*, *chef* et *gourmet*. Mais aussi *fond* (fond de sauce), *sauce* ou *soys*, *bearnaise soys*, *hollandaise soys*, *vinaigrette* et *majonæse*. On dit là-bas que la mayonnaise tient lieu de religion d'État aux Français ! On retrouve, devinez quoi ? *Omelet*, *soufflé* et *champignon* (de Paris, évidemment). Original en Europe, les Danois connaissent un autre champignon, *kantarel*, la girolle (de *chanterelle*). *Bøf* (du français *bœuf*) désigne, au Danemark, un steak et *milliolbøf*, du bœuf haché servi avec une sauce à la crème (très riche, en effet). *Karbonade* désigne un steak haché pané, mais *kotelet*, *entrecote*, *gratin*, *pommes friter* et *puré* ne réservent aucune surprise. Notre *flute* (baguette de pain) a fait le voyage, perdant en route son accent circonflexe. Au *dessert*, voici *coulis*, *liqueur*, *creme-fraiche*, *chokolade*, *rosin* (raisin sec), *marengs* « meringues », et le joliment nommé *fragilité-kage* (littéralement « gâteau-fragilité », macaron à la noisette fourré de crème), « léger et distingué » selon Maria Lund qui explique ainsi le nom de cette confiserie.

Au pays d'Andersen, *assiette* désigne une assiette en verre pour le dessert et rien d'autre, *farin* est le nom donné au sucre en poudre, c'est comme ça. Autre piège, *fromage* est employé en danois pour désigner un dessert : une mousse, à base de fruits (citron, ananas) ou alcoolisée (rhum), mais jamais sucrée. À Noël, on se régalera d'un *julebuffet* « buffet de Noël » et on goûtera au traditionnel *riz à la mande* (ou *riz a lamande*), un riz au lait vanillé auquel on ajoute des amandes effilées. Une spécialité française typiquement danoise !

Côté chiffons ? Quelques vêtements, féminins ou masculins, ont fait le voyage : *robe*, *bluse*, *vest* (désigne en fait un gilet), *négligé*... *habit* (costume masculin) et *kasket*. Au Danemark, on connaît des mots aujourd'hui désuets en France comme *possement* « passementerie » ou *tournure* « faux cul », *monokel* « monocle » ou *paryk* « perruque » et des tissus raffinés *brokade* « brocart », *satin*, *tyl* « tulle » et *voile*. Des bijoux ? *Medaillon*, *medalje* « médaille », *broche* ou *perles*. Des accessoires ? *Montre*, *attaché mappe* (hybride franco-anglais), *portemonnaie* ou *portemonnæ* et *bagage*, plus chic que le danois *rejsegods*. Là-bas, on connaît *chic* (ou *chik*), *mode*, *stil*, *tendens*, *kreation*, *(haute) couture*, *mannequin*, *butik* et *lancere*, de *lancer* « mettre à la mode ». Côté toilette, on use de *manicure*, *pedicure*, *rouge* (rouge à lèvres), *parfume* (*odør* existe aussi) et *crème*. Les Danois ont importé *moustache* et *toupet*. Ce dernier n'a plus cours en français, il court toujours dans la langue danoise où il ne désigne plus une touffe de cheveux mais un postiche...

Dans les maisons, voici *interiør*, *entré* et *etage*, *lampe*, *chaiselongue*, *taburet* et *étagère* (petit meuble de rangement), *bidet*, *douche* et *toilet* (water-closet, c'est le mot utilisé partout).

Au Danemark, certaines manières d'être, de se conduire en société s'expriment avec des mots français : *tempérament* et *conduite*... *chevaleresk*, *diskret*, *douteux* (qualifie une personne louche), *flamboyant*, *generøs*, *kujon* (de *couillon*, désigne un pleutre), *pedant*, *flanør* (de *flaneur*, désigne quelqu'un qui déguste la vie, tranquillement) et *trist*... *promenere* « se promener » et *promenade*.

Trace des mœurs policées d'antan, trois jolies expressions inspirées du français. *Gouvernante-roman* désigne un roman destiné aux jeunes filles. Les Danois ont calqué notre « tenir salon »... *at holde salon*, ils ont aussi imaginé, d'après notre « prendre le pli », *at have pli*, littéralement « avoir le pli ». Ce qui signifie ? Avoir de l'éducation, avoir le sens des situations, de l'intuition pour trouver le bon comportement.

L'AVENTURE DANOISE DE *BRUNETTE, PINARD* ET *VERNIS*

La *brunette* est passée chez les Danois qui n'ont pas manqué d'être fascinés par les filles à la sombre chevelure. L'histoire ne s'arrête pas là. *Brunette* est devenue *brunet* dans l'expression *brunet smør* « beurre noir ». Les Danois ont fait passer la jolie fille à la casserole ! C'est aussi le destin qu'ils réservent au *grand vin de pinard* que l'on se procure dans les supermarchés danois, au moment de Noël, saison du vin chaud.

Au XVIIIe siècle, dans le lot des termes d'art adoptés au Danemark, se trouve *fernis* « vernis ». Ce *fernis* a été requis pour fabriquer un nouveau mot, qui se trouve être un hybride, moitié français, moitié danois, *fernisering* (« vernissage », inauguration d'une exposition).

CURIOSITÉS

Le plus petit mot de la langue danoise est ø. Il signifie « île ». Une lettre fait un mot et ce mot fait image. Joli.

Le danois est une langue souple qui digère facilement les mots étrangers. Aussi, les mots importés de France peuvent prendre spontanément la graphie danoise. On note une tendance récente à laisser les mots dans leur jus français : *nouvelle cuisine*, *gourmet*. Question de mode. On trouve aussi des mots empruntés au français sous deux formes, l'une conforme au français, l'autre adaptée à la langue d'accueil : *chic* et *chik*, *restaurant* et *restaurang*…

Faux amis

Les Danois ne se sont pas contentés d'adopter un joli lot de mots français, ils ont su donner à certains un sens nouveau et même, parfois, ils ont réussi à les faire rebondir dans leur propre langue.

Ainsi *alle* (de *allée*) ne désigne pas, au Danemark, un petit chemin mais une avenue, *avis* ne signifie plus « opinion » mais désigne un journal et *notits* (de *notice*) un entrefilet. Notre *comptoir*, adopté sous la forme *kontor*, désigne un bureau (mais on peut aussi bien dire *bureau*). *Parlør*, emprunté au français *parleur* « personne qui s'écoute parler », désigne au Danemark un manuel de conversation. Là-bas, *lune* signifie « caprice » et l'adjectif dérivé *lunefuld*, littéralement « plein de lune », qualifie une personne capricieuse. Joli hybride.

Décalage

Pour nous, Français, il y a 36 manières de faire les choses. Les Danois pensent qu'il y en a 117 : *der er 117 måder at…*

« Il ne faut pas se fier aux apparences », disons-nous. Le proverbe danois correspondant est plus concret : *Man skal ikke skue hunden på hårene* « Il ne faut pas percevoir le chien rien qu'en appréciant ses poils ». Plus concret.

« Mon petit doigt me l'a dit » devient *Jeg har hørt en fugl synge derom* « J'ai entendu un oiseau chanter à ce sujet ». Plus poétique.

L'équivalent danois de notre « On ne peut être au four et au moulin » est *Man kan ikke på én gang blæse og have mel i munden* « On ne peut souffler avec la bouche pleine de farine ». Bien observé.

L'exemple français

Franske artikler « articles français » désigne les préservatifs, *franske postkort*, ces « cartes postales françaises » sont nécessairement érotiques... *Franske lommer*, les « poches françaises » sont percées, *franske ydelser*, les « prestations françaises » sont des revenus échappant au fisc et *fransk guld*, l'« or français », c'est du toc. D'une honnêteté douteuse, dépensiers et tournés vers les choses du sexe, voilà comment les Danois voient les Français.

Ces derniers passent toutefois pour raffinés, comme en témoigne cette (ancienne) enseigne : *Fransk vask og strygning* (Blanchisserie et repassage français).

Les Français savent aussi se montrer légers et élégants, car, au Danemark, une « visite française », *fransk visit*, est une petite visite, dépourvue de protocole. On est en droit de se demander si cette légèreté n'est pas excessive, parfois. La preuve ? Un dictionnaire danois soucieux de traduire au mieux le proverbe *Den sten man ikke kan løfte, lader man ligge* (littéralement, « La pierre qu'on ne peut soulever, on la laisse ») propose ce très joli « Il faut faire comme on fait à Paris, on laisse pleuvoir ».

Et enfin, ces diables de Français ont de drôles de jeux. En effet, *franske manchetter*, « manchettes françaises », désigne une forme de « torture » entre enfants. Cela consiste à attraper le poignet de l'autre avec ses deux mains pour ensuite tourner la peau du poignet dans deux sens contraires, en avant et en arrière.

Mots choisis

Eva Skorstengaard, danoise amoureuse des langues, a choisi *hygge*.

« En danois, nous avons le mot *hygge* qui est intraduisible dans les autres langues. C'est un substantif, nous avons aussi l'adjectif correspondant, *hyggelig*. Il s'agit d'une ambiance agréable où les gens se sentent bien. Par exemple, en hiver ou à Noël, lorsque l'on est à l'intérieur au chaud avec un thé et des bougies allumées et qu'il fait froid à l'extérieur, là c'est *hyggelig* !

Les intellectuels se moquent de temps en temps de cette expression. Ils pensent que tout doit être *hyggelig* et que ça ne veut rien dire, que ça fait petit-bourgeois ou quelconque. Mais, pour la plupart des Danois, le *hygge* est essentiel. Prendre un verre avec un ami après le travail peut être *hyggelig* aussi. C'est assez difficile à expliquer concrètement, c'est plutôt un sentiment, une ambiance.

Au Danemark, il est très important de dire "*Tak for sidst*" quand on revoit ses amis après avoir été invité chez eux. Cela signifie "Merci pour la dernière fois". Très souvent, on ajoute "C'était *hyggelig !* », pour montrer qu'on a bien aimé la soirée. »

Signe Havsteen, étudiante en arts plastiques et histoire de l'art à Paris, et Maria Lund, galeriste à Paris, nous parlent d'un mot danois qui a récemment fait son entrée dans les dictionnaires français : *ombudsmand*, littéralement « homme missionné ».

« *Ombudsmand* est le nom d'une institution créée par le Danemark dans les années 1950. L'*ombudsmand* est un fonctionnaire indépendant nommé par le Parlement, son rôle est de vérifier le bon fonctionnement de l'administration. Les citoyens peuvent s'adresser directement à l'*ombudsmand* s'ils estiment avoir subi un "mauvais" traitement et celui-là peut, de sa propre initiative, examiner un dossier qu'il considère important, tout comme il peut se rendre pour une vérification dans les administrations et institutions publiques (par exemple dans les hôpitaux psychiatriques ou les prisons).

L'*ombudsmand* constitue ainsi un important gage de sécurité pour assurer l'État de droit. »

EN SUÈDE

Le suédois, une langue mélodieuse

Au sein de la grande famille des langues indo-européennes, le suédois se situe sur le rameau nordique ou scandinave de la branche germanique. Langue nordique, donc, la langue suédoise est sœur du danois et du norvégien, demi-sœur de l'islandais et du féroïen, qui sont restés plus proches du vieux norrois, langue parlée dans toute la région nordique jusqu'au IXᵉ siècle. Les premiers documents suédois utilisaient l'écriture runique.

Le suédois s'est plus nettement différencié des autres langues scandinaves après que le roi Gustav Vasa eut rompu l'union de Kalmar (1523).

Signes particuliers

En suédois, la mélodie est essentielle. Un même mot peut avoir deux significations suivant le ton, haut ou bas, de la syllabe accentuée. Par exemple, selon que la dernière syllabe du mot *buren* est modulée sur un ton plus haut ou plus bas, le sens du mot change : dans le premier cas, *buren* signifie « cages », dans le second, « porté ».

Cette particularité fait du suédois une langue qui se prête aux jeux de mots. Elle en fait aussi une langue difficile à pratiquer pour les Français, alors que le suédois est, en soi, facile (la grammaire est simple, la conjugaison aussi, il n'existe pas de cas, à l'exception d'une trace de génitif). Enfin, cette mélodie suédoise, on la retrouve quand les Suédois parlent d'autres langues : c'est ainsi qu'on les reconnaît.

Écriture et prononciaton

Le suédois utilise l'alphabet latin complété par trois lettres, placées dans l'ordre suivant après *z* : *å* est un [o] long, *ä* est proche de [ê], *ö* se prononce [eu]. Autres conventions : *u* se prononce [ou], *j* se prononce [y].

LE DESTIN SUÉDOIS DES MOTS FRANÇAIS

Le suédois est, de longue date, ouvert aux emprunts. Dès le Moyen Âge, le latin apporte quelques mots liés au christianisme, plus tard, l'allemand, par le biais de la culture des villes hanséatiques, laisse des mots relatifs au commerce et à la navigation, et, après l'implantation du luthérianisme en Suède, marque profondément la langue suédoise.

Comme ailleurs en Europe, le latin est longtemps resté la langue scientifique et universitaire, mais, au cours du XVIIe siècle, une autre langue acquiert du prestige aux yeux de l'élite suédoise, le français. Cette attirance pour la culture française se déclare au moment où Louis XIV impose son hégémonie en Europe, elle ne fait que croître et tourne à la fascination au siècle des Lumières.

Aux XVIIe-XVIIIe siècles, des relations se tissent entre Suède et France. Des relations commerciales : denrées exotiques et vins aquitains arrivent de France *via* le port de Bordeaux.

Des relations diplomatiques, comme en témoigne l'implantation d'un consulat français à Göteborg. Des relations culturelles, enfin. Entre 1699 et 1793, l'Académie royale des sciences de Paris compte des correspondants étrangers à Stockholm et Uppsala.

L'empreinte culturelle française n'eût pas été aussi marquante si certains souverains ne s'étaient faits les ambassadeurs d'une langue alors prestigieuse en Europe, notamment Christine de Suède et Gustave III.

En 1649, alors que Louis XIII est sur le trône de la France, Christine de Suède, souveraine éclairée correspondant avec toute l'Europe savante, attire Descartes à sa cour. Quand le philosophe, physicien et mathématicien français meurt à Stockholm, l'année suivante, la France est implantée en Suède, à travers ses érudits, ses philosophes, ses savants.

Né au cœur du XVIIIe siècle (1746), Gustave III avait de bonnes raisons d'entretenir avec la langue française une certaine familiarité. Il était neveu de Frédéric II de Prusse, sa mère avait correspondu avec Voltaire, dès l'âge de 11 ans il commençait à écrire ses lettres en français, plus tard il correspondait avec Marmontel et s'intéressait aux querelles littéraires plutôt qu'à Madame de Sévigné qu'il trouvait… ennuyeuse.

L'intérêt du souverain pour la langue française est lié au désir de conduire la Suède parmi les nations modernes. Au XVIIIe siècle – du moins jusqu'à la Révolution française –, amour de la langue française et politique « éclairée » se confondent, en effet. Gustav III prend le pouvoir en 1771 – le coup d'État est d'ailleurs favorisé par des subsides venus de France –, il se conforme alors à l'idée du despotisme éclairé, pratique une politique de tolérance religieuse et abolit la torture. Féru d'histoire, de philosophie, Gustave III de Suède, surnommé « le roi de la culture », correspond en français avec Catherine II de Russie. Durant son règne (le roi est assassiné en 1792), le français devient une langue de prestige, parlé par la cour de Suède et la noblesse.

Par un de ces coups de théâtre dont l'histoire a le secret, au siècle suivant, un Français va monter sur le trône de Suède. En 1810, Charles XIII appelle auprès de lui un maréchal de Napoléon, originaire de Pau, Jean-Baptiste Bernadotte. Celui-là se comporte en vrai Suédois, abjure le catholicisme et prend à cœur les affaires du royaume. Les intérêts de sa nouvelle patrie se heurtant à ceux de la France, quand, en 1813, la Suède entre dans la coalition contre la France, Bernadotte apporte à sa nouvelle partrie une armée de 30 000 hommes et sa connaissance des tactiques napoléoniennes. En 1818, il succède à Charles XIII et devient Karl XIV Johan, roi de Suède et Norvège. On ne s'en étonnera pas, Bernadotte-Karl XIV a ouvert aux mots français une voie royale.

Et les mots qui se sont implantés aux XVIIe-XVIIIe siècles sont des termes culturels. On les trouve dans le domaine de l'architecture et de la décoration : *balkong*, *salong* (que nous avions nous-mêmes empruntés à nos voisins italiens), *möbel* « meuble », *schäslong* (de *chaise longue*, « méridienne ») et *parkett*. Dans celui de la toilette : *garderob*, *mustasch* et *parfym*. Et dans celui de la gastronomie : *sås* « sauce », *kotlett* et *kastrull* « casserole ». Voici encore, dans le domaine culturel en général : *evenemang* « événement », *talang* « talent », *modern*... Et dans celui du théâtre en particulier : *teater*, *scen*, *ridå* « rideau », *pjäs* « pièce » et *replik*, *aktör*, *aktris* et *regissör*.

Comme ailleurs en Europe du Nord, quelques termes militaires, politiques ou diplomatiques ont été empruntés au français. Certains sont encore en usage aujourd'hui. *Arme* « armée » (en concurrence avec *här*), *brigad* et *bomb* (que nous avions empruntés aux Italiens), *militär*, *uniform* et *ambulance*...

Opposition, revolution, majoritet, konsulat, kontor « bureau » (de *comptoir*), *ambassad, ambassadör, diplomat, byräkrat* « bureaucrate », *dementera* « démentir ».

Aujourd'hui, les mots français ne voyagent plus vers la Suède. La plupart des emprunts récents viennent de l'anglais, notamment les mots relatifs aux nouvelles technologies. Par ailleurs, la langue touffue des textes communautaires est ressentie comme une menace pour un suédois officiel démocratique. La Suède se bat pour obtenir des textes traduits en un bon suédois, intelligible, sans contamination de la langue source… Qui se trouve être le français ou l'anglais.

Comment on parle français, aujourd'hui, en Suède

Dans leur grande majorité, les mots français adoptés au fil des siècles sont, aujourd'hui encore, utilisés, ils font partie de la langue suédoise et, bien souvent, il n'y a pas de mots suédois correspondants. Tous ces mots évoquent un certain art de vivre.

Côté cuisine, on retrouve *champinjon* (de Paris, bien sûr), *omelett, majonäs, puré, gratäng* « gratin », *färs* « farce » et *filé* « filet ». En Suède, on peut tremper ses *krutong* dans le *buljong*…

Au moment du *dessert*, on reconnaîtra, derrière *petit chou*, notre chou à la crème, derrière *kräm*, la crème ou la crème glacée aussi appelée *glass* (de *glace*) ; ce que nous nommons « omelette norvégienne » est baptisé *glace au four* par les Suédois… *Nougat* désigne du praliné et *fransk nougat* du nougat blanc… *Karamell* désigne tout bonnement un caramel et *bigarråer*, des cerises bigarreaux… Les friandises portent des noms évocateurs : *Pigall* (chocolat) ou *Marianne* (bonbon).

Avec le *kaffe*, si l'on souhaite un digestif, il suffit de demander *Kaffe med avec*, littéralement « Café avec *avec* ». Dans tout bon *restaurang*, on comprendra.

Enfin, le pain français est apprécié en Suède. Sachez que *pain riche* désigne une baguette (du nom du restaurant Riche, l'un des plus fameux de Stockholm), et que *restaurant* désigne un pain de 500 grammes.

Côté chiffons, à l'exception de *blus* « chemisier », les mots français désignent des vêtements masculins : derrière *bonjour* se cache une redingote et derrière *väst* (de *veste*) un gilet ou un gilet pare-balles.

Flanell, *kostym* « costume » et *kalsonger* « caleçon » sont sans surprise. Côté accessoires, voici *medaljong* « médaillon » et *brosch*, *paraply* « parapluie », *portmona* « porte-monnaie », *portfölj* (de *portefeuille*) qui désigne un cartable et *bagage*.

Dans les maisons, voici *byrå* (de *bureau*) « pièce où l'on travaille » et *kontor* (de *comptoir*) « cagibi ». Par ailleurs, *byrå* et *kontor* désignent une agence, un comptoir. Voici aussi *alkov* et *toalett* « toilettes », *fåtölj* « fauteuil » et *sekretär*. Voici enfin *lampa* « lampe », *lampett* « petite lampe, applique » et *lampel* « suspension ».

Dans les villes, des mots français familiers *hotel*, *restaurant* (dont les enseignes évoquent la France : « *À la crêpe* »... « *Le Mistral* », *kafey* et *butik*. Ce dernier, assez chic, est parfois préféré à d'autres mots suédois désignant la même chose. Voici encore *trottoar* et *terrass*, *universitet*, *lasarett* « hôpital » et *posten* « la poste ». *Post* désigne d'ailleurs le courrier, *rekommandera* signifie « recommander » et *poste restante*...

Le domaine de l'art, du spectacle, des loisirs est riche de mots français : *ateljé* « atelier », *perspektiv*, *byst* « buste », *mosaik*, *gravyr* « gravure » et *karikatyr*... *roman* et *poem*... *balett*, *operett* et *konsert*... *cineast*, *kritik* et *journalist*... *kortege* et *karussel* « manège forain » (de *carroussel*, nom donné aux manèges enfantins dans le Nord de la France)... *abonnemang* et *biljett*.

Sachez-le, au spectacle, pour réclamer un bis, on crie « *Encore !* ».

Une mode récente inspire aux Suédois des expressions françaises curieuses. On peut se procurer à Stockholm du *Vichy nouveau* (probablement inspiré par *vin nouveau*). Le français est attractif... Même s'il n'est pas toujours compris. En 2005, un opérateur de téléphonie mobile avait promu ses produits à travers une chanson française dont le refrain était « L'amour à trois ». Quelques curieux s'étant enquis du sens de ces paroles ont fait une drôle de tête.

L'AVENTURE SUÉDOISE DE *RESTAURANT*

Le mot *restaurant*, qui a beaucoup voyagé en Europe, a pris en Suède la forme *restaurang*. Ce *g* final serait-il la trace du passage de Bernadotte et de son accent méridional, comme l'affirment certains ? L'idée est jolie, mais...

Restaurang et son double plus chic *restaurant* sont employés en Suède depuis le dernier quart du XIXe siècle, ils ne l'étaient pas auparavant. Le suédois, avant, pendant et après Bernadotte, a adopté beaucoup de mots français et les a, souvent, accommodés à la sauce locale. Ainsi, les mots à terminaison *-ant*, *-ent*, *-in*, *-ain*, *-on* ont-ils été pourvus d'un *g* final, pour pallier l'absence de nasales dans la langue suédoise. Si *restaurant* est devenu *restaurang*, *abonnement* et *compliment* se sont transformés en *abonnemang* et *komplimang*, *gratin* et *terrain* ont donné *gratäng* et *terräng*, *balcon* et *béton* ont pris la forme *balkong* et *betong*.

Curiosités

Pour enrichir son lexique, le suédois privilégie la composition. L'ajout de préfixes, de suffixes ou la simple concaténation de mots donne de multiples possibilités de créer des mots composés. Cela conduit à des termes longs, plutôt encombrants, comme *kvittblivningsproblematiken* « la problématique de l'élimination des déchets »… Cela permet aussi la production de néologismes particulièrement évocateurs, comme *räknenisse* qui désigne un économiste et signifie littéralement « maniaque des chiffres ». Ou encore *snickarglädje*, littéralement « la joie du menuisier ». Qu'est-ce donc ? Ce sont des détails travaillés sur les maisons en bois, de la dentelle, dirions-nous.

Faux amis

En Suède, *kontinenten* (du français *continent*) est utilisé pour parler de l'Europe. Les Suédois ne vivent-ils pas sur une presqu'île ? Ce n'est pas tout à fait un faux ami. Il en est de même pour *idyll* (du français *idylle*) : en Suède, le mot n'évoque pas une tendre aventure amoureuse mais un lieu idyllique.

Comme ailleurs en Europe, *perrong* (de *perron*) désigne un quai (dans une gare ou au bord d'un cours d'eau). Comme nulle part ailleurs, *polison* (de *polisson*) désigne, chez un homme, les favoris.

Décalage

Le français ne manque pas d'expressions pour exprimer l'ennui. « S'ennuyer à cent sous de l'heure », « Long comme un jour sans pain », « Ennuyeux comme la pluie »... Mais aucune n'est aussi radicale que celle utilisée en Suède : *Så tråkig att klockorna stannar* « Si ennuyeux que les pendules s'arrêtent ».

L'ivresse inspire, aux Suédois et aux Français, une même métaphore. En Suède, lors de la Saint-Sylvestre, où au cours d'une fête bien arrosée, on a de bonnes chances d'entendre l'expression *rund under fötterna*, littéralement « c'est rond sous les pieds »... En France, dans les mêmes circonstances, on entendra « Être rond comme une bille » ou « Avoir les godasses à bascule », soulignant ainsi que le problème est à l'intérieur... Partout, l'alcool transforme les intempérants en culbutos.

L'exemple français

D'après mes correspondants suédois, il ne semble pas qu'il existe, chez eux, d'expressions, péjoratives ou positives, sur les Français. On ne file pas « à la française », en Suède, on ignore la « maladie française » et *rendez-vous* est là-bas inconnu. Mais, mais, mais... Quelques termes empruntés au français laissent entrevoir l'image (contrastée) que l'on se fait des Français, en Suède.

La vie sociale suédoise ne saurait se passer de mots français, tels *komplimang* (de *compliment*) ou *touche* qui signifie « chic, classe » : *Vilken touche !* « Quelle allure ! » Ou encore *charm*, *finess* et *bohem* (adjectif appliqué à une personne cultivée, artiste, vivant en marge).

Il faut l'avouer, les Suédois connaissent *petitess* « broutille, bagatelle » : *Men det är petitesser* « Mais ce sont des broutilles. » Et aussi *ironi*, *sarkasm* et *arrogant*.

Enfin, ils ont retenu *fars* (de *farce*) et *touche* « touché », « dans le mille », terme emprunté à l'escrime et appliqué à toutes sortes de situations, comme en français.

Alors, courtois, raffinés, prétentieux, joueurs, les Français ?

Mot choisi

Henrik Hagelin, Suédois vivant en France, a choisi *lagom*, notion typiquement suédoise, selon lui.

« À la fois adverbe et adjectif, *lagom(t)* veut dire "juste assez" "ni trop ni trop peu". Par exemple, *dricka lagomt* "boire ni trop ni trop peu", *lagomt stekt* "cuit à point", *temperaturen är lagom* "la température n'est ni trop chaud ni trop froide"… On pourrait traduire par "à la bonne température", mais cela ne suffit pas. Il y a l'idée que la "température idéale" varie selon chacun. Cela reste très subjectif. »

EN NORVÈGE

Le norvégien, une langue double

Le norvégien appartient à la famille des langues scandinaves (les linguistes préfèrent parler de langues nordiques) dont l'ancêtre commun est le vieux norrois, langue germanique du Nord parlée depuis le Moyen Âge dans les pays occupés par les Vikings : la Suède, le Danemark, l'Islande et la Norvège. Jusqu'au IXe siècle, toute la Scandinavie partageait cette langue germanique ancienne.

La position centrale de la Norvège en Scandinavie offre certains avantages linguistiques. Un Norvégien et un Suédois, ou un Norvégien et un Danois, discutant ensemble – chacun parlant sa langue – se comprennent à peu près correctement. Alors que Suédois et Danois se comprennent plus difficilement.

Le norvégien s'est approprié le vocabulaire cultivé danois en le prononçant à sa façon, qui est assez semblable à celle du suédois, dont le vocabulaire est, en revanche, très différent. Ce qui fait dire aux Scandinaves « Le norvégien, c'est du danois prononcé à la suédoise ».

Signes particuliers

Des critères géographiques, liés à des raisons historiques, ont fait du norvégien une langue éclatée.

Depuis 1885, la Norvège possède deux langues officielles. La première, le *bokmål* « langue des livres » (prononcer ['bouk-mol]), héritier du *riksmål* « langue du royaume » (prononcer ['riks-mol]), s'est développée pendant la longue période de domination danoise et enrichie à l'occasion du commerce avec les ports allemands, à l'époque de la Hanse. Ainsi marqué par une forte influence danoise et germanique, le *bokmål*, norvégien des villes, est aussi connu sous la dénomination de *norvégien oriental*. C'est la langue de la littérature norvégienne et de la majorité des textes écrits. Elle est parlée par les deux tiers de la population. La seconde langue, le *nynorsk* « nouveau norvégien » (prononcer ['nu-norsk]), héritier du *landsmål* « langue des campagnes » (prononcer ['lannds-mol]), plus proche de l'ancien norvégien et du dialecte du Nord, a été élaborée par des linguistes qui ont rassemblé les parlers considérés comme les plus purs. Le *nynorsk*, aussi connu sous la dénomination de *norvégien occidental*, est la langue obligatoire dans les écoles.

Écriture et prononciation

L'écriture norvégienne fait appel aux caractères de l'alphabet latin complété par trois voyelles : *æ* prononcé [é], *ø* qui équivaut au [eu] français et *å* qui est un [o] long et très ouvert. De plus, *u* se prononce [ou] et *y* [u]. Enfin, *j* correspond à [y] et *sj* correspond à notre [ch].

Comme chez ses sœurs danoise et suédoise, la prononciation est essentielle en norvégien, elle permet de distinguer des mots parfaitement semblables à l'écrit. Un accent tonique différent appliqué à l'une des syllabes permet de lever l'ambiguïté : *biten* « morceau » et *biten* « mordre ».

Le destin norvégien des mots français

La culture française s'est implantée en Norvège par des voies indirectes. Cela est lié à l'histoire de ce pays qui s'est d'abord trouvé sous domination danoise – dès 1523 – trois siècles durant. Le traité de Kiel (1814) marque la fin du rattachement de la Norvège à la couronne danoise : dans une proclamation adressée aux Norvégiens en date du 8 février, le roi de Suède Charles XIII – probablement à l'instigation du prince Charles Jean, né Bernadotte – déclare que la Norvège sera un État libre, avec sa propre Constitution, son Assemblée nationale et son système fiscal. Bien que ces promesses aient été respectées, la Norvège se trouve alors, de fait, sous domination suédoise, jusqu'en 1905, où elle devient indépendante. Le rattachement de la Norvège à la couronne danoise, puis à la couronne suédoise, qui entretinrent l'une et l'autre des relations suivies avec la France à travers ses souverains, a favorisé l'arrivée de mots français.

Moins nombreux qu'au Danemark ou en Suède, ces emprunts remontent pour l'essentiel aux XVIIe et XVIIIe siècles. Les rares passages directs de mots français ont été rendus possibles par l'implantation de trois consulats français, à Bergen, Trondheim et Kristiansand, au XVIIe siècle. Dans ces deux dernières villes, au siècle suivant, l'Académie royale des sciences de Paris compte d'ailleurs des correspondants étrangers.

En Norvège comme partout en Europe, ce sont les élites cultivées qui se mettent à l'heure française et, depuis Copenhague ou Stockholm, se répandent mots et expressions en provenance de France, témoignant d'un certain art de vivre. En matière de gastronomie, les Norvégiens, comme la majorité des Européens, retiennent moult termes. Parmi eux, un lot de verbes de métier – cela est original. Point n'est besoin de traduire ; *bresere*, *dekantere*, *flambere*, *glasere*, *marinere*, *panere*, *sautere*, *tranchere*… Dans le domaine de la mode et de la couture, bien des mots encore en usage aujourd'hui, et d'autres tombés en désuétude, tels *corduroy* (de *corde du roi*, nom ancien du velours côtelé) désignant un pantalon en velours et *sjeselong*, qui ne désigne pas une chaise longue mais un fauteuil récamier, une méridienne.

Au fil des siècles arrivent des termes relatifs à l'économie, l'administration et la diplomatie : *bank*, *budsjett*, *faktura*, *finanser* « finances », *kasse* « caisse », *kontrackt*, *industri*, *fabrikk* « fabrique, usine », *maskin* « machine », *eksportør* « exportateur », *direksjon*, *kontor* « comptoir, bureau »… *minister* « ministre », *ministerium* « ministère », *nasjon* « nation », *opposisjon*, *parti*, *provins*… *ambassade*, *ambassadør*, *diplomati* et *accolade*.

Parmi ces mots, beaucoup sont devenus internationaux et, parfois, ils ont fait un détour par l'anglais. Ils ont un préfixe latin (*ab-*, *ad-*, *in-*) ou un suffixe (*-able*, *-ion*, *-ment*, *-té*, *-tion*) qui établit leur origine française : *abbreviasjon*, *abdikasjon*, *abominabel*, *absolutt*, *adekvat*, *adherere*, *adhesjon*, *admirabel*, *union*, *parlament*, *supplement*, *nasjonalitet*…

Les mots empruntés au français ne sont pas toujours reconnaissables au premier abord : *en sjåfør* c'est… un chauffeur, un conducteur de taxi, par exemple.

Comment on parle français, aujourd'hui, en Norvège

Parmi ces mots français installés en Norvège, certains sont même lisibles dans le paysage ou en ville. À la fin de l'hiver, des panneaux fleurissent sur le bord des routes, recommandant la prudence, on peut y lire *chaussee deformee.* À Oslo, on dénichera des enseignes familières *Café*, *Restaurang*, *Hotel*. Au *Grand menu « creation »* du célèbre Bagatelle (restaurant tenu depuis 1930 par une famille française, racheté en 1982 par Eyvind Hellstrøm), on lit *Amuse bouche... Grand dessert... Petits fours*. Au même endroit, *à la carte*, on peut trouver *Rosastekt due « À la broche »* ou *Andelever « Foie gras » i terrine med « Pain d'épices » krydder*. Français rime avec prestige.

En Norvège, la cuisine semble un terroir privilégié pour les mots venus de France. Il y a de quoi composer le copieux *meny* d'un vrai dîner français. Pour commencer, *kremet suppe* (velouté, littéralement « soupe crémée ») ou *buljong* (« consommé », de *bouillon*) avec *krutong*, ou encore *asparges*, *melon* ou *artsjokk* « artichaut », puis *medaljon*, *sufflé* ou *omelett*. Des champignons ? *Sjampinjong* (de Paris) ou *kantarell* (« girolle », de *chanterelle*). On reconnaîtra *trøffel* « truffe ». Du poisson ? *Dorade* ou *sardin*. Du gibier ? *Bekkasin* ou *fasan*. Une viande ? *Filet* « escalope », *karbonade* « steack haché » ou *ragu*. En accompagnement ? *Purre*, *potetpuré* « pommes mousseline », *pomès fritès* et *salat* ou *endivie*, *selleri*, *aubergine*, *tomat* (avec *estragon* et *rosmarin*). Au *dessert*, *sjokolademousse*, *terte* « tarte », *vaniljesaus* « crème anglaise », *vaniljeterte* « flan », *marengs* « meringues », *coulis*. *Vin* et *kaffe*, cela va de soi. En cuisine, on entendra *émincé*, *frikassé* et *brunet*, qui en Norvège signifie « sauté(e) ». *Kasserolle* est là, et aussi *farin* (ici, désigne le sucre roux), et encore *asjett* (ici, c'est une soucoupe).

Côté chiffons, *bikini*, *bluse* et *sandal*, *kostym* et *vest* « gilet ». Côté accessoires, on retrouve *bagasje*, *paraply* et *portemoné*.

Côté maisons, un joli lot de mots français. *Fasade*, *balkong*, *terrasse*, *veranda*, *garasje*... *entré*, *etasje*, *toalett*... *møbel* « meuble », *garderobe* « penderie », *kommode*, *bankett* « banquette », *sofa*... *teppe* « tapis », *lampe*, *vase*, *plante*... *komfort*.

L'AVENTURE NORVÉGIENNE DE *COQUELICOT*, *COUILLON* ET *BORDEL*

La couleur rouge du coquelicot a inspiré l'adjectif *kokelico*. Il est appliqué à une personne très en colère : *Han er helt kokelico* « Il est rouge de colère. »

Kujon, emprunté au français *couillon*, désigne en Norvège un pleutre.

Les Norvégiens ont adopté bordel. Ils ne l'utilisent que dans son sens figuré. *Det er et virkelig bordell her !* Littéralement « C'est un vrai bordel ici ! » Comprendre : le désordre est grand...

CURIOSITÉS

Dirigent, emprunté au français dirigeant, désigne soit un chef d'orchestre, soit celui qui préside une réunion.

FAUX AMI

Uff ! a un sens presque à l'opposé du mot français correspondant *ouf !* ; on pourrait traduire *uff* par *zut ! Uff, nå regner det !* « Zut, voilà qu'il pleut ! »

Décalage

Les proverbes norvégiens, paraît-il, ressemblent beaucoup aux nôtres, même si la couleur locale est un peu différente : le *troll* y remplace le diable. Il en existe au moins un qui n'a aucun équivalent en français… « Le mariage est comme une nasse d'anguilles, ceux qui sont dehors veulent y entrer et ceux qui sont dedans veulent en sortir. »

L'exemple français

Les Norvégiens n'ont jamais eu de relations affectives très étroites avec les Français, jamais il n'y eut de guerre entre les deux peuples. La Norvège est plus tournée vers l'Atlantique que vers le sud du continent européen. C'est, sans doute, la raison pour laquelle il n'existe pas, en norvégien, d'expression faisant référence aux Français et à leurs mœurs réelles ou supposées. À l'exception de ceci : une femme élégante peut être qualifiée de « Française ».

Mot choisi

Un ambassadeur de mots qui souhaite garder l'anonymat a choisi *folklighet* et le glose ainsi.

« Il existe en norvégien un mot intraduisible en français *folklighet*, littéralement “ce qui vient du peuple”. Cela désigne ce qui appartient à la culture populaire (et constitue l'essence même de la culture nationale). Les Allemands ont utilisé le même concept, mais de manière dévoyée à l'époque nazie. En Norvège, ce terme désigne tout ce qui constitue le fondement de la démocratie et de l'égalitarisme du pays. »

QUATRIÈME ÉTAPE
LES LANGUES BALTES

EN LETTONIE

Le letton, une langue militante

La langue lettone, comme la lituanienne, mérite un grand respect. Ces langues sœurs sont au monde les deux seules survivantes de la branche balte (de *balts* « blanc », lié à *bala* « tourbière ») des langues indo-européennes ; la troisième sœur, la langue prussienne, s'est éteinte à la fin du XVIIe siècle. Cette branche étant l'une des plus anciennes, les langues baltes sont, de tous les rejetons de la vénérable langue mère, les plus proches du sanskrit. Chapeau bas.

Comment expliquer une telle permanence ? Très concrètement, par la géographie. Les peuples lettons et lituaniens occupent depuis des temps immémoriaux des terres couvertes de forêts et de marécages qui, dans ces pays du Nord, rendaient difficiles les contacts avec l'extérieur. Les « isolats », comme disent les linguistes, évoluent beaucoup moins vite que des langues exposées à des contacts permanents avec d'autres langues.

Or, la Lettonie ayant subi, tout au long de son histoire, des occupations successives – celle des Chevaliers teutoniques, des Suédois, des Polonais, des Lituaniens, des Russes et des Allemands –, le letton a reçu diverses influences, et les Lettons se sont trouvés parfois, malgré eux, en situation de bilinguisme. Le maintien de la langue lettonne est, du fait de cet environnement culturel et linguistique, presque un miracle en soi. Celle-là a toujours été ressentie comme le dernier rempart du sentiment national, sans doute est-ce la raison de sa survie.

Lors du processus de retour à l'indépendance, l'un des premiers gestes forts consista à rétablir le letton comme seule langue officielle – disposition inscrite dans l'article premier de la Constitution. En dépit de la protestation de certaines minorités (les russophones notamment), une nouvelle loi sur l'éducation (2004) a imposé la prépondérance de l'enseignement en letton.

Signes particuliers

À mettre au compte des difficultés, il existe en letton six formes différentes de déclinaisons pour les noms – trois pour le masculin et autant pour le féminin. La persistance des cas nominaux – qui traduit le caractère archaïque du letton – permet une relative souplesse de l'ordre des mots dans la phrase. Le système verbal est très complexe (deux aspects, cinq modes, trois types de conjugaisons subdivisées en nombreux groupes…) et les verbes peuvent fléchir selon le temps de conjugaison, l'humeur, la voix et la personne.

En revanche, il n'y a ni neutre ni article et l'accent tombe généralement sur la première syllabe.

Écriture et prononciation

Le letton utilise un alphabet latin dépourvu de *q*, *w*, *x*, *y* et complété des signes suivants :

quatre consonnes mouillées : *g'*, *ķ*, *ņ*, *ļ* correspondent aux mêmes lettres françaises suivies d'un [y] bref

quatre voyelles longues marquées par une barre suscrite : *ā*, *ē*, *ī*, *ū*

š se prononce [ch]
č correspond à [tch]
ž correspond à [j]
o se prononce entre [ouo] et [oua] ; *ai* se prononce [aie] et *ei* [yé] ; *c* se prononce [ts].

LE DESTIN LETTON DES MOTS FRANÇAIS

Du Moyen Âge au XXe siècle, les Lettons ont toujours eu des contacts directs avec d'autres langues : celles utilisées dans les territoires limitrophes – l'estonien, le lituanien, le biélorusse – et celles des peuples dont la Lettonie a éprouvé la durable présence – le russe, le polonais, le suédois et l'allemand. La langue lettone porte la trace de ces contacts désirés ou subis, son lexique compte environ 3 000 mots allemands.

L'absence de liens avec la France devrait exclure la présence de mots français dans la langue lettone. Et pourtant…

On peut supposer, d'une part, que les vocables français ont été convoyés par d'autres langues, allemand et russe notamment, il est certain, d'autre part, que le rayonnement de la France est parvenu jusqu'en Lettonie. Malgré la prépondérance d'une culture nordique alémanique et en dépit de la soumission, depuis la fin du XVIIe siècle, à la domination politique de l'Empire tsariste russe, l'influence française dans le domaine de la culture, de la philosophie et de la pensée politique a atteint les côtes orientales de la mer Baltique. Ainsi, à la fin du XVIIIe siècle et au tout début du siècle suivant, on observe en Lettonie des soulèvements paysans directement inspirés par les principes de la Révolution française – Liberté, Égalité et Fraternité. Ces mêmes principes continuent de jouer leur rôle tout au long du XIXe siècle, lors de la formation de l'identité moderne du peuple letton, ainsi que durant la lutte pour l'indépendance au début du siècle suivant.

Le domaine de l'art, celui de la littérature et du théâtre sont marqués par l'influence française comme en témoignent *kultūra* et *šedevrs* « chef-d'œuvre »... *atelјē* « atelier », *kontūra* « contour », *profils*... *dialogs*, *literatūra*, *satīra*... *scēna*... *foajē* « foyer »... *kulises* « coulisses »... *loža* « loge »... *turneja* « tournée ».

Dans le domaine administratif et politique, on relève aussi des vocables français : *administracija* « administration », *adrese* et *pasts* « la poste », *legāls* « légal » et *policija* « police », *birojs* « bureau », *konsulāts* et *ministrija* « ministère », *ministrs* et *prezidents*, *atentats* et *revolūcija* « révolution ».

Dans le domaine de l'économie et de l'industrie, voici *banka*, *budžets*, *finances*, *industrija* (industrie), *katalogs*, *komisija* (commission), *konkurence*, *kontrakts*, *konts* (compte), *kredīts*, *šifrēt* (chiffrer).

Trois ans après sa création en 1918, l'État indépendant letton est reconnu par les Alliés, grâce à l'intervention active d'Aristide Briand, alors ministre des Affaires étrangères – une rue de Riga est alors baptisée du nom du ministre. Dès lors, des relations diplomatiques et économiques s'installent entre la Lettonie et la France, relations rompues subitement en 1940, avec l'occupation de la Lettonie par l'armée Rouge. Depuis la proclamation de l'indépendance (1991), la Lettonie s'ouvre à l'Europe, la jeunesse voyage, étudie en France, ainsi quelques mots français s'installent-ils aujourd'hui en territoire letton.

Comment on parle français, aujourd'hui, en Lettonie

Selon Ieva Lapinska, en Lettonie, on utilise aujourd'hui dans la vie courante quelques expressions comme « prêt-à-porter », « haute couture », « idée fixe », « par excellence », « l'art de vivre » et « chercher la femme ».

Quand Daïga Stalberga se lance à la recherche de mots français en letton, dictionnaire à l'appui, elle est surprise de trouver plus de trois ou quatre mots qu'on utilise souvent, « les langues française et lettone sont si différentes ». Comme la majorité de ses compatriotes non spécialistes de ces questions, Daïga avoue qu'elle n'en avait pas conscience. Dans quels domaines les a-t-elle dénichés, ces mots français ?

C'est le vocabulaire de la gastronomie et de la cuisine qui vient d'abord à l'esprit. *Apetīt* « appétit » et *oficiants* (de *officiant*) qui désigne le garçon, au restaurant... *Deserts* et *šokolāde* « chocolat », *frēze* « fraise » et *krējum* « crème »... Outre *omlete* et *zupa* « soup », on retrouve des denrées d'usage courant *banāns*, *citrons* et *tomāts*... En Lettonie, on relève quelques termes techniques : *konservi* « conserves » et *margarīns* « margarine », *garnitūra*, *glazūra*, *marināde*, *mixtūra* et l'adjectif *kulinārs* « culinaire ».

Côté chiffons, accessoire et toilette, peu de vocables : *korsete* « corset », *lini* « lin », *berete* « béret » (récemment importé) et *odekolons* « eau de Cologne ». Dans les maisons, quelques surprises : *koridors*, *kuluāri* « couloir », *mansards* « mansarde », *terase* et *veranda*... *lampa*, *abažūrs* « abat-jour », *lustra* « lustre » et *kristāls*... *duša* « douche » et *tualete* « toilettes » (plutôt réservé aux lieux publics).

Les villes et le paysage lettons révèlent quelques emprunts au français : *garaža* et *beletāža* « bel étage » (étage prestigieux, en général le premier), *afiša* « affiche » et *bulvāris*

« boulevard », *kanāls* « canal » et *tunelis* « tunnel ». Dans le domaine des transports, on retrouvera des mots transparents *autobuss* et *automobilis*, *motocikls* et *velocipēds*, *volāns* et *pedālis*.

L'AVENTURE LETTONE DE *TANTE* ET *ONCLE*

Peut-être *tante* est-il venu par l'allemand, qui a lui-même emprunté le mot au français ? Toujours est-il qu'en letton *tante* désigne bel et bien la sœur du père ou de la mère. Et aussi, ce qui n'est pas le cas en français, une dame d'un certain âge. *Onkolis*, qui a probablement suivi le même chemin (*Onkel* en allemand, du français *oncle*), désigne le frère du père ou de la mère. Mais celui-là est exclusivement utilisé comme terme de parenté.

CURIOSITÉS

Le letton utilise un seul et même mot pour désigner le bras et la main, *roka*.

FAUX AMIS

Deux faux amis, si ce n'est pour l'oreille, du moins pour un œil français : *karote* qui signifie « cuillère » et *viens* qui veut dire « seul ».

Décalage

Derrière les proverbes lettons, de drôles d'images puisées dans l'univers campagnard. « Quand les poules auront des dents » devient *Quand la queue de hibou va fleurir...* « Il n'est pire eau que l'eau qui dort » *Le cochon lent creuse les racines en profondeur...* « Il est comme un coq en pâte » *Il vit comme un rognon en graisse...* « L'avenir appartient à ceux qui se lèvent tôt » *L'or est dans la bouche des heures matinales...*

L'exemple français

Voici des noms et des adjectifs en usage aujourd'hui, utiles pour exprimer certaines nuances ou subtilités. Sans doute sont-ils révélateurs des sentiments contradictoires que les Français inspirent aux Lettons : *šarms* (charme), *šarmant* (charmant) et *gourmand*, *temperaments* (tempérament) et *banāls* (banal), *absurds* et *brutāls*, *konkrēts*, *moderns* et *grandiozs*, *pedagogs* et *pedants...*

Selon Daïga Stalberga, on connaît en Estonie le « baiser français » *franču skūpsts* et le « charme français » *franču šarms...*

Selon Ieva Lapinska, on parle de *franču stils* « style français ». Cela implique une certaine élégance, en particulier dans la manière de s'exprimer. Ieva ajoute : « Il y a aussi une expression utilisée par mes amis et moi-même, qui allons souvent en France. C'est *franču rinda* "une queue française", c'est-à-dire une queue où chacun cherche à passer devant l'autre sans respecter l'ordre. Excusez-moi. »

Mot choisi

Daïga Stalberga, artiste lettone vivant en France – créatrice d'art textile – a choisi le mot *sirdsgudrs*.

« Le mot est composé de *sirds* "cœur" et *gudrs* "intelligent". Littéralement, *sirdsgudrs* signifie "intelligent du cœur". Cet adjectif est appliqué à quelqu'un qui n'est pas seulement intelligent par la raison, mais qui est émotionnellement intelligent, doué de l'intelligence du cœur, une intelligence acquise d'après sa propre expérience, une intelligence pour vivre. »

EN LITUANIE

Le lituanien, une langue passionnante

La langue lituanienne, comme sa sœur lettone, appartient à la branche balte de la famille indo-européenne, elle-même *située* entre les branches germanique et slave – plus près de cette dernière. Ces langues archaïques, comparables au latin ou au grec ancien mais toujours en usage, passionnent les linguistes. Le lituanien, plus encore que le letton, est caractérisé par un système phonétique et des particularités morphologiques que l'on peut rencontrer en sanskrit, aussi est-ce la langue la plus proche de la souche indienne.

La division des proto-dialectes letton et lituanien remonte aux VIe-VIIe siècles après J.-C., depuis chacune des deux langues a évolué de son côté. Entre letton et lituanien, il existe aujourd'hui la même similitude qu'entre français, italien ou espagnol. À l'écrit, on repère des mots identiques, mais ils sont susceptibles d'être employés avec un sens différent. À l'oral, la compréhension est difficile, la conversation impossible.

Tout au long d'une histoire mouvementée (unions avec la Pologne aux XIVe-XVe siècles, annexion par la Russie à la fin du XVIIIe siècle, occupations allemande et soviétique au XXe siècle), le peuple lituanien et sa langue ont été menacés. La période la plus douloureuse commence en 1864, sur le territoire lituanien gouverné par la Russie, tout texte écrit en lituanien est prohibé, la langue maternelle est interdite dans les institutions d'État, dans les écoles et même à l'église. Cette période a duré pendant quarante ans, jusqu'en 1904.

Après le rétablissement de l'indépendance de la Lituanie (1990), une loi est adoptée, instituant la langue lituanienne comme langue officielle.

Signes particuliers

La grammaire lituanienne est très proche de celle du letton, mais présente un caractère encore plus archaïque. Il existe sept cas et cinq groupes de déclinaisons, les noms se répartissent en trois genres, masculin, féminin et « général » ; il existe, en plus du singulier et du pluriel, un duel en voie de disparition (qui correspond à ce qui va par deux, choses ou personnes). Les verbes se répartissent en trois conjugaisons, il existe sept modes et quelques temps composés.

La véritable difficulté de la langue lituanienne réside dans l'accentuation dont le rôle est très important. Le lituanien possède un accent de hauteur à deux intonations – rude et douce. L'accent n'est pas écrit, qui plus est il est mobile – il peut être au commencement, au milieu ou à la fin du mot – et peut, en outre, changer de place dans les différentes formes d'un mot. Un vrai casse-tête.

Écriture et prononciation

Le lituanien utilise, depuis le XVIe siècle, l'alphabet latin. Entre 1864 et 1905, sous la pression du pouvoir tsariste, il s'écrit aussi en caractères cyrilliques.

Depuis le début du XXe siècle, l'alphabet lituanien s'est enrichi de quatre signes diacritiques :

l'ogonek, sorte de cédille, allonge les voyelles : *ą*, *ę*, *į*, *ų*

le hatchek, accent circonflexe retourné : *š*, *č*, *ž* [tch, ch, j]
le point suscrit : *ė*
et le macron, barre horizontale au-dessus d'une voyelle : *ū*.

Les lettres *f*, *h*, *q*, *w* et *x* n'existent que dans les emprunts et les mots étrangers.

U se prononce [ou] et *j* est la semi-voyelle [y].

Le destin lituanien des mots français

Les premiers Français arrivant sur le sol lituanien sont des soldats, ils sont venus combattre sous la bannière des Chevaliers teutoniques. Parmi eux, en 1337, se trouve un combattant célèbre, Guillaume de Machaut, le premier grand compositeur français, engagé dans ce combat contre les païens.

Ensuite, des souverains d'origine française vont, par le jeu des alliances matrimoniales, peser sur le destin de la Lituanie. Hedwige d'Anjou, reine de Pologne d'origine française, en épousant en 1386 Ladislas II Jagellon, grand prince de Lituanie, est à l'origine de l'union de la Pologne et de la Lituanie – toute l'histoire de ce pays en sera marquée. Henri de Valois, le futur Henri III, avant de monter sur le trône de France, sera un éphémère roi de Pologne – élu grand-duc de Lituanie en 1574 au prix d'énormes concessions à la noblesse, son bref règne porte en germe les difficultés politiques futures de l'union polono-lituanienne. Enfin, marqué par l'influence de deux Françaises devenues par mariage reines de Pologne – Louise-Marie de Gonzague-Nevers et Marie Casimire Louise de la Grange d'Arquien –, le XVIIe siècle se révèle un vrai siècle français en Pologne-Lituanie.

Au XVIIIe siècle, des philosophes et des artistes vont, à leur tour, se faire les ambassadeurs de la culture française en Lituanie, de manière indirecte, à travers le rayonnement de la cour impériale de Russie. Denis Diderot, le sculpteur Falconet, Mme Vigée-Lebrun, Mme de Staël, la tragédienne Mlle George – et plus tard Honoré de Balzac – se ruent à Saint-Pétersbourg et, pour ce faire, traversent souvent la Lituanie dans des conditions quelque peu spartiates, voire héroïques. Les mots français commencent à entrer en Lituanie, des titres comme *baronas* « baron » et *baronienė* « baronne », des termes de culture comme *menuetas* « menuet » et *barokas* « baroque ».

Au siècle suivant, les contacts entre Lituanie et France vont être à nouveau politiques et militaires. En 1812, le grand-duché de Lituanie, qui avait été rayé de la carte en 1795, met beaucoup d'espoir dans la campagne de l'Empereur des Français – porteur des idéaux de la Révolution – contre la Russie. Cet espoir a été déçu, mais il va susciter les futures révoltes lituaniennes contre l'occupation russe. Des mots en témoignent, tels *barikada* « barricade », *barikaduoti* « barricader » et *barjeras* « barrière ».

La campagne de Russie s'est, en réalité, principalement déroulée sur le territoire lituanien – le 23 juin 1812, 600 000 hommes de la Grande Armée franchissent le Niémen à Kaunas, le 14 décembre, lors de la retraite, ils ne sont plus que 10 000 à quitter le territoire. Napoléon restera à l'aller dix-neuf jours à Vilnius, il en fera sa capitale administrative et militaire durant toute la campagne. Là, un intendant du nom d'Henri Bayle passera très brièvement à la trésorerie militaire de la Grande Armée ; il deviendra plus tard écrivain sous le nom de Stendhal.

Le passage de Napoléon en Lituanie a laissé des traces dans l'imaginaire. Aujourd'hui encore, on raconte cette anecdote. Un jour qu'il se trouvait dans un village lituanien à la frontière prussienne, l'Empereur était entré dans une maison pour se réchauffer près du poêle. Le froid n'avait pas eu raison de sa galanterie et, pendant que la jeune maîtresse de la maison alimentait le poêle, il n'avait pas manqué de lui pincer les fesses. Le vocable français *galanterie* a été adopté par les Lituaniens : *galantiškumas*.

Au XIXe siècle, des artistes, des savants séjourneront durablement en Lituanie. C'est le cas du sculpteur André Le Brun, du botaniste Jean-Emmanuel Gilibert, du médecin Auguste Becu, du zoologiste Louis Henri Bojanus, ou encore de l'architecte paysagiste Édouard François André (qui dessina quatre parcs dont le parc botanique de Palanga).

Ainsi, au cours des XVIIIe-XIXe siècles, s'implantent en Lituanie des termes culturels français. Des termes d'architecture : *mansarda*, *terasa*, *veranda*, *apartamentas*. Des termes de théâtre : *fojė* « foyer », *kulisas* « coulisse », *scena* « scène », *ložė* « loge », *pjesė* « pièce » et *dialogas* « dialogue ». Côté chiffons, on relève *surdutas* « redingote » (de *surtout*), *paltas* « manteau » (de *paletot*) et *kostiumas* « costume »... *korsetas* « corset » et *perukas* « perruque », *godet* « jupe » (de *jupe à godets*) et *bliuzė* « blouse ».

À la fin du XIXe siècle et au début du siècle suivant, la présence française en Lituanie est liée au développement technologique du pays. La construction du tunnel et du pont de chemin de fer de Kaunas par une société française laisse des traces tangibles dans le vocabulaire lituanien : *tunelis* « tunnel » et *vagonėlis* « wagonnet », *traukinys* « train », *lokomotyvas* « locomotive », *vagonas* « wagon » et *kupė* « compartiment » (de *coupé*).

Pendant la même période, les guerres franco-allemandes amènent des Français sur le sol lituanien. Des prisonniers français ont participé à la construction du *König-Wilhelm-Kanal* (canal de Klaipėda) entre 1871 et 1873. D'autres, retenus à Nida pendant la guerre de 1914-1918, ont participé au reboisement de la presqu'île. Enfin, la région de Memel-Klaipėda est administrée par les troupes françaises de 1920 à 1923, ce qui conforte l'enracinement en Lituanie de termes relatifs à l'administration et à la politique. La plupart d'entre eux sont transparents : *provincija* et *policija*, *postas* et *adresas*… *direkcija* « direction », *sekretorius* et *sekretorė* « secrétaire » (masculin et féminin)… *nacija* « nation » et *prezidentas*, *ministras* et *ministerija*, *ambasada* et *ambasadorius*, *partija* « parti » et *opozicija* « opposition », *revoliucija* et *progresas*.

Au cours du XXe siècle, les mots français arrivent indirectement, par le russe. Exemples ? *Bigudukai* « bigoudis » et *kotletas* « côtelette » et aussi *boulette de viande*.

Comment on parle français, aujourd'hui, en Lituanie

En Lituanie comme ailleurs, le domaine culinaire fait honneur aux mots français. *Apetitas* fait partie du lexique lituanien, ce qui n'exclut pas l'usage de son modèle français *appétit*. On me souffle que *bon appétit* est préféré à sa version lituanienne *gero apetito*, dans les occasions où cette formule ressentie comme internationale s'impose. Les Lituaniens connaissent *restoranas* « restaurant », *baras* « bar », *kavinė* « café » et *bufetas* « buffet ». Ce dernier mot, qui désigne un endroit où l'on se sert soi-même parmi des plats proposés, a fait des petits : à partir de *bufetas*, les Lituaniens ont fabriqué *bufetininkas* qui désigne un barman. Comme de juste, on retrouvera *buljonas* « bouillon », *šampinionas* « champignon » et *omletas* – on utilise *omeletas* quand il s'agit d'une omelette agrémentée (de légumes, de fromage...), sinon on utilise le mot lituanien, *kiaušinienė*. Connus de quelques-uns, des mots plus techniques comme *filet*, *julienne* et *chateaubriand*, *glazūruoti* « glacer », *glazūruotas* « glacé », *glazūra* « glaçage » et *garnyras* « garniture ». Plus répandus, *desertas* « dessert », *kremas* « crème » et *kreminis* « à la crème », *karamelė* « caramel », *šokoladas* « chocolat », *kakava* « cacao » et *biskvitas* « biscuit », *vynas* « vin », *šampanas* « champagne » et *kava* « café ».

Outre *bigudukai*, les demoiselles lituaniennes connaissent *makijažas* « maquillage » et *oekolons* « eau de Cologne », *parfumerija* « parfumerie » et *bižuterija* « bijouterie ». Notre *mode* est adopté sous la forme *mada*, et notre *à la mode* a inspiré *modelinis*.

Dans les maisons, voici pêle-mêle *lempa* « lampe » et *desertinė lėkštė* « assiette à dessert », *kanapa* « canapé » et *fotelis* « fauteuil », *garde-robe*, *barka* « barque » et *barometras* « baromètre ».

Dans les villes, voilà *bulvaras* « boulevard » et *afiša* « affiche », *garažas* « garage » et *tualetas* « toilettes »... *automobilis*, *autobusas*, *motociklas* et *taksi*.

L'AVENTURE LITUANIENNE DE NAPOLÉON

En Lituanie, Napoléon surgit au dessert. Le millefeuille *napoleon*, pâtisserie d'apparence quelconque (rien à voir avec la forme du chapeau de Napoléon), est très doux... et assez riche : de fines couches de biscuits croquants, beaucoup de crème et de sucre. La préparation du *napoleon* prend trois jours, chaque couche de pâte est en effet aplatie, malaxée, aplatie à nouveau, six fois de suite : il s'agit d'une pâte feuilletée, appelée « pâte française » en Lituanie. Pourquoi ce gâteau a-t-il été baptisé *napoleon* ? Nul ne le sait, mais chacun avance son hypothèse. 1. L'Empereur a pris le temps de s'arrêter en Lituanie durant sa campagne de Russie. Pour célébrer son empreinte dans la culture nationale, les Lituaniens dégustent le *napoleon*. 2. C'était le dessert préféré de l'Empereur. 3. Ce millefeuille est aussi fourni en feuilles que le code Napoléon. 4. Arrosé de *degtme* (vodka nationale), ce délice ultra-calorique fait sur l'estomac des ravages dont on se souvient longtemps !

CURIOSITÉS

Reportagas... *massagas*... *drainagas*... *chantagas*... Ils les aiment, les Lituaniens, ces mots français en *-age*, et ils les assaisonnent à leur sauce. Le lituanien a, en effet, tendance à accommoder les emprunts à l'aide de suffixes, notamment le suffixe *-as* (au singulier) et *-o* (au pluriel). Des exemples ? *Omletas*... *biskvitas*... *kremas*... *šampąnas*...

Il aime aussi fabriquer un mot nouveau à partir d'un vocable emprunté, alors transformé en radical auquel sont ajoutés des suffixes cent pour cent lituaniens. Ainsi, *kremas* « crème » génère *kreminis* « à la crème », *moda* « mode », produit *modelinis* « à la mode » et *bufetas* « buffet » inspire *bufetininkas* « barman ».

Enfin, la panoplie des suffixes lituaniens étant riche, quand des séries entières sont empruntées, chacun des mots trouvera sa forme lituanienne : *glazūruoti* « glacer », *glazūruotas* « glacé », *glazūra* « glaçage »... *modernus* « moderne », *modernizuoti* « moderniser », *modernizavimas* « modernisation », *modernizmas* « modernisme » et *modernistinis* « moderniste ».

En lituanien, emprunter, c'est créer.

Faux amis

En Lituanie, contre toute attente, *sodas* signifie « jardin » et *jūra* désigne la mer.

Décalage

De rudes proverbes lituaniens mettent en garde contre l'esprit de futilité : « La beauté de la femme ne fait pas la soupe grasse »... « Un aveugle n'a pas besoin de miroir »... « L'or brille même dans la boue ».

L'exemple français

Certains mots empruntés au français, tels *pédant* et *banal*, sont peut-être en relation avec l'idée que l'on se fait des Français, en Lituanie. D'autant que, là-bas, le premier est utilisé à la fois comme substantif *pedantas* et comme adjectif *pedantiškas*, qui plus est *pédanterie* et *pédantisme* ont été retenus – respectivement *pedantiškumas* et *pedantizmas*. Avec le second, *banalus*, les Lituaniens ont adopté *banalité*, sous deux formes, *banalumas* et *banalybė*.

Les Lituaniens connaissent aussi la coquette, *koketė*, et la coquetterie *koketiškumas*.

Enfin, *bardakas* (de *bordel*) a été importé. Gageons qu'il n'est plus très utilisé de nos jours. Mais, aujourd'hui, quand on parle de « roman à la française », tout le monde sait en Lituanie qu'il s'agit d'un roman où un homme marié a une maîtresse...

Mot choisi

Cepeliniai… Ce mot désigne une spécialité culinaire. On ne la trouve nulle part ailleurs et elle crée bien des controverses : on déteste ou on devient accro ! Bien que l'origine de *cepeliniai* soit *Zeppelin*, nom d'une marque de ballons dirigeables rigides du début du xxe siècle, ce plat n'est pas particulièrement léger. Les *cepeliniai* sont une sorte de gros gnocchis de pommes de terre, fourrés à la viande, au fromage blanc, aux cèpes… Servis avec une bonne dose de crème fraîche 30 %, des lardons et des oignons. Bombe calorique bien agréable quand on atteint les -30° l'hiver !

CINQUIÈME ÉTAPE

LES LANGUES FINNO-OUGRIENNES

EN ESTONIE

L'estonien, l'une des plus petites langues d'Europe

L'estonien ne fait pas partie de la grande famille indo-européenne. Comme sa sœur finlandaise, la langue estonienne appartient à la branche fennique des langues finno-ougriennes.

Les lointains ancêtres des Estoniens, comme ceux des Finlandais et des Hongrois, sont originaires d'Europe centrale, quelque part à l'ouest de l'Oural. Sous les poussées têtues de peuples indo-européens et turcs, ces peuplades nomades sont allées vers l'ouest, en suivant leurs troupeaux. Les arrière-arrière-grands-parents des Finnois et des Estoniens actuels se sont arrêtés aux rives de la mer Baltique, leurs cousins hongrois se sont établis sur les bords du Danube. Les trois langues ont une incontestable parenté, mais leur séparation est si ancienne que l'intercompréhension est difficile, voire impossible. Entre estonien et finnois, la différence est comparable à celle qui existe entre français et italien, mais entre estonien et hongrois, l'écart est analogue à celui qui sépare français et persan.

Signes particuliers

Le vocabulaire estonien est très composite, assaisonné de mots empruntés au fil des siècles à des langues parfaitement étrangères. Aux langues germaniques et baltes, au vieux slave, au suédois pour les plus anciens. Au russe, à l'allemand, au français, au finnois, à l'anglais, pour les plus récents. Plus que le finnois et le hongrois, la langue estonienne se trouve être fort souple de nature. Une panoplie de suffixes permet d'assimiler aisément les mots étrangers et de les décliner ensuite comme des mots indigènes. Aussi le vocabulaire estonien est-il plus international que celui du finnois.

Si le système des noms est fort complexe, celui des verbes est très simple. Il n'y a pas de forme verbale pour le futur et les verbes à la forme négative ne se conjuguent pas : pourquoi indiquer une personne si l'action n'a pas lieu ?

La fréquence des voyelles en estonien est parmi les plus élevées que l'on puisse trouver dans les langues européennes. Ainsi, des voyelles ou des diphtongues isolées peuvent être porteuses de sens : *öö* signifie « nuit ». Une succession de voyelles soutenues par de rares consonnes peut former un mot : *hauaööõudused* existe et signifie « les affres de la nuit qui tombe ». Certains mots composés peuvent présenter des successions de quatre voyelles identiques, par exemple : *Kuuurijate töööö jääärel*… « La nuit de travail des sélénologues au bord de la glace. »

Écriture et prononciation

L'estonien qui use de l'alphabet latin depuis toujours a vingt-six lettres à sa disposition dont neuf voyelles. Il existe, bien entendu, des conventions de prononciation, en voici les principales :

j correspond au [y] français
ž est notre [j] français
š se prononce [ch]
ö se prononce [eu]
ä équivaut à [é]
ü équivaut à [u]
u se prononce [ou].

À noter une voyelle originale, *õ*, absente en finnois : c'est une sorte de [o] qui s'achève en plaçant les lèvres comme pour dire [eu].

LE DESTIN ESTONIEN DES MOTS FRANÇAIS

Dans ce pays situé loin au nord, les mots français sont arrivés par des voies indirectes. Ils n'ont pas été apportés par les Français, ils ont été convoyés, au fil de l'histoire, par d'autres peuples – les Allemands, les Suédois, les Russes.

Au Moyen Âge, l'Estonie a appartenu aux États allemands. Les villes côtières sont alors des ports de la Hanse. C'est probablement par l'allemand que sont arrivés les premiers mots français, quelque quatre-vingts vocables apparaissant dans les textes écrits aux XVIe-XVIIe siècles. Ce sont des termes d'organisation militaire comme *kuberner* (de gouverneur), *ohvitser* (de officier), *kindral* (de général), *seersant* (de sergent), *marssal* (de maréchal), *kompanii* (de compagnie). On trouve aussi des termes de culture (*tantsima* de danser) ou de gastronomie (*kaneel*, *muskaat*).

Au XVIIe siècle, l'Estonie passe sous la domination de la Suède, pour près d'un siècle. À partir de cette période, encore présente à la mémoire des Estoniens comme « le bon vieux temps suédois », de nouveaux mots français vont arriver, transmis cette fois par les Suédois.

En 1781, un lot de termes gastronomiques français est importé grâce à la traduction « dans la langue de la paysannerie estonienne » d'un livre de cuisine, *Köki ja Ramat Kokka*, publié à Stockholm en 1755. Son auteur est une gouvernante suédoise, Anna Christina Warg. Dans ce volumineux ouvrage conçu essentiellement pour les cuisiniers au service de la haute société (d'où la traduction en langage populaire), on découvre de nombreux mots d'origine française, noms de mets ou de plats, termes culinaires : *soupe*, *bouillon*, *omelette*, *champignon*, *filet*, *entrecôte*, *ragoût*, *roulade*, *purée*, *dessert*, *compote*, *crème*, *chocolat*, *biscuit*... *glacer*, *griller*, *mariner*, *paner*, *friture*, *farce*... On y trouve aussi *bouteille* et *serviette*. Ces noms, dont certains ont été estonisés depuis (*supp*, *bulong*, *omlett*, *antrekoot*, *kreem*, *šokolaad*, *biskviit*), ont servi de base à la terminologie culinaire estonienne.

Conquise par Pierre le Grand en 1710, l'Estonie fut cédée par la Suède aux Russes (1721), les Estoniens restèrent sujets de l'Empire russe jusqu'à sa chute (1918). Au cours du XVIIIe siècle et surtout au siècle suivant, nombre de mots et expressions français sont entrés dans l'usage estonien par le russe, notamment par la littérature. En effet, l'élite russe, très francophile à l'époque tsariste, avait fait de *Guerre et Paix* son livre de chevet, ravie de trouver dans le roman de Tolstoï quantité de tournures françaises. Ainsi arrivent en estonien *tête-à-tête* et *rendez-vous*, *enfant terrible*, *protégé* et *femme fatale*, *cherchez la femme*, *après nous le déluge*, *noblesse oblige*.

Dans la seconde moitié du XIXe siècle et au début de XXe, la bonne société estonienne adopte des mots français liés à l'art (*aparté*, *beaux-arts*), à la mode (*dernier cri*, *vogue*), à la diplomatie (*chargé d'affaires*, *coup d'État*, *raison d'État, bons-offices, laisser-faire*). S'installent aussi, parfois durablement, des expressions ou des expressions utiles à la conversation de bon ton : *au courant, comme il faut... raison d'être... l'art pour l'art, c'est la vie... vis-à-vis, par excellence, à propos.*

Dans le même temps, par l'intermédiaire du russe ou de l'allemand, arrivent de nouveaux termes militaires utilisés dans la forme française ou estonisés : *cadet* et *kadett, manœuvre* et *manööver, sapeur* et *sapöör, armée* et *armee, monture* et *munder, bataillon* et *pataljon, batterie* et *patarei, garnison.*

À l'aube du XXe siècle, sous la houlette du linguiste Johannes Aavik, les Estoniens se lancent dans de grands travaux d'enrichissement de leur langue afin de l'adapter à la culture européenne. De nombreux termes étrangers entrent alors dans la langue estonienne et le français inspire nombre de propositions. Cette hospitalité va cesser quand, pendant l'occupation soviétique (1940-1991), la standardisation de la langue et le strict respect des normes deviennent une forme de résistance nationale.

Comment on parle français, aujourd'hui, en Estonie

Beaucoup d'emprunts faits au français au cours des siècles, ayant subi ou non des transformations orthographiques ou phonétiques, font aujourd'hui partie du vocabulaire courant. Certains ont disparu sans raison apparente : *diktsionäär, juss* (de *jus*), *portföi* (de *portefeuille*). D'autres, vieillis ou peu connus, sont rarement employés car les réalités auxquelles ils se réfèrent n'existent plus : *diligence* ou *diližanss, piköör* ou *piqueur.*

Restent en usage de nombreuses expressions formées,

récemment ou non, sur la base d'unités linguistiques comme *à la*, *en*, *de* : *à la carte*, *à la mode*, *à la glace*, *en détail*, *façon de parler*, *chargé d'affaires*... L'allure française évidente de ces formules semble séduire. Bon nombre d'expressions françaises passent en estonien tout en conservant leur forme originale : *tête-à-tête*, *déjà vu*, *café au lait*, *prêt-à-porter*. Il en est de même pour les sigles : *RSVP* – très utilisé aujourd'hui, même par la jeune génération. Les termes isolés sont, au contraire, volontiers adaptés à l'orthographe et au système phonologique estoniens (*eliit*, *ekraan*). Et, quand les deux versions sont en concurrence, le mot estonisé est aujourd'hui préféré au mot resté dans son jus : *suaree* est en train de supplanter *soirée*.

Les domaines concernés sont sans surprise. La table, avec *café noir*, *café au lait*, *bonbon*. La mode, avec *tualett*, *haute couture*... La culture, avec *art déco*, *comédie noire*, *nature morte*... La politique avec *force majeure*, *ancien régime*, *résistance*, *bourgeoisie*.

Ces dernières années, les jeunes Estoniens, au retour de séjours en France, agrémentent leurs dialogues de petits mots français. Ainsi, dans la vie courante, on sera agréablement surpris d'entendre, ici ou là, *bonjour* ou *au revoir*, *salut*, *pardon* ou *s'il vous plaît*, *rendez-vous*, *bise* et même *mon amour*... Bien plus étonnant, les jeunes Estoniens connaissent *cherchez la femme... femme fatale... après nous le déluge... c'est la vie... voilà... déjà vu... idée fixe... fragile... va banque* et *grand prix*. Ils font usage, à l'occasion, de *par avion*, *au pair*, *carte blanche*, *à la carte* ou *par exemple*.

Stratégies d'adaptation

Pour adapter les mots français, l'estonien a su mobiliser d'autres langues. Pour transcrire le phonème [e], qui en français peut s'écrire de multiples manières, l'estonien a suivi l'exemple de l'allemand ou du russe. La graphie « ai » se transforme en « ä » en estonien sous l'influence de l'allemand : *millionnaire* donne *miljonär*, *révolutionnaire… revolutsionär*, *missionnaire… misjonär*. Il y a également des cas où « ai » se transforme en « e » (*maire* donne *meer*), tout comme le « è » (*manière* donne *maneer*). Il s'agit d'emprunts plus récents, arrivés surtout par l'intermédiaire du russe.

Certains mots gardent leur graphie originale, ils sont tout de même prononcés à la manière estonienne. *Seine* est souvent prononcée [sään] et *Citroën* [sitroään] par les locuteurs estoniens.

Certains termes français, intégrés depuis longtemps, ayant de ce fait subi une adaptation morphologique, phonétique et orthographique selon les règles de l'estonien, sont parallèlement utilisés dans leur forme française. Si *soirée* s'utilise également sous la forme *suaree*, il en est de même pour *nature morte* et *natüürmort*, *rendez-vous* et *randevuu*, *faux pas* et *fopaa*.

Enfin, d'autres mots n'existent que dans leur forme française. Et, même si le système phonétique français reste relativement étranger à l'oreille des Estoniens, la prononciation française de certains d'entre eux est maintenue. Ainsi, *par avion* et *bel-ami* sont prononcés en Estonie de la même façon qu'en France, exactement.

L'aventure estonienne de *Bel-Ami* et de *faux pas*

Bel-Ami, héros du roman éponyme de Guy de Maupassant fit, contre toute attente, une jolie carrière en Estonie. Là, celles et ceux qui ont en tête la référence littéraire appellent *Bel-Ami* un homme populaire parmi les femmes. Pour les autres, *bel-ami* signifie « bel ami » *(kena sõber)*… « bon ami » *(hea sõber)*… « cher ami » *(kallis sõber)*… « mon chéri » *(minu armas)*… Selon.

Faux pas, qui n'est guère utilisé en France par la jeune génération, est au contraire vivant chez les jeunes Estoniens. Qu'est-ce qu'un *faux pas* (qui peut aussi bien s'écrire *fopaa*) ? C'est une gaffe, dans le domaine culturel notamment. En Estonie, ne pas finir son assiette, c'est un *fopaa*.

Curiosités

Les ancêtres des Estoniens sont arrivés, on s'en souvient, en suivant leurs troupeaux de rennes. Si surprenant que cela paraisse, la mentalité des anciens chasseurs de la toundra est encore perceptible… dans la langue.

Comment s'orienter dans un espace immense vide de repères ? Pour chacun, le repère essentiel est son propre corps. En estonien, des prépositions permettant de situer quelqu'un ou quelque chose dans l'espace mobilisent des parties du corps. Pour dire qu'une chose est à côté, on dit « la chose est sur mon oreille ». Pour dire qu'une chose est au-dessus, on dit « la chose est sur la tête ». Pour dire qu'une chose est « dans » ou « près », on dit que la chose est « près de la racine ». C'est-à-dire près de l'endroit où le corps touche le sol.

Faux ami

Que signifie *homme* en estonien ? Curieusement, cela veut dire « demain ».

Décalage

Voici deux proverbes estoniens, l'un évoque un pays couvert, pour plus de la moitié de sa superficie, de forêts, de marais et d'eau, l'autre glorifie le culte luthérien du travail : « La forêt est la pelisse du pauvre »… « Les ampoules aux mains sont plus honorables que les bagues ».

L'exemple français

L'épopée napoléonienne en Europe du Nord semble avoir laissé des souvenirs cuisants dont les expressions qui font allusion aux Français portent la trace. D'abord, on dit *kange kui prantsus* « têtu comme un Français ». Ensuite, on met en garde en ces termes *Ma näitan sulle, kudas Prantsust Moskvas käis !* « Attends que je te montre comment les Français sont allés à Moscou ! » Enfin, après une violente dispute conjugale on dira *Seal löödi küll täna Prantsust maha* « Aujourd'hui, on a tué des Français ».

Mot choisi

Le mot choisi en Estonie est *mulk*. Au sens propre, un *Mulk* est un habitant du *Mulgimaa* « Terre des Mulk », situé au sud de l'Estonie. « C'est aussi un personnage qui a, depuis toujours, la réputation d'être riche et entreprenant, mais aussi arrogant et près de ses sous. »

EN FINLANDE

Le finnois, une langue énigmatique

Le finnois est une langue finno-ougrienne. Ce nom laisse entendre que cette langue est apparentée au hongrois – il ne dit pas que l'estonien et le same, parlé par les Lapons, appartiennent à la même famille. Les langues finno-ougriennes sont également appelées « ouraliennes ». Cette appellation indique leur origine supposée : des régions situées à l'ouest de l'Oural. Mais les sœurs vivent séparées depuis si longtemps qu'elles ne sauraient s'entendre aujourd'hui. Une centaine de racines, pas davantage, sont communes au finnois et au hongrois.

Inutile de dire qu'aux yeux des Français, le finnois est une langue énigmatique. Pour entrer dans la langue finnoise, un francophone ne peut s'accrocher à aucun mot connu.

Signes particuliers

Qui plus est, le finnois est une langue agglutinante : il emploie une multitude de suffixes quand nous utilisons pronoms ou prépositions. De là, une abondance de cas dans la déclinaison – quinze sont officiellement recensés. De là, aussi, la possibilité de forger des mots par adjonction de suffixes. Si l'on peut dire sans risquer de se tromper que le mot français le plus long est « anticonstitutionnellement », il n'est pas possible d'accrocher la même étiquette à un mot finnois car on pourrait sans doute ajouter encore un petit quelque chose qui le rendrait encore plus long, sans que l'on puisse pour autant garantir qu'un autre mot ne serait pas en mesure de lui faire concurrence…

Cette aisance à fabriquer des mots se conjugue avec une certaine retenue vis-à-vis de l'emprunt. Si le finnois a subi des influences baltes, scandinaves et russes, il a peu emprunté. La raison en est que cette langue est rigoureuse et économe. Quand il s'agit, pour une langue, de s'adapter pour prendre en compte l'évolution des connaissances, des habitudes, des techniques, il y a deux possibilités. Elle peut recourir à l'emprunt ou bien tirer parti de ses ressources propres pour s'enrichir en fonction de ses nécessités. Ainsi fait le finnois qui s'est fixé trois règles. Ne pas emprunter quand il existe un terme autochtone (pas de fantaisie, on ne cède pas à la mode). Ne créer des termes que sur des bases attestées (rigueur). Et seulement si le mot nouveau vient combler une lacune (économie).

La conjugaison finnoise ignore le futur. L'idée de futur est exprimée au moyen d'une périphrase (*tulla* « venir » + infinitif) ou par le présent.

Écriture et prononciation

Le finnois s'écrit au moyen de l'alphabet latin, il fait partie des langues privilégiées du monde qui se prononcent comme elles s'écrivent et s'écrivent comme elles se prononcent. Il est ainsi très facile d'apprendre à lire le finnois (pour les enfants finnophones cet apprentissage est bien plus facile que pour les jeunes francophones). La dictée est un exercice quasiment inutile dans les écoles en Finlande et le culte de l'orthographe y est inexistant – si l'on excepte les polémiques récurrentes sur l'orthographe des mots composés.

Voici les conventions de prononciation essentielles :

j se prononce [y], à l'allemande (comme dans mayonnaise)

r est roulé

y est l'équivalent du [u] français

ö se prononce [eu]

a est ouvert et long, *ä* est plus court et fermé

z est prononcé [ts].

Le *š* et le *ž*, lettres qui ne sont utilisées que dans les mots d'emprunt, se prononcent [ch] et [j] : *Tšaikovski* (Tchaïkovski) et *Brežnev* (Brejnev).

Le destin finlandais des mots français

Les principes de rigueur et d'économie évoqués plus haut le laissent supposer, peu de mots étangers se sont installés dans la langue finnoise. Celle-là renferme tout de même un lot modeste de mots français. La plupart d'entre eux ne sont pas arrivés directement, ils ont été introduits par le suédois et l'allemand.

À partir du XIVe siècle, la majeure partie de la Finlande est annexée au royaume de Suède. Une élite suédoise forme les cadres du pays – les chefs provinciaux font bientôt partie de la noblesse –, tandis que la Hanse amène dans les villes de nombreux Allemands qui établissent des relations avec l'élite commerciale locale.

Ainsi, par l'intermédiaire de l'Allemagne et de la Suède, la civilisation courtoise européenne imprègne peu à peu la Finlande, si bien qu'au XVIe siècle l'influence française avait atteint les mœurs et les valeurs – esthétiques, intellectuelles et laïques – de la société finlandaise.

D'une part, la Finlande étant devenue partie intégrante de la Suède – et, partant, de l'Europe catholique –, les universités européennes s'ouvrent aux Finlandais. Au Moyen Âge, des dizaines d'entre eux étudient à la faculté de théologie de la Sorbonne pour devenir ensuite prêtre ou évêque en Finlande. D'autre part, des relations commerciales s'établissent entre la Finlande et l'Europe occidentale : les navires apportent tissus, vins, épices et produits de l'industrie métallurgique, ils emportent poissons, peaux d'animaux, graisse de phoque et fourrures.

Tout cela favorise les échanges culturels ou linguistiques mais, dès la réforme luthérienne (1521), la proximité avec la France est moindre et la Finlande, désormais tournée vers les pays germaniques luthériens, se trouve isolée de l'Europe du Sud.

Pourtant, à partir du XVIIe siècle, les relations entre France et Finlande allaient s'intensifier quelque peu, cette fois à la suite de contacts directs – pacifiques ou non. Des troupes finlandaises enrôlées sous la bannière du roi Gustave Adolphe de Suède viennent, à la faveur de la guerre de Trente Ans, envahir quelques villages des confins de l'Alsace et de la Lorraine. En 1736-1737, le mathématicien Maupertuis et le physicien Celsius séjournent en Laponie pour une délicate mission de mesure de l'aplatissement de la rotondité de la terre aux pôles. Puis, la France de Louis XV avance les sommes nécessaires à la construction du fort de Suomenlinna, devant Helsinki – il s'agit alors de décourager d'éventuelles visées russes sur la Finlande.

L'influence française est perceptible, au XVIIIe siècle, mais elle est limitée socialement (effective au sein de l'aristocratie d'origine suédoise) et géographiquement (sensible en Savonie, pays entourant la petite ville de Savonlinna, où l'on chante aujourd'hui encore une *Marseillaise* en finnois).

Au XIXe siècle, une influence culturelle notable – philosophie, littérature, musique – vient d'Allemagne. Et cela durera jusqu'à la Seconde Guerre mondiale. Par ailleurs, les idées issues de la Révolution avaient renforcé l'identité finlandaise. La Finlande étant devenue grand-duché autonome au sein de l'Empire russe en 1809, les tsars russes, également grands-ducs de Finlande, parfois marqués – comme Alexandre Ier – par les idées des Lumières, ont laissé les Finnois développer leur culture et leur langue, avec en arrière-pensée l'idée de les rendre ainsi indépendants vis-à-vis des Suédois.

C'est probablement au XIXe siècle que sont arrivés des termes relevant des domaines de la diplomatie, de la politique ou de l'administration : *konflicti* et *compromissi*, *presidentti* et *ministeri* (ministre), *ministeriö* (ministère) et *konsulaatti* (consulat), *oppositio* et *poliisi* (police), *budjetti* (budget)… *minimizoida* (minimiser), *monopolizoida* (monopoliser), *manipuloida* (manipuler) et *diskreditoida* (discréditer). Les Finlandais, à la différence de bien des Européens, n'ont pas retenu *ambassade*, préférant forger *suurlähetystö*. Tous ces termes, somme toute plutôt techniques et assurément internationaux, sont aujourd'hui ressentis comme français par mes informateurs finlandais. Le premier mot français venant à l'esprit de Mirja Nysten-Treps est *force majeure*…

Le finnois a encore accueilli des adjectifs quelque peu abstraits : *aktiivinen* et *passiivinen* (actif et passif), *intensiivinen* (intensif)… *pessimisti* et *optimisti*, *korekti*. Parmi quelques rares termes culturels empruntés par le passé, *asetti* (petite assiette), *lila* (lilas, couleur) et *charmikas* (charmant)…

Au début du XXe siècle, au moment où les intellectuels finlandais, qui cherchent à donner une identité à leur nation, regardent du côté de l'Europe, il se peut que des mots aient été empruntés au français – bien que l'allemand et le suédois aient eu davantage de chances d'être sollicités. Cette période étant aussi celle où se développe le finnois (au détriment du suédois qui est la seconde langue officielle), il est probable que les mots empruntés aient été savamment transformés afin de se fondre dans la langue finlandaise.

Comment on parle français, aujourd'hui, en Finlande

Aujourd'hui encore, c'est l'absence de nom finnois pour désigner une réalité qui motive l'emprunt et le français peut alors être sollicité. Au cas où un équivalent existe – cela arrive –, on peut employer le mot français s'il est ressenti comme plus élégant, plus précis, plus sérieux ou, au contraire, plus amusant que son équivalent finnois. En outre, les emprunts au français étant peu nombreux (largement inférieurs aux anglicismes récemment implantés), ils sont plutôt bien accueillis, et ce depuis la seconde moitié du XXe siècle.

En 1952, Helsinki accueille ses premiers jeux Olympiques d'été. C'est une date relativement importante puisque la Finlande reçoit à cette occasion un nombre important d'étrangers sur son territoire. C'est aussi le début de l'ouverture de la Finlande sur le monde : pour la première fois de leur vie, les Finlandais voient débarquer une nouvelle boisson, le Coca-Cola, mais aussi des personnes à la couleur de peau différente. Ce type d'événement, propice au bouleversement des mentalités, favorise l'ouverture aux échanges culturels et linguistiques.

Depuis peu, grâce à un certain rayonnement culturel dont bénéficie la France, de nombreux Finlandais s'intéressent à la langue française. Le développement des universités et de leurs systèmes d'échanges, l'entrée de la Finlande dans l'Union européenne en 1995 (et les problèmes de traduction qui s'ensuivirent : il faut parfois une longue phrase pour traduire un mot français), mais aussi l'arrivée sur le marché de grandes compagnies finlandaises comme Nokia (téléphone) ou Kone (ascenseurs et élévateurs), l'Internet, la littérature et la télévision (le film *Amélie Poulain* a eu un succès fou là-bas !) favorisent sans doute le voyage de mots français vers la langue finnoise.

Trouve-t-on, aujourd'hui, des termes français, en Finlande ? Oui, et en premier lieu dans le domaine de la gastronomie.

Dans les établissements luxueux – dont l'enseigne comporte souvent les mots *restaurant* ou *bistro* –, le *menu* ou *Menu « De luxe »* réserve quelques surprises : *cocktail « Passion Mimosa »... canapés, escargots, quichea* (quiche), *gratinoitua* (gratiné)... *gruyere, camenbert... parfait, petits fours, sukla* (chocolat), *kerma* (crème).... Dans les bons restaurants, on utilise l'expression *Kahvi avec* « Café avec ». Le café est alors accompagné d'une liqueur.

Dans toutes sortes d'endroits, luxueux ou non, les mets proposés sont exposés et cela s'appelle *buffet*. Là-bas, le pain français est loin d'être inconnu : sous l'appellatif *patonki*, littéralement « bâton », on trouvera notre baguette, et *ranskanleipä* signifie précisément « pain français ». Exception en Europe, on ne trouvait point, en Finlande, trace de notre *omelette*. On dit *munakas*, mais, depuis peu, on dit aussi *omeletti*. Autres arrivages récents : *entrecôte, brie, crème... Vichy* (les eaux minérales sont toutes dénommées ainsi) et *shamppanja* (désigne le champagne et tous les vins pétillants).

Quelques appellations font directement référence à la France. Les Finlandais ont imaginé deux manières de désigner nos frites nationales : *ranskanperunat*, littéralement « pommes de terre françaises » et *ranskalaiset*, littéralement

« les Français » ! On trouve aussi là-bas des *ranskan pastillit* « pastilles françaises ». Et on fait grand usage, dans le domaine culinaire, des expressions *à la crème* et *à la française*. Surprise, on utilise notre *À table !*

Dans les villes, point de mots français, à l'exception de *esplanadi* (esplanade) et *terassi* (terrasse). *Garage* est inconnu (les Finlandais ont forgé le mot *autotalli*), *taxi* s'utilise mais il a un équivalent finnois *vuokra-auto*. Dans les maisons, on reconnaîtra *lamppu* (de *lampe*), mais on s'abstiendra de prononcer un mot ressemblant plus ou moins à *téléphone*. Ce mot international est inconnu en Finlande ; ici, on dit *puhelin*, c'est comme ça.

Les autres termes français en usage aujourd'hui sont plus communément répandus ailleurs : *rendez-vous* (importé récemment), *à propos*, *déjà vu*. L'expression *C'est la vie !* est très appréciée pour plusieurs raisons : elle est tout d'abord intraduisible en finnois (elle serait beaucoup trop longue) mais surtout elle représente assez bien notre culture du « laisser-vivre ».

C'est probablement une certaine attirance pour les manières françaises qui a inspiré aux Finlandais une utilisation curieuse de la préposition *avec*. Sur un carton d'invitation, la mention *avec* suggère que la présence du compagnon ou de la compagne est souhaitée. Usage tout à fait inconnu du français.

Fantaisie en forme de À

Il n'existe pas à proprement parler d'accents en finnois. Cependant, dans les mots empruntés au français, on peut trouver un accent grave, notamment dans certaines expressions comme *à table*, *à la française*, *à la crème*. Curieusement, le finnois a importé la préposition *à* sans la modifier le moins du monde. Trouve-t-on joli ce *a* accentué, en Finlande ? Outre sa présence dans les expressions évoquées plus haut, la préposition est, en finnois, spécialisée dans le sens de « prix unitaire » : *10 kpl à 5,50 €* « 10 exemplaires à 5,50 € pièce ». On parle aussi de *à-hinta* « prix à l'unité ». À noter que cet *à* est souvent écrit par erreur *á* : l'accent grave se transforme en accent aigu.

L'aventure finlandaise de *laïcité*

Le cadre historique, idéologique et politique de la Finlande est très différent de celui de la France, pourtant le mot français *laïcité* apparaît de plus en plus souvent dans les conversations et les médias finlandais. La loi française du 15 mars 2004 sur la laïcité à l'école a éveillé la curiosité des Finlandais, qui vivent dans un pays où l'Église évangélique luthérienne et la confession orthodoxe grecque ont le statut d'Églises d'État, où la notion de laïcité semble loin des préoccupations. Les gloses imaginées pour rendre compréhensible ce mot aux Finlandais montrent à la fois la difficulté de saisir ce concept « exotique » et la nécessité de l'introduction de ce mot français qui n'a aucun équivalent finnois. Pour gloser *laïcité*, certains proposent *maallisuus*, littéralement « le fait d'être terrestre », d'autres préfèrent *huilaki*, littéralement « la loi du foulard ».

Curiosités

Le finnois considère comme un tout l'ensemble formé par les deux yeux (*silma*), les deux bras (*kasi*)... Par conséquent, pour former les mots *borgne* et *unijambiste*, il ajoute au nom le mot *puoli* qui signifie « moitié » : *silmapuoli*, *kasipuoli*.

Faux ami

En Finlande, peut-être entendrez-vous *mustikka* [moustika]. Et vous penserez à notre *moustique*. Vous ferez erreur. Là-bas, *mustikka* signifie « myrtille » !

Décalage

« L'habit ne fait pas le moine » est rendu en Finlande par une métaphore culinaire : *Moni kakku päältä kaunis*, littéralement « Beaucoup de gâteaux sont beaux de l'extérieur », ou *Ei muoto murkinaksi kelpaa* « Ce n'est pas l'apparence qui rend quelque chose mangeable » (version peut-être moins courante).

« Rien ne sert de courir, il faut partir à point » s'exprime à travers une image facétieuse : *Ei ole kiirettä kirkkoon, pappi on vielä paitasillaan*, littéralement « Pas besoin de se dépêcher vers l'église, le pasteur est toujours en chemise ».

L'équivalent finnois de notre « Il vaut mieux tenir que courir », très imagé, nous transporte à la campagne : *Parempi pyy pivossa kuin kymmenen oksalla* « Mieux vaut une perdrix dans la sacoche que dix sur une branche ».

Voici un autre proverbe connu dans toute la Finlande, derrière lequel on perçoit des habitudes culturelles. Ce qui le rend intraduisible en français : *Jos ei viina, terva ja sauna auta, sitten täytyy kuolla*. On peut traduire cela par « Si la vinasse, le goudron et le sauna n'y peuvent rien, alors la maladie est fatale ». Le goudron est une sorte de friandise ressemblant à de la réglisse salée et extrêmement forte.

L'exemple français

Selon Kévin Courtois, il est fort probable qu'il n'existe, en finnois, aucune expression faisant référence aux Français et à leurs bonnes ou mauvaises habitudes. « Il existe bien entendu des stéréotypes sur les Français : "ils sont orgueilleux, ils n'aiment que leur propre pays et langage, ils arrivent en retard aux rendez-vous" dans le pire des cas, "ils savent s'habiller, ils cuisinent bien et sont très romantiques" dans le meilleur. Mais les échanges franco-finlandais ayant été peu nombreux jusqu'à présent, cela n'a mené à aucune création linguistique. »

Mots choisis

Ce pays au climat extrême, où les nuits sont plus longues que les jours, ce pays où l'on parle une langue qui ignore un temps – le futur –, ce pays-là a forgé un peuple pourvu de la *sisu*. C'est le mot choisi par mes deux ambassadeurs, Anneli Airaksinen, journaliste finlandaise vivant en France, et Kévin Courtois, français, étudiant en anthropologie, amoureux de la Finlande.

Anneli parle ainsi de *sisu* : « Les Finlandais se reconnaissent dans le mot *sisu* qui renvoie à un univers difficilement traduisible en français, un mot propre à l'identité culturelle finlandaise. Le fameux *sisu*, censé caractériser le peuple finlandais, est un mélange de courage, de hardiesse, d'endurance et de persévérance, forgé autant par l'histoire nationale tumultueuse que par l'adaptation aux conditions climatiques difficiles. *Sisu vie miehen vaikka läpi harmaan kiven*, dit un proverbe finlandais que l'on peut traduire ainsi : « Le *sisu* aide l'homme à traverser même la pierre grise. »

Voici ce que dit Kévin de *sisu* : « C'est indubitablement le terme auquel on pense si l'on doit parler de la Finlande et de sa culture. N'importe quel étranger sera vite amené à comprendre ce qu'il signifie pour les Finlandais, mais il est intraduisible dans les autres langues. On pourrait le traduire par "courage", "opiniâtreté" et tous leurs synonymes… En fait, le *sisu* c'est cette force de volonté extrême qui anime l'âme finlandaise : c'est le *sisu* qui leur permet de survivre aux rigueurs de l'hiver, qui leur permet de résister aux chaleurs extrêmes de leurs saunas, qui leur a permis de résister aux forces russes pendant la Seconde Guerre mondiale, mais aussi de remporter des compétitions sportives de haut niveau (Paavo Nurmi, Mika Häkkinen et Kimi Räikkönen entre autres). C'est vraiment le caractère national finlandais par excellence, parfois allant même jusqu'à prendre une connotation négative : le Finlandais restera dans toutes les situations inflexible et raide. C'est aussi une force cachée, une ressource de dernier instant. Dans tous les cas, il s'agit d'une force intérieure qui ne se veut pas "agressive". En Finlande, on trouve beaucoup de produits sous l'appellation *sisu*, notamment ces pastilles de goudron censées soigner les cas désespérés, mais aussi des navires brise-glace par exemple. Il y a cette image qui m'a toujours fait rire, dont m'avait parlé un ami finlandais : il faut imaginer un homme qui s'assoit sur l'entrée d'une fourmilière, le cul nu et qui patiente là sans dire un mot. C'est ça, le *sisu*. Cela leur fait faire souvent des choses complètement idiotes, mais ils en sont fiers. »

EN HONGRIE

Le hongrois, une mystérieuse étrangère

Le hongrois est une langue finno-ougrienne, lointaine cousine du finnois et de l'estonien. Ces trois langues sont des exceptions en Europe : elles ne sont point d'origine indo-européenne. Elles n'ont par conséquent quasiment rien à voir avec la langue française. Autrement dit, la langue hongroise, appelée langue magyare par les Hongrois, est une mystérieuse étrangère. Quelle est son origine ?

Pour autant que l'on puisse remonter loin dans le temps, c'est quelque part à l'ouest de l'Oural que seraient nées ces énigmatiques finno-ougriennes, il y a trois mille ans. Les peuples indo-européens et turcs ayant poussé hors de leur berceau les populations établies entre Oural et Baltique, les tribus magyares, après avoir nomadisé quelques siècles dans la région de l'actuelle Ukraine, se sont établies sur les bords du Danube au IXe siècle. Au siècle suivant, la langue écrite apparaît et les Magyares se convertissent au christianisme. Conséquence ? Le latin devient la langue officielle et le restera jusqu'au XVIe siècle (assez de temps pour laisser des traces) avant de céder la place à la langue populaire, ancêtre du hongrois actuel.

Signes particuliers

Le hongrois ? Une langue agglutinante à harmonie vocalique, selon les linguistes. Ces mots barbares cachent des phénomènes qui, pour être subtils, n'en sont pas moins simples.

À l'instar des autres langues agglutinantes, le hongrois marque les thèmes grammaticaux par un jeu très complet de suffixes qui jouent le rôle de nos prépositions. Qui plus est, en hongrois, ces suffixes prennent souvent deux formes, selon la voyelle contenue dans le radical. Par exemple, avec le suffixe -ra/re indiquant un « mouvement vers », on aura Budára « vers Buda », et Pestre « vers Pest ». C'est cela, l'harmonie vocalique. Ce jeu avec les voyelles claires (comme le *e*) et les voyelles sombres (comme le *a*), évoqué par nos grammairiens comme une complication, révèle plutôt la dimension esthétique de la langue hongroise qui, par ailleurs, se montre tout à fait pragmatique.

Que se passe-t-il lorsqu'un mot comporte des voyelles claires et sombres, ce qui est le cas dans les emprunts ? La dernière voyelle l'emporte. Prenez le mot *fotel* (du français fauteuil), ajoutez le suffixe *-ban/ben* indiquant une « localisation dans », vous obtenez *a fotelben* « dans le fauteuil ». Un jeu d'enfant.

Trace notable de l'influence latine, le hongrois connaît les pronoms relatifs, inconnus des langues finno-ougriennes. Autre exception, le hongrois use de l'article défini singulier, placé, comme en français, avant le nom, mais sans distinction de genre. Conséquence : un Hongrois s'exprimant en français s'emmêle facilement les crayons quand il s'agit d'accorder l'article au substantif.

Écriture et prononciation

Bien que l'on ait utilisé, jusqu'en 1850, les runes hongroises dans certaines régions de Hongrie, le hongrois s'écrit en caractères latins, de manière quasiment phonétique. Ainsi, le voyageur français débarquant à Budapest pourra « lire » les enseignes et les panneaux, les affiches et tout texte qui se présentera à son œil curieux.

Prononcer est une autre affaire. L'alphabet hongrois est riche de vingt-six lettres susceptibles de se combiner, celles-là supportent en outre des accents qui les modifient… De sorte qu'il existe quarante-quatre unités de sons différentes.

Voici les principales conventions de prononciation :

g est toujours dur, *h* n'est jamais muet et *r* est roulé
s se prononce [ch]
cs se prononce [tch]
sz est toujours [s dur] et *zs* est prononcé [j]
dzs se prononce [dj]
j est la semi-voyelle [y]
u et *ú* se prononce [ou], *ű* se prononce[u]
ó se prononce [ô] et *ő* [eu]
a est ouvert et long, *au* est une diphtongue [a-ou].

LE DESTIN HONGROIS DES MOTS FRANÇAIS

Au cours d'une longue histoire, des contacts religieux, politiques ou culturels ont favorisé l'implantation de mots français en hongrois.

Les plus anciens datent des XIe-XIIe siècles, ils sont arrivés avec les moines cisterciens. Ce sont, en fait, des mots wallons :

tárgy « objet », de *tare*, *kilincs* « clanche », de *clinche*, *lakat* « locquet ». Sans doute cette influence française précoce a-t-elle été renforcée sous le règne hongrois des rois angevins (1308-1437).

Aux XVIIe-XVIIIe siècles, l'influence française est réelle. Elle s'établit d'abord de manière directe, en Transylvanie, puis de manière indirecte, par le truchement de l'Autriche.

Au cours du XVIIe siècle, l'ouest de la Hongrie passe sous la domination autrichienne, les Turcs occupent le centre, l'est forme l'État autonome de Transylvanie. Dans cette lointaine principauté – qui restera indépendante jusqu'en 1691 –, l'influence française se fait sentir à la faveur des alliances entretenues par Louis XIII et Louis XIV. À la fin du XVIIe siècle, la cour transylvaine est toute française, mais, protestante ou janséniste, elle est puritaine, ce qui contrecarre quelque peu l'attrait pour ce qui vient de France, le théâtre notamment. En 1711, après avoir chassé les Turcs de la Hongrie centrale, les Habsbourgs occupent la Transylvanie et l'absolutisme de la monarchie autrichienne remplace bientôt pour les Hongrois l'occupation turque.

Au cours du XVIIIe siècle, plusieurs facteurs concourent à étendre l'influence française en Hongrie. D'une part, une tradition francophile se maintient en Transylvanie où un témoignage isolé signale des comédiens français en 1773. D'autre part, les calvinistes hongrois vont étudier la théologie en Suisse ou en Hollande et vivent là en milieu français, tandis que la pédagogie des jésuites fait souvent à la France une place d'honneur. En outre, les jeunes nobles hongrois de l'École des gardes trouvent à Vienne une cour très francisée. Enfin et surtout, les Habsbourgs ouvrent les milieux aristocratiques hongrois à l'influence française.

De 1711 à 1780, et en particulier sous le règne de Marie-Thérèse d'Autriche (1740-1780), la Hongrie est sous domination autrichienne. Alors que l'adhésion du pays à la Réforme avait favorisé la langue et la culture magyares, les Habsbourgs imposent, avec la Contre-Réforme, un retour à la langue latine. L'influence française passe désormais par le truchement des nobles hongrois dont les privilèges sont reconnus par Vienne. Entre 1752 et 1772, ceux-là peuvent applaudir, au théâtre de Vienne, les comédies de Molière, en français. Ces comédies entrent dans les bibliothèques des seigneurs hongrois. Elles parviennent aussi dans les collèges où, à l'imitation des jésuites français, on se met à les « adapter » à l'usage de la jeunesse. On possède ainsi deux *Bourgeois Gentilhomme* sans rôles féminins (1769 et 1789). Les premières traductions fidèles sont imprimées en Transylvanie : *Le Mariage forcé* et *Le Médecin malgré lui* (1791), *Les Fourberies de Scapin* (1793). Ces traductions figurent jusque vers 1814 au répertoire des troupes de Pest et de Kolozsvar qui les jouent un peu partout dans le centre et l'est du pays.

À partir du XVIIIe siècle, la cour des Habsbourgs introduit en Hongrie l'art de vivre à la française, notamment l'art d'habiter. En témoignent *parketta* « parquet » et *lámpa* « lanterne » (aujourd'hui « lampe, suspension »), *szekreter* « secrétaire » (aujourd'hui « armoire ») et *toilette-asztalka* « table de toilette », *szalon* « salon » et *budoar* « boudoir », aussi appelé *intim női szalon* (*női* signifie « féminin »). Jolie surprise, un lot de sièges aux noms parfois délicieusement désuets : *fotőj* ou *fotel* « fauteuil », *sezlon* « chaise longue », *kanapé* et *dívány* « divan », *karosszék* « bergère » (de *carrosse*, nom d'un fauteuil) et *rokokó karosszék* « fauteuil Pompadour » (selon un dictionnaire hongrois contemporain)... Arrivera un peu plus tard le fameux *récamier*, lit de repos mis à la mode par Juliette Récamier. *Rekamié*, toujours en usage en Hongrie, désigne aujourd'hui un canapé-lit ou un convertible.

Par ailleurs, dans le même temps, les idées françaises de progrès, de liberté et de révolution imprègnent la manière de penser des intellectuels libéraux hongrois. Ainsi, en 1789, le poète hongrois János Batsányi apostrophe les grands seigneurs hongrois en ces termes « Pour prévoir votre sort, jetez vos regards attentifs sur Paris ».

Après les idées philosophiques, les idées républicaines, issues de la Révolution de 1789 et relayées par l'Empire, pénètrent en Hongrie, entre 1791 et 1811. C'est, là comme ailleurs en Europe, l'apogée des Lumières françaises, mais la noblesse hongroise, effrayée, se rapproche des Habsbourgs. Une alliance avec l'Autriche est maintenue pendant toutes les guerres menées contre la France révolutionnaire et impériale. Des expressions hongroises se référant au français, aux Français ou à la France datent des guerres napoléoniennes. Voici l'histoire de l'une d'entre elles.

Napoléon, voyant la sollicitude des Hongrois envers les malheureux, leur a laissé nombre de ses soldats blessés. Ceux-là furent bien soignés par la population, bien qu'entre les uns et les autres la communication ait probablement été très réduite. Ces événements ont inspiré l'expression « *Beszélhetsz neki mint a beteg franciának* », ce qui signifie « Tu peux lui parler comme aux Français malades ». Autrement dit « autant pisser dans un violon », quoi que l'on dise, cela n'aura aucun effet.

Au XIXe siècle, quelques mots français arrivent dans les bagages de colons venus de France, beaucoup empruntent la voie littéraire.

À partir du XVIIIe siècle, dans le cadre d'une politique d'occupation menée par les Habsbourgs, des colons venus de l'Est de la France s'installent en Hongrie, ils sont cultivateurs, artisans, ouvriers en laine, vignerons. En 1875, on dénombre 11 692 Français, installés dans six villages – dont certains ont porté des noms français, tels Saint-Hubert, Charleville et Seultour. Sur les enseignes, on pouvait lire noms et mots français : « Lafleur, maréchal-ferrant » « Chambré, tailleur pour hommes » « Michaud, épicier ». Ce sont les seules traces écrites de cette immigration française. Dès la génération suivante, le français, qui a résisté quelque temps dans la pratique religieuse, s'était perdu.

À l'aube du XIXe siècle, la lecture, la traduction, l'imitation des écrivains et des philosophes français contribuent au grand renouveau de la littérature hongroise, et le succès de Molière se confirme. De 1791 à 1811, des représentations hongroises du *Mariage forcé*, du *Médecin malgré lui*, des *Fourberies de Scapin*, du *Cocu imaginaire*, de *L'Avare*, du *Malade imaginaire*, sont attestées à Buda, Pest, Debrecen, Kolozsvar, Naganyed, Marosvasarhely, Nagyvarad.

Des sympathies politiques se maintiennent entre Hongrie et France, les résistants hongrois à la domination autrichienne ont les yeux tournés vers les mouvements révolutionnaires de Paris et Vienne et une révolution éclate en Hongrie le 15 mars 1848. Elle est suivie d'une vaste répression et, en 1867, la monarchie austro-hongroise est créée, elle se maintiendra jusqu'en 1914.

À la différence de ce qui s'est passé ailleurs en Europe, le français n'a jamais été, en Hongrie, la langue avouée de l'élite. C'est l'allemand (proclamé langue officielle en 1785) qui assurait cette fonction. Mais, dans les milieux éduqués, la majorité des emprunts au français arrivent, au XIXe siècle, par la voie littéraire. Une aristocratie polyglotte colporte des mots piochés dans les romans et mettant en scène une aristocratie un brin décadente. Voici *bordély(ház)* « maison de tolérance », *garzsonlakás* « garçonnière » (*lakás* signifie « appartement »)… *sanzon* « chanson », *biliárd* « billard », *kárty* « cartes », *treff* « trèfle », *kőr* « cœur », *káró* « carreau », *pikk* « pique » et *ász* « as »... De nouvelles figures apparaissent : *gavaller* « chevalier servant » (de *cavalier*), *kujon* « chaud lapin » (de *couillon*), *kokott* « courtisane » (de *cocotte*) et *madam* « mère maquerelle », *zsandár* « gendarme » et *sofőr* « chauffeur »... Côté toilette, voici, pour les messieurs, de quoi se vêtir à la française : *pantalló* « pantalon », *angol kosztűm* « costume anglais » (*kosztűm*, sans la mention *angol*, peut aussi bien désigner un costume qu'un accoutrement) et *zsakett* « veste de smoking » (de *jaquette*)... Les dames ont de quoi se faire une beauté : *parfűm*, *rózsavíz* « eau de rose », *kőlniviz* « eau de Cologne » et *rúzs* « rouge à lèvres ». *Drapp* (de *drap*) désigne une couleur, bis, écru, beige, par référence aux draps de lin.

Ces mots sont témoins de la fascination exercée par la culture française, en Hongrie, aux XVIIIe-XIXe siècles. L'histoire allait se charger de briser ce penchant gallomaniaque.

Au lendemain de la Première Guerre mondiale, le traité de Trianon (4 juin 1920) prive la Hongrie d'une grande partie de son territoire. Ce démantèlement, conséquence de l'appartenance au clan des vaincus, est ressenti comme un châtiment par les Hongrois qui tiennent pour responsables les Alliés et, plus particulièrement, Georges Clemenceau et les Français. Des voix s'élèvent contre cette opinion, notamment celle de Vilmos Huszár, rédacteur en chef de la *Revue de Hongrie*, et de ses collaborateurs : « Le peuple français est tout aussi innocent de l'éclatement de la guerre que de la signature du traité de Trianon. En plus, la plupart des Français ignorent à peu près tout du démembrement de notre pays. Donc, il n'y a pas d'obstacle à la continuation des contacts amicaux. »

Mais c'est probablement à cette époque qu'entre en Hongrie l'expression « je m'en fous »... *Zmafu* est encore vivace aujourd'hui.

Dans l'entre-deux-guerres, les universités ainsi que le Collège Eőtvős de Budapest, calqué sur le modèle de l'École normale supérieure de Paris, maintiennent l'influence culturelle et scientifique française.

La Seconde Guerre mondiale ne remet nullement en cause la présence française en Hongrie, d'autant qu'un millier de prisonniers de guerre français évadés des camps allemands y trouvent refuge, ce qui renforce les sentiments d'amitié. Après avoir rencontré quelques obstacles au cours des années de guerre, l'enseignement du français connaît un nouvel essor au sein des écoles, lycées et universités hongrois, des étudiants hongrois accèdent à des bourses d'études en France.

Malheureusement, l'installation dans la guerre froide conduit à une rapide détérioration des relations culturelles et scientifiques. Le processus de nationalisation engagé place, dès 1948, sous tutelle étatique l'ensemble des établissements d'enseignement, le tout jeune lycée français de Budapest et quelques autres écoles catholiques jouissant de l'aide française en viennent à quasiment disparaître. Un arrêté gouvernemental de 1949 institue l'enseignement obligatoire du russe dans les écoles primaires et secondaires, en même temps qu'il supprime l'enseignement des autres langues étrangères. Des chaires de français, seule celle de l'Université de Budapest maintient son activité, avec une audience réduite.

Au moment de la révolution de 1956, quand la Hongrie secoue le joug soviétique, elle n'est pas soutenue par l'Europe de l'Ouest, et le pays des droits de l'homme reste indifférent, ce qui n'a pas contribué à resserrer les liens amicaux et culturels entre Hongrie et France.

Mais, peu à peu, les mauvais souvenirs s'effacent, la jeunesse hongroise circule, importe des mots français, dans le domaine de la mode notamment. Des termes de gastronomie s'installent en Hongrie où, si l'on a l'ambition d'être serveur ou cuisinier, il faut apprendre à parler français.

Comment on parle français, aujourd'hui, en Hongrie

La jeune génération a le sentiment qu'il existe des mots français dans la langue magyare mais doit faire un effort pour les trouver. Suzsa Vidraz, l'une de mes informatrices, a l'idée d'interroger sa mère qui se révèle une mine. La même jeune fille utilise *zmafu* (de « je m'en fous ») sans avoir conscience de son origine française. Elle cite spontanément *retikűl*, issu de *réticule*, petit sac à main assez chic. Ce mot assez désuet en français est encore en usage en Hongrie, mais il désigne n'importe quel sac à main.

Dans le domaine de la mode, les jeunes Hongroises ont d'ailleurs à leur disposition quelques mots évoquant la France : *bluz* « chemisier », et *trottőr-cipő* « chaussures-trotteurs », *dezabijé* « deshabillé » et *neglizsé*, de *négligé*, qui désigne une nuisette, *bizsu* (bijou de pacotille) et *neszeszer* (trousse de toilette).

Il suffit de déambuler dans les rues de Budapest pour humer le parfum désuet des mots français. Certains, importés à la Belle Époque, bénéficient encore d'une aura favorable exploitée par les commerçants désireux d'attirer la clientèle des touristes. La ville fourmille d'enseignes aux noms français : *Memoár café*... *Rendezveni cafe*... (où *rendezveni* est un pluriel fantaisiste de *rendez*-vous)... *Antikvitás*... *Porcelán*... *La Belle époque*... *Gourmand*... *Konfektió*... *Elegantia*...

Notre *salon* est fort prisé, il est utilisé sur les enseignes des instituts de beauté, *Bio beauty szálon*, *Kosmetika szálon*, *Massazse szálon*. *Szálon* désigne aussi un salon de couture, d'essayage, et *szalongarnitúra*, le mobilier de salon. Il est aussi fait un usage charmant de notre *délicatesse*, comme en témoignent ces deux enseignes : *Bon-bon Delicatesse*... *Souvenir Delicatesse*.

Dans les lieux publics, on ne cherchera pas longtemps le vestiaire, celui-ci est signalé par la mention *garderob*.

D'autres mots évoquent, dans la Hongrie d'aujourd'hui, les villes françaises : *penzió* « pension de famille » (ce genre d'enseignes tend à disparaître), *magazin* et *butik* (utilisés dans les années 1980), *passage*, *pavilon* (de *pavillon*) ou *kioszk* (de *kiosque*) qui désignent l'un et l'autre un kiosque à journaux), *kávézó* « café » et *restaurant*. Le mot *restaurant* et son homologue hongrois *eterem* sont tous deux utilisés, quelquefois ensemble sur une même enseigne. Voici encore trois termes urbains : *postahivatal* « bureau de poste », *terasz* « terrasse, terre-plein » et *bulvar* (de *boulevard*, désigne une voie de circulation importante, dans la périphérie des villes).

Des mots français, on en trouvera d'autres encore, au restaurant. À commencer par notre chère *omelette*, sous la forme *omlett*, mais ce terme est moins courant que le mot hongrois *rántotta*. Voici encore *carpe*, *pűré*, *ragu* « ragoût, frichti » et *cordon-bleu*, *krém* et *majonéz*, *saláta* et *francia saláta* (cette « salade française » est une salade de légumes).

Sur le *Menű*, on peut trouver une rubrique *Gastronomia*. Sur la carte des cafés (souvent écrit *café*, à la française, ou *kávé*, à la turque), on peut choisir *melange* ou *frape*.

La *baguet* désigne un sandwich fait avec un pain blanc, qui ressemble à notre baguette, alors que l'on dit *sandwich* quand il est fait avec des tranches de pain bis.

Dans les bonnes confiseries, on découvre avec bonheur *csokoládé* (chocolats)... *praliné*... *bon-bon*... *trűffel* (truffes)... *drazsék* (dragées).

Encore vivantes aujourd'hui, ces petites formules empruntées au français : *agyő* « adieu », *pardon*, aussi courant que son homologue hongrois, *apropo* « à propos » et *bon appétit*. J'ai entendu ce dernier, utilisé par jeu, avec ce commentaire « *It is the only word I know in french* ». Le très cosmopolite *dézsávű* « déjà vu », au sens de « impression de déjà-vu » est un mot français qui vient rapidement à l'esprit de mes interlocuteurs. *Randevú* est là, mais dans son sens le plus banal. S'il s'agit d'un rendez-vous galant, on dit *szerelmi légyott*, en pur hongrois… *Ribillió*, de *rébellion* n'est-ce pas, est le mot qui vient à l'esprit en cas de tumulte, de branle-bas, de vacarme.

Le français en usage en Hongrie est une trace de la Belle Époque, antérieure aux événements douloureux qui ont marqué le XXe siècle. Les jeunes Hongrois en jouent parfois, non sans ironie. Ainsi *affektált*, issu de notre *affecté*, qualifie de manière très ironique quelqu'un qui manque de simplicité et *madam* est lancé, sur un ton badin ou humoristique, à une dame maniérée.

Du français dans l'argot hongrois

Les Hongrois se sont approprié quelques mots français, parfois avec l'aide de leurs voisins germanophones, pour enrichir leur *argo*. Ainsi *projekt* (de *projet*) désigne celui ou celle que l'on veut séduire… *Bulcsi*, qui signifie « fête » a été imaginé d'après *buli*, mot d'argot hongrois reproduisant l'allemand *boule*, lui-même emprunté à un terme de jeu français, *poule* « total des mises »… *Fájintos* « très bien » vient du français *fin*, par l'intermédiaire de l'allemand *fein*… Le verbe *kussol* « se taire » est arrivé par l'allemand argotique *kusch !* « tais-toi », impératif du verbe *kuschen* « garder le silence, se tapir », lui-même issu du français.

Hospitalité hongroise

Le peuple hongrois ayant un passé vagabond, la Hongrie étant une terre de passage, entourée de peuples slaves et germains, la langue hongroise a, par la force des choses, assimilé un nombre important de termes étrangers. Soixante pour cent du vocabulaire hongrois seulement est authentiquement magyar.

Qu'elles soient indo-européennes comme l'allemand, slaves comme le russe, ouralo-altaïques comme le turc, les langues des pays qui ont cerné la Hongrie n'ont aucun lien de parenté avec la langue magyare. C'est sans doute pour cela que les mots étrangers ont été transformés. Si la magyarisation des vocables empruntés aux autres langues est un réflexe identitaire, elle n'en est pas moins pragmatique.

Parmi ces mots étrangers qui ont élu domicile en terre magyare, un joli lot de mots français. « En voulant vérifier l'orthographe des mots dans le dictionnaire », me dit Eva November, ma première ambassadrice hongroise, « j'ai découvert avec effroi et bonheur que, sur chaque page, il y avait quantité de mots hongrois qui viennent du français ».

En ce qui concerne les mots français, les plus récemment adoptés ont subi peu de modifications : *rúzs* « rouge à lèvres », *toalett* « toilettes » ou *camenbert*. Les plus anciens ont souvent été adaptés : *gratinírozott* « gratiné », peut-être emprunté *via* l'allemand, *lavór* « bassine », de *lavoir* ou *szekrény* « armoire », de *secrétaire*. Ces modifications, légères, n'oblitèrent pas l'origine. On reconnaît sans peine les mots français sous leurs habits magyars. Ils ont quelque chose en plus, un parfum nouveau. Voilà le cadeau subtil de la langue magyare à la langue française. L'autre demeure autre, mais une exquise hospitalité lui est offerte.

L'AVENTURE HONGROISE DE *JE M'EN FOUS*

En Hongrie, on peut entendre, ici ou là, *nekem smafu* [nékème chmafou]. Littéralement, « à moi égal », *nekem smafu* veut dire « cela m'est égal ». Ce *smafu* est la transcription à l'oreille hongroise d'une expression française... « Je m'en fous ». Accommodé à la sauce hongroise, *smafu* est adjectif, il qualifie une chose que l'on ne peut prendre au sérieux. *Smafu az egész!*... « Tout ça n'est pas sérieux ! » On pourrait traduire *Smafu!* par « Foutaises ! ».

Smafu fait partie du vocabulaire des jeunes et des moins jeunes. Les premiers en usent parfois sans connaître l'origine française du mot.

CURIOSITÉS

Langue de nomades, nécessité de se repérer dans des espaces vides, la motivation profonde est certainement là : le hongrois dispose d'une ribambelle de suffixes décrivant le lieu. Qui plus est, ce lot bien fourni est complété par une panoplie de postpositions exprimant, pour chaque localisation, le lieu où l'on est, où l'on va, d'où l'on vient. Par exemple *az épűletek kőzé*... *az épűletek kőzőtt*... *az épűletek kőzűl* signifient respectivement « vers l'espace entre les bâtiments »... « entre les bâtiments »... « de l'espace entre les bâtiments ».

FAUX AMI

Kukorica pourrait être une onomatopée, elle pourrait traduire le chant du coq ? Pas du tout. *Kukorica* désigne le maïs.

Décalage

« Tel est pris qui croyait prendre » est rendu en hongrois par *Aki másnak vermet ás, maga esik bele.* Traduction : « Celui qui creuse un trou pour piéger quelqu'un finira par y tomber lui-même. »

L'exemple français

Voilà une expression qui en dit long sur les sentiments qui peuvent animer les Hongrois quand il s'agit de la France et des Français. *Menj a fráncba !*, mot à mot « Va en France ! » pourrait être traduit exactement par « Va te faire foutre ! ». L'expression date peut-être des guerres napoléoniennes : Napoléon était attendu en libérateur, les Hongrois ont été déçus. Ou est-ce une retombée du traité de Trianon ? Cette interjection est d'autant plus brutale que, selon certains, en évoquant la France, on évoque du même coup le « mal français ». En effet, le mot *franc* [frantz] signifiait autrefois la France et, il y a un siècle, le même mot désignait la syphilis. Aujourd'hui ce sens a disparu mais l'expression *Menj a fráncba !* est restée et elle est utilisée pour envoyer promener quelqu'un : « Va te faire voir chez les Français ! »

Mots choisis

Marianne Körmendy, hongroise, linguiste, traductrice et interprète, a choisi *elképzelés* et *illető*.

« J'ai longtemps réfléchi à cette question. En fait, le mot que j'ai choisi est le mot *elképzelés*, nom formé à partir du verbe *elképzel* "imaginer". Or, *elképzelés* – c'est le problème – signifie quelque chose de très complexe et très simple en même temps : une idée et la représentation que l'on a de sa réalisation. Le mot n'est pas l'équivalent exact de "conception", on pourrait le rendre par une périphrase "idée préalable de quelque chose".

Et un autre mot, plus terre à terre – pour me faire pardonner… *Illető* désigne une personne qui a déjà été évoquée dans la conversation ou dans le texte. Par exemple : J'ai téléphoné à un ami mais je suis tombée sur un inconnu. Cette personne, *az illető*, m'a dit que mon ami n'était pas là. »

SIXIÈME ÉTAPE

LES LANGUES SLAVES

EN TCHÉQUIE

Le tchèque, une slave structurée

Nous restons au cœur de l'Europe, mais le paysage linguistique change considérablement. Après la Hongrie, plus aucune langue finno-ougrienne à l'horizon. Le temps est venu de notre première rencontre avec la branche slave de la grande famille indo-européenne. Pour plus de précision généalogique, disons que le tchèque, comme ses sœurs slovaque et polonaise, appartient à la branche slave occidentale.

Le tchèque est très proche du slovaque et, à un moindre degré, du polonais. Entre les jumelles tchèque et slovaque, qui ont été en contact permanent par l'intermédiaire de la radio et de la télévision nationales – bilingues jusqu'à la partition de la Tchécoslovaquie en janvier 1993 –, l'intercompréhension ne pose aucun problème. Si la tradition veut que Tchèques et Slovaques se chamaillent à travers les mots, cela se passe dans la bonne humeur : là où le vocabulaire diffère, chaque ethnie s'amuse à utiliser « son » mot.

En pays tchèque, l'histoire a pesé sur l'évolution de la langue. Il y eut une littérature tchèque florissante au XIVe siècle, au début du siècle suivant, le réformateur Jan Hus établit l'orthographe tchèque moderne, et le premier livre a été publié par Gutenberg en Bohême. Mais, la défaite protestante de la Montagne-Blanche (1620) marqua la fin de l'autonomie de la Bohême vis-à-vis de la Maison des Habsbourgs et une politique de germanisation à outrance occulta l'usage du tchèque pendant trois siècles. Une résistance, assurée par les aristocrates, les instituteurs et les livres, favorisa l'émergence d'un mouvement de renaissance culturelle et nationale tchèque vers 1815. Un siècle plus tard, le tchèque devint la langue officielle de la Tchécoslovaquie, État indépendant créé en 1918.

Signes particuliers

La langue tchèque a été interdite si longtemps qu'elle s'est figée – ce qui n'est pas arrivé au slovaque. Elle donne, avant tout, l'impression d'être très structurée.

L'apprentissage du tchèque est considéré comme difficile. C'est une langue complexe (c'est le moins que l'on puisse dire !) puisque tout se décline – article, pronom, nom, adjectif et prénom – et le tout en sept cas différents. Qui plus est, les prépositions ne sont pas toujours suivies des mêmes cas, les exceptions sont légion et, cerise sur le gâteau, il existe un féminin, un neutre mais aussi les masculins animés et… inanimés.

Le tchèque comporte en outre deux pluriels suivant le numéral : de deux à quatre on utilise le pluriel normal, à partir de cinq et au-delà, on utilise le génitif (comme le français « beaucoup de »). Par exemple, *jeden hrad* (un château), *dva hrady, tři hrady, čtyři hrady* (deux, trois, quatre châteaux), *pět hradů, šest hradů* (cinq, six châteaux)…

Enfin, la déclinaison rendant évidente la fonction des mots, l'ordre en est assez libre. On réserve la place finale à ce sur quoi l'on veut insister :

Češi udělali revoluci « les Tchèques ont fait la révolution » ;

Revoluci udělali Češi « ce sont les Tchèques qui ont fait la révolution » ;

Češi revoluci udělali « les Tchèques ont vraiment fait la révolution ».

Écriture et prononciation

Bonne nouvelle, il n'est pas nécessaire d'apprendre l'alphabet cyrillique. En Tchéquie, comme dans les pays slavophones où la religion orthodoxe n'est pas majoritaire, on utilise certes l'alphabet latin, mais celui-ci est enrichi de quelques lettres dont la prononciation peut poser quelques problèmes :

č équivalent à [tch]
š équivalent à [ch]
ž équivalent à [j]
t' se situe entre [t] et [k], et *d'* se situe entre [d] et [g]
ň est intermédiaire entre [n] et [gn]
ř se rapproche d'un [r roulé] suivi d'un [j] ou d'un [sh]
ě correspond à [yé].

En outre, *j* est la semi-voyelle [y], *c* se prononce [ts] et *u* se prononce [ou].

Le destin tchèque des mots français

Les Pays tchèques n'ont pas échappé à l'influence du français à partir du XVIIIe siècle. La Bohême et la Moravie, alors sous la tutelle de Vienne et des Habsbourgs, ne pouvaient que recevoir l'influence culturelle française et, là comme ailleurs, le français est la langue élue par l'aristocratie et les personnes cultivées. Ceux-là vont accueillir, aux XVIIIe-XIXe siècles, des mots français évoquant un certain art de vivre. La toilette, avec des noms de vêtements féminins : *blúza* « chemisier », *negližé* et *korzet*, *jupka* (qui désigne une veste de femme) et *vesta* (qui désigne un gilet). Quelques accessoires et tissus : *paruka* « perruque » et *žabó* « jabot », *žoržet* « crêpe georgette ». L'art d'habiter est évoqué par *alkovna* « alcôve » et *budoár*, *kanape*, *divan* et *lustr*, *sekretár* et *byro*. Le joli *toaleta* ou *toaleta stolek* désigne une table de toilette.

La francophilie connut, dans les pays tchèques, son âge d'or dans la seconde moitié du XIXe siècle et au début du siècle suivant – jusqu'en 1914. Une fois n'est pas coutume, le politique, le culturel et le linguistique furent unis pour le meilleur.

En 1870, les députés tchèques sont les seuls en Europe à protester contre l'annexion de l'Alsace-Lorraine. Une décennie plus tard, les Tchèques dénoncent vigoureusement l'alliance entre l'Autriche-Hongrie et l'Allemagne, dirigée notamment contre la France. Dans ce contexte francophile, à partir de 1889, des délégations tchèques et françaises prennent l'habitude de se rendre régulièrement visite. En 1892, à Nancy, le député Podlipny, meneur des gymnastes tchèques, déclare à la presse : « Français et Tchèques sont frères. » En 1901, la réception organisée par la mairie de Prague à son homologue parisien est un véritable triomphe populaire, il s'ensuit un double baptême, celui de la « rue de Prague » (à Paris) et de la « rue de Paris » à Prague.

Comme d'autres pays d'Europe, les révolutions françaises et le modèle politique qui en est issu ont laissé des traces dans le vocabulaire : *revoluce* « révolution », *atentát*, *policie* « police », *president*, *ministr*, *ministerstvo finansí* « ministère des Finances », *konsulát*, *byrokrat*. *Portfelje* a été emprunté par les Tchèques, mais il est utilisé uniquement dans l'expression *ministr bez portfelje*, ministre sans portefeuille attitré.

Le sentiment francophile tchèque est lié à l'éveil de la

conscience nationale, au désir d'indépendance vis-à-vis de la puissance des Habsbourgs. Thomas Masaryk, qui sera le premier président de la première République tchécoslovaque, écrit en 1925 : « Les sympathies pour la France, les idées de la Révolution française furent pour nous, à l'époque de notre renaissance nationale, un puissant appui intellectuel et politique. »

L'ancrage de la francophilie est tangible en Bohême et en Moravie. Avant 1914, on dénombre une vingtaine de groupements francophiles (Alliances françaises, clubs français et cercles français) et, à la veille de la Première Guerre mondiale, deux élèves sur trois apprennent le français. Plus de 2 500 livres sont traduits du français et publiés entre 1848 et 1914 dont 120 rien qu'en 1913 – soit environ un tous les trois jours. Les répertoires des théâtres ne sont pas en reste : de 1881 à 1914, près de trois pièces sur dix jouées au Théâtre national de Prague sont d'origine française. Sur ce dernier point, les Pays tchèques ne constituaient nullement une exception en Europe centrale.

Dans ce contexte, la culture française constitue un puissant antidote à la mainmise de la culture allemande. Parler français est un moyen d'éviter de parler l'allemand. Or, la langue française est massivement enseignée dans les écoles tchèques dites « réales ». Ces filières d'enseignement apparaissent à la fin des années 1860, elles comprennent l'enseignement obligatoire de deux langues vivantes. Les Allemands des pays tchèques refusant l'idée du tchèque obligatoire, c'est le français qui est choisi – à côté de l'allemand – comme langue obligatoire !

Enfin, au tournant du XIXe siècle, en Bohême comme ailleurs en Europe, l'attrait pour le français est un phénomène de société. Signe d'aristocratie, langue du « monde », le français séduit une bourgeoisie tchèque – mais aussi allemande – en plein essor et devient la langue privilégiée de son ascension.

D'honnêtes bourgeois se retrouvent, ne serait-ce qu'une fois par semaine, dans de nombreux groupements francophiles pour converser en français, « langue du salon » qu'ils n'ont guère l'occasion de pratiquer autrement, les relations commerciales avec la France étant fort peu développées. Le *bonton* est de règle... En fin d'année, on n'oublie pas la formule *Pour féliciter* (très souvent abrégée en *PF*) obligatoire sur les cartes de vœux... On peut laisser échapper *šumafuk*: s'il est issu de « je m'en fous », il signifie « ça m'est égal »... Au détour de la conversation, dès que l'occasion se présentera, on glissera *kuraz* « courage », *šance* « chance », ou *nonšalance* (signifie « négligence »), *malér* « malheur », *pakatel* « bagatelle » ou *tuzér* « douceur »... On évoquera les uns et les autres, le *gentil* (beau, noble, sur le plan physique et moral – cela correspond au sens ancien du mot français) et le *bonvivan* (bambocheur).

L'entre-deux-guerres est une belle période pour la francophilie, en Tchécoslovaquie. On lit beaucoup la poésie française, traduite en tchèque par Karel Capek (par ailleurs inventeur du mot *robot*) – le tirage tchèque des œuvres aurait été supérieur au tirage français, dit-on. Paris demeure un phare culturel jusqu'aux accords de Munich (1938) et, au-delà, perdure une relation intime à la langue française, comme en témoigne l'œuvre de l'écrivain d'origine moldave Milos Kundera.

Comment on parle français, aujourd'hui, en Tchéquie

Bien que, au XXe siècle, le réveil national tchèque ait déclenché un désir d'épurer la langue de ses latinismes, germanismes et francismes (ainsi vont disparaître *théâtre*, *avion*, *secrétaire*, *conversation*, *scrupule*), il demeure en tchèque un grand nombre de mots français.

Dans une récente édition, le quotidien *Lidové noviny* publiait un supplément spécial consacré à la fête nationale française et aux relations franco-tchèques. Le journal avait alors choisi de résumer la situation avec le titre suivant : *Citový vztah k Francii trvá* « Notre attitude envers la France reste sensible, sentimentale ». Jaroslav Stichauer, professeur au département de français de la faculté des lettres de l'Université Charles à Prague, remarquait que beaucoup de mots assimilés par la langue tchèque étaient d'origine française, les lexiques intellectuel et artistique étant, selon lui, les plus riches, avec des termes comme *aranžmá* « arrangement », *ateliér*, *režisér* « régisseur », *montaž* « montage », *šampion*...

En Tchéquie, la langue française est aujourd'hui perçue comme un luxe, elle est associée aux bonnes manières. Les garçons apprennent l'anglais et l'allemand, les filles l'anglais et le français.

Beaucoup de termes français se sentent à Prague comme à la maison, surtout depuis ces dernières années. Voici, en ville, *garaž* « garage » et *refuž* (*refuge* désigne le quai de la station de tramway)... *apartmá* (appartement de luxe ou suite dans un grand hôtel), *garsonka* (de *garçonnière*, désigne un simple studio) et *tabarin* « cabaret » (du nom d'un célèbre cabaret de Montmartre)... *paraple* « parapluie » et *toaletny* « papier-toilette »...

Si, à Prague, on vous adresse une lettre en *poste restante*, pour la retirer, il faut impérativement prononcer les *e* finals : *poste restante*. Sinon, on ne vous remettra pas votre lettre et « vous resterez comme caca bouse » ! Oui, les Tchèques ont inventé cette expression hybride fort réjouissante : *Netvar se jako kakabus*.

Ce n'est pas une surprise, le français est ici indissociable du savoir-faire culinaire. Les Tchèques connaissent *restaurace* « restaurant », *šéf*, *nouvelle-cuisine*, *menu* et *couvert*.

Nous retrouvons *omeleta*, *majonéza*, *bešamel* et *šampiony*, le champignon de Paris. Et nous découvrons *foie gras*, *escargot*, *kakhna* « canard », *kotleta* et *rostbeaf* (nécessairement très cuit, rien n'est parfait)... *gratinovat* « gratiner » et *sóte*.

Côté *dezert*, voici *karamelovy krém* « crème caramel », *šokoláda*, *krep* et *brioška*. Deux surprises : *piškot* (de *biscotte*) désigne un biscuit à la cuillère et *banánek* (lié à *banane*)... un éclair (par analogie de forme, sans doute). Pour finir en beauté, *šampanšké !* Les Tchèques ont donné au champagne un petit nom *šampus* et ils ont baptisé *šampuska* notre flûte à champagne.

Enfin, une chose surprenante. Les Tchèques qui rêvent à la mer depuis des lustres sont, en Europe centrale, les seuls à avoir donné des noms aux fruits de mer. « Fruits de mer » a été tout bonnement calqué : *mořké plody*, et d'une. Le français a inspiré *krab*, *kreveta*, *langusta*, *ustrice* « huître » et *mušle* « coquillage » (de *moule*), et de deux. Le tchèque a fabriqué, à partir de ses propres ressources, *krabmoršy rak*, littéralement « crabe crabe de mer » qui désigne le tourteau, *sédiva*, littéralement « grises » qui désigne les crevettes grises et *ružova*, littéralement « roses », qui désigne les crevettes roses, et de trois. Après tout, peut-être, les Tchèques – qui ont aussi le mot *plaž* – doivent-ils cette fantaisie à Shakespeare qui a situé le royaume de Bohême au bord de la mer ?

L'AVENTURE TCHÈQUE DE *BUFFET*

Notre *buffet* a voyagé vers les pays tchèques. Si son apparence a quelque peu changé (un *f* s'est perdu en chemin), sa polysémie est restée intacte. Ainsi *bufet* désigne aussi bien un meuble de salle à manger… un dressoir sur lequel sont servis des plats froids… un café-restaurant, notamment dans une gare.

CURIOSITÉS

Les Tchèques se distinguent de tous les autres Slaves en cela : ils ont une lettre chérie, une lettre que même les Slovaques n'ont pas, une voyelle, *ř*, qui se prononce à peu près [rz]. Je dis bien « à peu près » car les gosiers étrangers sont rétifs à la bonne prononciation. Les étudiants, de génération en génération, font la même blague. Ils repèrent un étranger et lui demandent, par exemple, de dire *Mařenka* (petite Marie). On raconte qu'un jour ils ont trouvé un Indien bolivien qui a réussi !

Le tchèque comporte un certain nombre de mots absolument dépourvus de voyelle : *zmrzl* (il a gelé)… *ztvrdl* (il a durci)… *scvrkl* (il a rétréci)… *blb* (imbécile)…*vlk* (loup)… *smrt* (mort). Et, contre toute attente, ces mots-là sont prononçables.

Autre sujet d'étonnement, une seule lettre peut constituer un mot. Exemples : *v* « à, dans », *u* « chez », *s* « avec ».

Faux amis

Des mots français implantés en territoire tchèque ont été si bien acclimatés qu'ils ont changé de sens. C'est le cas de *galanterie* et de *blamáž*.

Ainsi, en tchèque, *galanterie* peut désigner un magasin – disons, une mercerie –, ce qui n'a plus grand-chose à voir ni avec la courtoisie que les hommes distingués témoignent aux femmes ni avec un propos flatteur.

Le mot *blamáž* traduit le sentiment que l'on éprouve lorsque l'on s'est rendu ridicule par un acte ou un comportement. Un dictionnaire contemporain traduit *blamáž* par « courte honte ». Un sens qui n'a donc plus grand-chose à voir avec l'expression d'un jugement moral défavorable ou une sanction disciplinaire. En revanche, ce mot français fort ancien, *blamage*, a pris, en allemand, un sens identique. *Blamáž* fait donc partie de ce lot de mots français convoyés en pays tchèque par l'allemand.

Décalage

Le tchèque est riche d'expressions évoquant la consommation de boissons alcoolisées et les désordres engendrés par une telle pratique. Parmi celles-là, beaucoup sont en rapport avec les jambes. Par exemple, lorsque l'un des convives hésite à prendre un deuxième verre, on tente de le convaincre en lui glissant « quand même, tu ne vas pas sauter à cloche-pied, sur une seule jambe » *nebudeš přece skákat o jedné noze*, ou alors on lui conseille d'en reprendre un pour la seconde jambe *dát si ještě do druhé nohy*. Lorsque l'ivresse terrasse l'un des convives, les Tchèques pourront affirmer, en faisant preuve de beaucoup de compréhension : « il s'est emmêlé les pinceaux » *spletl si nohy*. L'expression « avoir deux pieds gauches » *mít obě nohy levé* est une métaphore de l'ivresse, mais elle peut aussi traduire la maladresse, la gaucherie. Dans ce dernier cas, le français dirait « avoir deux mains gauches ».

L'EXEMPLE FRANÇAIS

Si la langue ne ment pas, les Tchèques semblent apprécier certaines spécialités, chez les Français. La toilette, comme le suggère *pařiská móda* « mode de Paris »... La cuisine, comme en témoignent *francouzský sýr* « fromage français » et *francouzské brambory* « gratin dauphinois » (littéralement « patates françaises »)... L'amour, car revoici, dans sa version tchèque, le fameux « baiser français » *francouzský polibek*... L'art des jardins, car on parle, en Tchéquie, de *francouzský park* « jardin français »... Et le sens pratique, car cette sorte de clé universelle que nous appelons « clé anglaise » a été transformée en *francouzský klič* par nos amis tchèques qui ont même donné à cet humble objet un petit nom affectueux, *francouzák*.

MOT CHOISI

Jiri Slavicek, « Georges Rossignol » en français, est journaliste, tchèque, il vit en France et a choisi *knedlík*.

« Selon mes amis et moi-même, ce mot tchèque gagnerait à être connu. *Knedlík*... Uniquement partagé, jusqu'à présent, avec la Bavière et une grande partie de l'Autriche, le *knedlík* vient de la cuisine et fait partie du plan national. On le traduit en français par "quenelle", mais cela nous semble tout à fait impropre. De quoi s'agit-il ? De la farine, un peu de sel, le tout cuit à l'eau. Ces "boules" peuvent être ajoutées à toutes sortes de sauces. Ce qui, en Bohême, en Moravie, en Bavière et en Slovaquie, et aussi, en partie, en Autriche, a dû influencer la société, capable de consommer le présent à n'importe quelle sauce. Depuis six mois, à Bruxelles, s'est ouvert le premier restaurant de *knedlík*. On mange des *knedlík* en se saoulant à la bière. On voit où en est l'Europe. »

EN SLOVAQUIE

Le slovaque, une slave nuancée

Sur la branche slave occidentale de la famille indo-européenne, la langue slovaque a poussé, à côté de ses sœurs polonaise et tchèque. Les trois slaves ont un sérieux air de famille – un Polonais, un Tchèque et un Slovaque pourraient communiquer sans interprète. Le slovaque est plus proche de l'ancien slave (slavon) que le tchèque, qui est plus jeune. Entre le slovaque et sa cadette, il n'existe pas de sérieux motif d'incompréhension. Les plus jeunes peuvent toutefois éprouver des difficultés lors de l'emploi de certains mots très différents, ou d'une expression orale trop rapide.

Longtemps réservé à l'usage familial, mais pratiqué par toutes les classes de la société, le slovaque a fait son entrée sur la scène publique à la fin du XVIIIe siècle, au moment de l'éveil de la conscience nationale. Il a alors été codifié sous l'impulsion d'Anton Bernolák (1790), puis standardisé par Ludovít Stúr, qui créa en 1845 le premier quotidien slovaque. Après le compromis austro-hongrois de 1867 (qui mit fin aux espoirs slovaques d'autonomie vis-à-vis des Hongrois), la politique de germanisation pratiquée par les Habsbourgs laissa la place à une politique de magyarisation et le slovaque fut alors interdit dans les écoles et les institutions publiques. Il parvint à survivre dans les églises et dans les publications à caractère nationaliste, puis fut réhabilité en 1918, lors de la création de la Tchécoslovaquie. Il devint alors langue d'État. Mais le tchèque étant alors la langue officielle, son usage était obligatoire et le slovaque se trouva de nouveau confiné à l'espace privé, jusqu'à la partition de la Tchécoslovaquie en 1993.

Signes particuliers

Du fait de son histoire, le slovaque est une langue moins figée, plus flexible que le tchèque. Aujourd'hui, c'est la langue slave qui évolue le plus. Son apprentissage rencontre un succès grandissant car la maîtrise du slovaque facilite la compréhension de l'ukrainien, du russe et du polonais.

Langue souple, la langue slovaque se prête bien à l'expression des nuances. Langue de l'intimité, elle adore les diminutifs. Les Slovaques inventent sans cesse des diminutifs affectueux et bien des prénoms ont leur diminutif. Les Tchèques reconnaissent à leurs voisins une certaine poésie « le slovaque, ça chante, ça met de bonne humeur ».

Certes, sa grammaire complexe en fait une langue difficile pour les non-Slaves. Le slovaque se décline. Il existe sept cas, appliqués différemment selon qu'il s'agit de noms, adjectifs ou pronoms, selon le genre (féminin, masculin ou neutre) et selon la terminaison du mot. Si l'on y ajoute les exceptions, ceci aboutit à plusieurs centaines de déclinaisons possibles… Un vrai casse-tête.

Une particularité concerne les noms propres féminins. Ils se distinguent de la forme masculine et se terminent en *ová* (ou en *á* lorsque le masculin se termine en *ý*). Par exemple, Monsieur, Madame Legros se traduirait ainsi : *Pán Legros*, *Paní Legrosová*.

Écriture et prononciation

À vrai dire, un peu compliqué… L'héritage catholique a favorisé l'écriture latine, mais l'alphabet tchèque diffère du français par certains détails et, comme on sait, le diable est dans les détails. Il est complété de différents signes pour préciser les nuances de prononciation. Par exemple, l'apostrophe ou l'accent circonflexe inversé mouillent la lettre et correspondent en pratique à l'ajout d'un *i*, un accent aigu sur une voyelle marque son allongement (celle-ci est alors prononcée deux fois). Les combinaisons de voyelles *ou*, *au*, *eu* ne se prononcent pas en un son unique comme en français, chaque voyelle est prononcée séparément. En fin de mot, les lettres consonnes sont assourdies : un *v* se prononce [f].

L'alphabet comporte des lettres supplémentaires ou différentes :

č équivalent à [tch]
š équivalent à [ch]
ž équivalent à [j]
ň est intermédiaire entre [n] et [gn]
ä se rapproche de [è]
j est la semi-voyelle [y]
c se prononce [ts].

Du côté des choses simples, les mots slovaques se prononcent comme ils se lisent et l'accent tonique est toujours sur la première syllabe.

Le destin slovaque des mots français

Les liens de la France avec les pays tchèques (Bohême et Moravie) ont été évoqués précédemment. Les relations entre la France et le pays slovaque sont bien différentes, du moins jusqu'au XXe siècle.

Celles-ci commencent au Moyen Âge avec la présence de souverains angevins. Les règnes de Robert d'Anjou (1308-1342), puis de son fils Louis (1342-1382) sont considérés par les historiens comme le « Moyen Âge d'or » de la Slovaquie – sous domination hongroise depuis quatre siècles déjà. Les Slovaques doivent à Robert et Louis d'Anjou – surnommé « Louis le Grand » par les Slovaques – le développement des mines et la création de l'Hôtel des monnaies de Kremnica (qui obtint en 1328 le statut de ville royale libre), la reconnaissance de l'égalité des droits entre les citoyens slovaques et allemands de Zilina, la mise en place de relations de bon voisinage entre les pays d'Europe centrale symbolisées par la rencontre de Visegrad (1335) qui réunit le roi de Hongrie, Robert d'Anjou, le roi tchèque Jean de Luxembourg et le roi polonais Casimir. Il n'existe pas de traces avérées de cette présence française dans le vocabulaire slovaque.

Pour la période moderne, les historiens soulignent l'impact des révolutions françaises – porteuses des valeurs fondamentales de liberté et de droit des peuples – sur le renforcement du sentiment national slovaque. Après celle de 1789, les idées nouvelles d'émancipation voyagent avec l'armée napoléonienne qui, par ailleurs, inflige des défaites à l'armée autrichienne, à Ulm et Austerlitz. Au lendemain de cette dernière, le 26 décembre 1805, dans la capitale slovaque, est signé le traité de Presbourg. De l'épisode napoléonien, il reste des traces.

Quelques soldats de la Grande Armée sont restés sur place. Aujourd'hui, leurs descendants, citoyens slovaques, portent des patronymes français. Un mot français inattendu est arrivé avec les armées napoléoniennes en Europe centrale, *mariage* – en slovaque, *mariaž*. C'est un jeu de cartes, très proche de la belote française. Il y a une quinzaine d'années, des Français voyageant dans cette région de l'Europe ont été surpris d'entendre, en arrivant sur la place d'un petit village, des hommes attablés absorbés par une partie de belote… en français.

La révolution française de 1830 inspire l'action de Ludovít Štúr, idéologue et organisateur du mouvement d'émancipation nationale (1835-1855). Dans le sillage de la révolution de 1848, les Slovaques portent leur revendication d'autonomie devant les Hongrois, alors révoltés contre les Habsbourgs. On retrouvera, en Slovaquie comme dans tous les pays d'Europe qui ont, à un moment clé de leur histoire, tourné les yeux vers le modèle révolutionnaire ou institutionnel français, ces mots : *opozícia*, *atentát*, *revolúcia*, *represia* « répression », *polícia… prezident*, *minister* « ministre », *ministrestvo* « ministère », *konzulát*, *sekretár*.

La Slovaquie s'est longtemps trouvée dans une position de soumission vis-à-vis des Habsbourgs. À la différence de sa voisine hongroise, dont les élites, en relation avec la cour de Vienne, ont pu ainsi accéder à la culture française, la Slovaquie est restée en retrait du courant européen francomaniaque des XVIIIe-XIXe siècles. Le peuple slovaque, essentiellement constitué de paysans et de montagnards, a été appauvri par la domination hongroise et autrichienne qui s'est opposée à toute expansion industrielle. Le seul centre international est, au XIXe siècle, Presbourg (aujourd'hui Bratislava) où, dans les couches supérieures de la société, on parle allemand, hongrois, slovaque et, en plus, anglais et français. Là, des mots français probablement venus de Hongrie élisent domicile : *balkón*, *terasa*, *veranda* et *garáž*, *parochňa* « perruque », *žabó* « jabot » et *korset… salón* et *diván… scéna*, *balet*, *arabesque*, *plié*.

Au XXe siècle, la France joue un rôle significatif dans la formation d'un état autonome des Tchèques et des Slovaques. C'est à Paris que le Conseil national tchécoslovaque naît à l'initiative de Thomas Masaryk, qui sera le premier président de la Tchécoslovaquie, du général franco-slovaque Rastislav Stefanik, du diplomate slovaque Stefan Osusky et du futur président Edvard Benes.

Pendant la première République tchécoslovaque (1918-1939), s'ouvre pour les Slovaques une période francophile. Le président Thomas Masaryk, natif de Slovaquie, a épousé une Française. Et même si, à côté de Prague, capitale du nouvel État, Bratislava fait figure de ville provinciale, une bourgeoisie slovaque émerge, elle fait du français l'emblème de son ascension : ses enfants apprendront cette langue. Pendant toute la première moitié du XXe siècle, la littérature slovaque va s'inspirer de la littérature française.

Comment on parle français, aujourd'hui, en Slovaquie

La politique linguistique slovaque, qui s'appuie sur une loi inspirée de la loi Toubon, se préoccupe essentiellement de limiter les anglicismes. Les francismes ne sont pas visés. On entend d'ailleurs peu de mots français dans la vie de tous les jours, les mots qui viennent à l'esprit de mes informateurs sont des mots savants, en usage dans la presse, les médias ou des mots désuets (*jabot* vient rapidement à l'esprit d'une jeune femme). Cette même informatrice, Lenka Pajerska, fait également mention de mots en usage dans le domaine de la *pošta* (dont le français est, selon elle, la langue internationale) : *adresa*, *recommandé*, *fragile*, *poste restante*. Une autre jeune personne pense à *canard*, désignant une fausse nouvelle, terme argotique peu connu en France.

Dans certains cercles, on use de termes d'adresse ou formules de politesse français : *monsieur*, *madame*, *merci*. Sur les cartes de vœux de fin d'année, la formule *P.F.* ou *Pour féliciter* s'utilise inchangée. En Slovaquie, notre *rendez-vous* est devenu *randé*, il ne peut être qu'amoureux. Préférer un mot français, c'est donner à son discours un brin de sophistication, c'est montrer qu'on est citoyen du monde ou qu'on est allé en France. Les Slovaques sont très polyglottes. Dans un petit pays, la curiosité est naturelle, on ouvre grand les oreilles pour attraper tout ce qui passe. Et l'on se montre créatif. Ainsi, à partir de *móda*, emprunté au français (et pour cause), le slovaque a fabriqué *módny* « à la mode ».

En Slovaquie, pays de tradition vinicole, le domaine de la gastronomie réserve bien des surprises. Dans tel ou tel *restauracia* luxueux, voire chic, de Bratislava – « *Chez David* »... « *Camouflage* »... « *Le Monde* » –, beaucoup de termes français au *menu*. *Paštéta* « pâté », *terina* et *Foie Gras*... *krevetový* « crevettes » et *langustín*... *omeleta*, *biftek* et *chateaubriand*... *pyré* « purée », *ratatouille* et *šaláta*.

On remarquera, au passage, des termes de l'art : *marinované* « mariné », *grilované* « grillé » et *gratinované* « gratiné »... *ballotine* et *medajlónky* « médaillons »... *julien* et *filé*... *ragú*, *sauté* ou *soté*, *sauce* ou *sós*, *majonéza* et *vinaigrette*.

Côté *dezert(y)*, on ne sera pas déçu. Voici *crepe*, *čokoládovým krémom* « crème au chocolat » et *sorbet*, *brioška* « brioche » et *crème fraiche*, *bonbón*, *karamel*, *čokoláda*, *vanílka*.

Voici encore *šampanské* « champagne », *café* et *café au lait*.

L'AVENTURE SLOVAQUE DE *SAC* ET *PAQUET*

Ces deux mots français, *sac* et *paquet*, ont été réunis dans l'expression elliptique *saky-paky*, littéralement « sacs-paquets ». Elle signifie « faire ses paquets, déguerpir ». Daterait-elle de l'époque napoléonienne ? Les habitants de la Slovaquie n'étaient peut-être pas fâchés de voir déguerpir les soldats, comme en témoigne cette anecdote. Après le passage de Napoléon, des villageois ont griffonné, sur un mur, des mots vengeurs. Mais ils ont choisi pour cela un endroit où l'inscription ne risquait pas d'être lue. Nul n'était certain que Napoléon ne reviendrait pas.

CURIOSITÉS

En Slovaquie, l'heure ne se lit pas de la même manière qu'en France. Exemple : 14 h 30 se dit « la moitié de 15 heures », et 14 h 15 se dit « le quart de 15 heures ».

Véritable tour de force linguistique, une improbable phrase signifiant « Mets ton doigt au travers de la gorge » ne comporte aucune voyelle : *Strč prst skrz krk*. Pour la prononcer, appliquer la règle suivante. Le *r* est légèrement roulé entre deux consonnes, il prend alors la valeur [err] ou [eurr] ce qui rend possible sa prononciation, par exemple : *črn* « noir » se prononce [tcheurn].

FAUX AMI

En slovaque, *tu* signifie « ici ». « Tu », c'est *ty*. Tout va bien.

Avec les mots français, quelques pièges : *vesta* (de *veste*) signifie «gilet» (mais on peut aussi dire *tričko*). *Kolonáda* (de *colonnade*) désigne une arcade et *ateliér*, soit un atelier d'artiste, soit un studio.

Décalage

Dans la campagne slovaque, on a imaginé de bien jolies expressions. *Mlátiț prázdnu slamu* «Battre de la paille vide», c'est... «Discuter sur le sexe des anges»... *Nekrič hop kým nepreskočíš* «Ne crie pas hop-là avant de sauter pardessus», c'est... «Il ne faut pas vendre la peau de l'ours avant de l'avoir tué». *Aby aj baran (koza) zostal celý, aj vlk sýty* «Pour que le mouton (la chèvre) reste intact et le loup repu», c'est... «Couper la poire en deux».

L'exemple français

L'image de la France et des Français semble plutôt positive en Slovaquie si l'on se fie à ces trois expressions. La première est *francúzsky bozk* «baiser français», la deuxième *francúzsky šarm* «charme français» et la troisième comporte même un mot français : *francúzky esprit* (alors qu'il existe bien évidemment un mot en slovaque, *vtyp*).

Mot choisi

Étienne Cornevin, citoyen français ayant longtemps enseigné en Slovaquie, a choisi une formule pour saluer, *Servus !*

« *Servus !* est en usage parmi les étudiants, et chez ceux

qui, plus tard, restent fidèles aux valeurs de leur jeunesse. Le mot latin *servus* signifie "esclave". Il est d'ailleurs à l'origine de notre "Serviteur !", utilisé autrefois pour prendre congé. Mais, pour les Slovaques, *Servus !* a une valeur particulière. Il signifie "Je suis esclave, tu es esclave, on est tous des esclaves". Une manière de rappeler l'histoire du peuple slovaque, longtemps opprimé. »

EN SLOVÉNIE

Le slovène, une slave originale

Le slovène a poussé sur la branche slave de l'arbre indo-européen. Or, la nation slovène, identifiée dès le VIe siècle, a été coupée des autres Slaves du Sud (les « Yougoslaves », précisément) deux siècles plus tard, à la suite de l'irruption des Hongrois et des Allemands. Si la langue slovène, la plus occidentale des langues slaves, est assez proche du croate et du serbe, elle manifeste toutefois vis-à-vis de ses sœurs slaves une certaine originalité.

Signes particuliers

Du fait de cette isolation précoce, le slovène a conservé des caractères archaïques, notamment le duel (correspondant à ce qui va par deux, choses ou personnes) et qui s'ajoute au singulier et au pluriel dans la conjugaison et la déclinaison. Par exemple, *jabolko* représente une pomme, *jabolki* représente exactement deux pommes, *jabolka* est utilisé à partir de trois pommes. Cependant, le duel ne s'emploie pas pour les paires naturelles (deux chaussettes, par exemple) et, quand il s'agit de personnes, le duel (*nous deux*, *vous deux*, *eux deux*) n'implique pas nécessairement une notion d'intimité.

La langue slovène est une langue pudique, elle a omis de

nommer certaines parties du corps et elle ne possède pas de jurons. Quand le besoin de jurer se fait sentir, les Slovènes empruntent du vocabulaire au serbo-croate.

Écriture et prononciation

Comme d'autres langues slaves européennes (croate, tchèque, slovaque, polonais), le slovène utilise l'alphabet latin, dépourvu des lettres *q*, *w*, *x*, *y* et complété de certains signes :

č équivalent à [tch]

š équivalent à [ch]

ž équivalent à [j].

En outre, *j* se prononce comme notre [y] et *c* se prononce [ts] ; *r*, placé entre deux consonnes, se prononce [err] ou [eurr].

Le destin slovène des mots français

La présence de la langue française en Slovénie est discrète et relativement tardive. Il faut remonter au tout début du XVIIe siècle pour trouver trace d'une première rencontre entre le slovène et le français : on trouve les deux langues côte à côte dans un dictionnaire quadrilingue, le *Megiserjev Thesaurus polyglottus*, publié en 1603.

Dans la seconde moitié du XVIIe siècle, quand s'ouvre l'ère des Lumières, les érudits slovènes se mettent à apprendre le français. Molière semble particulièrement apprécié, la première traduction slovène de ses œuvres date de 1670. Les Slovènes attribuent la naissance de leur théâtre à l'influence des Lumières, mais à la différence de ce qui peut se passer ailleurs – en Pologne, notamment – le vocabulaire français du théâtre ne s'implante pas en Slovénie.

Plus que dans le domaine des arts, ou dans celui de l'art de vivre, c'est dans le domaine des idées que la Slovénie est marquée par l'influence française, à la fin du XVIIIe siècle et au siècle suivant. Cela constitue une sorte d'exception, en Europe.

Égalité, Liberté, Fraternité... Les idées issues de la Révolution française ont été diffusées par le poète France Prešeren, son poème *Toast*, censuré lors de sa publication (1844), est aujourd'hui devenu l'hymne national slovène.

Napoléon a poussé ses conquêtes jusqu'en Slovénie, aussi trouve-t-on, ici comme dans la majeure partie de l'Europe, trace de son passage sous forme de mots français : *force majeure*, *porte-parole*, *porte-feuille*, *minister, ministrstvo za finance*, *konsulat*, *revolucija*, *atentat*... Mais, contrairement aux pays d'Europe du Nord, la Slovénie n'a pas gradé un mauvais souvenir de l'Empereur.

Dans les années où les Provinces illyriennes – dont Ljubljana était la capitale – sont sous administration française, c'est-à-dire entre 1809 et 1813, les Slovènes bénéficient, en effet, d'une certaine autonomie. Tandis qu'est introduit le Code civil, que sont nommés des préfets et sous-préfets, la langue slovène est encouragée dans les écoles et dans l'administration par les quatre gouverneurs successifs, ce qui favorise l'éveil national slovène. Dans cette partie détachée de l'Empire austro-hongrois où les Habsbourgs avaient imposé l'allemand comme langue officielle, les Slovènes parlent enfin leur langue au grand jour.

En 1813, Charles Nodier occupe dans les Provinces illyriennes le poste de bibliothécaire et créé *Le Télégraphe*, une revue quadrilingue (français, slovène, italien, allemand). Il vit à Ljubljana et suit avec beaucoup de sympathie les efforts des Slovènes dans le domaine de la culture.

La Slovénie abrite le seul monument de toute l'Europe

dédié à la gloire de Napoléon. En 1929, à l'occasion du cent vingtième anniversaire des quatre années d'administration française, les Slovènes érigent sur la place de la Révolution française (*Trg francoske revolucije*), à Ljubljana, le *Monument à l'Illyrie napoléonienne*. Cette colonne renferme les cendres d'un soldat français des armées napoléoniennes et porte l'inscription, en français et en slovène, des vers d'une ode (*Illyrie ressuscitée*) spécialement dédiée à Napoléon par le poète Valentin Vodnik (1758-1819) qui apporta son soutien à la présence française.

Sous cette pierre
Nous avons déposé
Tes cendres
Soldat sans nom

De l'armée
Napoléonienne
Pour que tu
Reposes

Au milieu de nous
Toi qui en allant
À la bataille
Pour la gloire

De ton empereur
Es tombé
Pour notre
Liberté

Est-ce son attachement à une langue menacée à plusieurs reprises qui a fait de la Slovénie un des pays d'Europe où l'édition occupe une place importante ? On racontait dans l'ancienne monarchie austro-hongroise qu'il suffisait de deux Serbes pour fomenter trois complots, de deux Croates pour former trois partis politiques, de deux Slovènes pour créer trois maisons d'édition… Quoi qu'il en soit, grâce à cette activité, dès le XVIIe siècle et jusqu'au début du XXe, les œuvres majeures françaises ont été publiées en Slovénie, après avoir été traduites. Si les Slovènes ont eu des contacts avec la France à travers la littérature, ils n'ont guère eu l'occasion de fréquenter la langue française. Hormis la courte période des Provinces illyriennes, il n'y eut pas de contact direct entre la population slovène et le français : il faut attendre 1924 pour voir la parution du premier dictionnaire slovène-français.

De cette ribambelle de mots français qui ont voyagé à travers l'Europe du XVIIe au XIXe siècle, peu se sont installés en Slovénie. On en trouve quelques-uns dans le domaine de l'habitat : *apartma* « appartement » et *garsonjera* « garçonnière » (c'est aujourd'hui un studio, comme en Autriche), *terasa* et *balkon*, *fotelj* « fauteuil » et *zofa* « sofa ».

Dans le domaine relationnel, le mot *jour* est probablement arrivé en Slovénie, comme ailleurs dans cette région de l'Europe, par l'Autriche des Habsbourgs. Tiré de l'expression *jour fixe* (jour réservé, rendez-vous à date fixe), il signifie « fête ».

Dans le domaine des sentiments, on rencontre des mots comme *nostalgia* et *aspiracija*.

COMMENT ON PARLE FRANÇAIS, AUJOURD'HUI, EN SLOVÉNIE

Au XXe siècle, la tradition francophile se maintient dans les milieux culturels et politiques et la mise en place de quotas linguistiques au temps de la Fédération yougoslave favorise sans doute la diffusion du français.

Mais, aujourd'hui, dans la vie de tous les jours, peut-on entendre des mots français en Slovénie ? Point de *lampe*, ni de *bagage*, point de *corset*, de *négligé*, de *maquillage*, point de *costume* ni de *béret*, pas davantage de *champignon*, de *crème brûlée* ou de *profiteroles* : ces mots en usage presque partout en Europe sont inconnus ici. Avec des mots français, on peut circuler sans tracas majeurs, en *avto*, en *avtobus* ou en *taksi*. En l'absence de *šofer*, on peut se rendre dans un *garaža*, faire changer un *pneumatika* ou jeter un œil au *motor*.

Au *restavracija*, on trouvera peut-être un *šef* derrière les fourneaux et, au *menu*, *omleta*, *bešamel* et *pom'frit*, *biskvit* et *crema čokolada*… *Bonbon ?* Les Slovènes connaissent.

Pour rester dans le domaine culinaire, apprenez ceci. Les Slovènes désignent par *francoska solata* « salade française » une macédoine de légumes – carottes, cornichons, petits pois, œufs, pommes de terre – hachés en petits morceaux assaisonnés avec une mayonnaise. *Francoski bife* « buffet français » et *francoska strežba* « service française » désignent le buffet où chacun se sert.

Dans le domaine de la toilette et de l'habitat, deux traces, datant probablement du XIXe siècle, du modèle français. En Slovénie, on désigne par *francoska brada* « barbe française »… une barbe longue divisée en trois parties en bas ! Et l'on connaît *parfume*. Les architectes slovènes connaissent la « fenêtre française » *francosko okno*. C'est une porte-fenêtre.

On me signale qu'en Slovénie *énorme* est aujourd'hui à la mode. On l'utilise à tout bout de champ « alors que le slovène a pour exprimer la même chose un mot approprié et parlant ». Cela traduirait une certaine excentricité. Partout en Slovénie, me dit-on, on joue avec les mots étrangers et notamment avec les mots français. Lesquels ? *Enfant terrible*, *par excellence*, *tonus*, *premier* (au sens de Premier ministre). Alors, au fil d'une conversation, on pourrait avoir la surprise d'entendre *bonton* (de *bon ton*), *pardon*, *esprit*, *chic*... Ou *randi*, diminutif slovène de notre *rendez-vous* réservé à l'usage intime. Peu de mots français, certes, mais l'esprit français n'est-il pas présent ?

L'AVENTURE SLOVÈNE DE *LIMONADE*

Limonade désigne en Slovénie une boisson non gazeuse acidulée, quelque chose comme une citronnade. Ce n'est pas tout. Là-bas, le mot a endossé un sens figuré péjoratif, comparable à notre *soupe*, qui s'applique aux choses dépourvues d'intérêt. « *Ali gledas limonada* ? » dit-on à qui se repaît de séries télévisées : « Tu regardes les limonades ? »

CURIOSITÉS

Le slovène fait usage d'accents pour distinguer des mots similaires ayant un sens différent, mais ils ne sont habituellement pas écrits et le lecteur est censé comprendre le mot grâce au contexte. Par exemple : *gol* « nu » et *gól* « but »... *jesen* « frêne » et *jesén* « automne »... *kót* « angle, coin » et *kot* « comme »... *med* « entre » et *méd* « miel »...

FAUX AMIS

En Slovénie, le croiriez-vous, *eden* veut dire « 1 » et *pet* « 5 ». Par ailleurs, *sever* signifie « nord » et *zob* « dent ».

Décalage

« Toute vérité n'est pas bonne à dire », les Slovènes le savent. Ils donnent même le mode d'emploi, au cas où l'on s'apprêterait à perdre une bonne occasion de se taire : « Dites la vérité, mais partez tout de suite après »… « Aide-toi et le ciel t'aidera », cela aussi on connaît, en Slovénie, mais on est plus précis dans la formulation « Demande au ciel une bonne récolte et continue à labourer ».

L'exemple français

Nous le savons désormais, en Slovénie, que l'on soit cuisinier, coiffeur ou architecte, on connaît une ou deux choses venues de France. Pour rester dans le domaine concret, disons encore ceci : Les Slovènes font du mot désignant un Français, *Francoz*, un nom commun désignant un outil, une sorte de clé utile à toutes sortes de choses (disons, une clé anglaise). Les Slovènes ne sont pas les seuls en Europe, à faire ainsi. L'interprétation est délicate. *Francoz* est-il un outil précieux ou un objet bon à tout faire ?

Abordons à présent des domaines plus subtils. En Slovénie comme dans quelques endroits en Europe, on connaît le « baiser français » *francoski poljub* et, dans ce pays où les troupes napoléoniennes ont séjourné, la « maladie française » *francoska bolezen* a laissé des souvenirs. Les Slovènes savent aussi fort bien associer Français et impolitesse. Il existe deux expressions soulignant une certaine légèreté vis-à-vis du protocole, *narediti se Francoza* et *oditi po francosko*. Voici deux exemples pour illustrer l'usage contemporain de ces formules.

Anne avait organisé une conférence et avait invité un

professeur à y participer, en lui demandant de confirmer sa présence par téléphone. Celui-ci ne répondit jamais. Ce qui inspira à l'organisatrice cette réflexion : « Il ne m'a pas téléphoné. *Il faisait semblant d'être Français* » (*naredil se je Francoza*)… Anne avait invité des amis à son anniversaire. Tard dans la soirée, on constata en ces termes que l'un des invités avait discrètement disparu sans dire au revoir : « Il est parti à la française » (*odšel je po francosko*).

Le sens général est le même (abandonner quelqu'un, le laisser tomber ou l'ignorer), mais l'expression *narediti se Francoza* – spécifiquement slovène – a un sens légèrement plus fort, l'expression *oditi po francosko* – que l'on rencontre, ici où là – est plus douce.

Mot choisi

Le mot *hrepenenje* a été choisi par une jeune femme slovène.

« Dans le dictionnaire slovène-français, ce mot (substantif neutre) est traduit par "désir ardent, aspiration, nostalgie, ardeur, attente". Il s'agit d'un sentiment, d'un état, celui d'une personne qui ressent le désir d'une chose presque irréalisable, mais cette émotion même donne à celui ou celle qui l'éprouve un espoir. Un écrivain slovène contemporain a dit que *hrepenenje* est plus que l'amour. »

EN SERBIE, EN CROATIE, EN BOSNIE ET AU MONTÉNÉGRO

Le serbe, le croate, le bosniaque, le monténégrin… Quatre langues en une seule

Ces langues, que l'on s'est un moment accordé à réunir sous le nom de « serbo-croate » (à Belgrade) ou de « croato-serbe » (à Zagreb), ont poussé sur la branche slave méridionale de l'arbre indo-européen, à côté des sœurs slovène, bulgare et macédonienne. Dans cette fratrie, malgré la proximité géographique, on ne se comprend pas – du moins sans apprentissage préalable.

Le serbo-croate est une création politique datant de l'époque où fut élaboré le projet d'union des Slaves du Sud (Yougoslavie). Plusieurs pays d'Europe – de la Norvège à l'Italie – ont entrepris des démarches semblables, au XIXe siècle, quand le souci d'unification politique impliquait la création d'une langue commune. Mais, les nationalismes ont fini par séparer à nouveau nos quadruplées slaves.

Partout dans les pays de l'ex-Yougoslavie, on ne parle plus du « serbo-croate », mais du *serbe*, du *croate*, du *bosniaque* et du *monténégrin*, considérés désormais comme des langues distinctes. Si l'idéologie en a fait des langues différentes, la réalité linguistique reste inchangée : il s'agit d'une même langue, avec des variantes régionales.

Persuadés qu'une nation doit disposer de sa propre langue, les Serbes, les Croates, les Bosniaques, les Monténégrins « purifient » leur variété linguistique des « impuretés » des autres : grande lessive linguistique dans les Balkans ! Journalistes, politiciens, patrons, professeurs, vendeurs, voire simples citoyens, corrigent avec fermeté ceux qui utilisent une prononciation ou un mot slave jugé « étranger ».

Bien que les similitudes entre les « quatre langues » soient beaucoup plus nombreuses que les différences phonétiques ou sémantiques, chacun s'applique à mettre celles-là en avant. Lorsqu'un Bosniaque désire un café dans un restaurant, il demande un *kahva* (avec un h aspiré), un Serbe commande un *kafa*, tandis qu'un Croate réclame un *kava*... Les écoliers croates apprennent qu'un avion ne se dit plus *avion* (trop serbo-yougoslave) mais *zrakoplov*, littéralement « chose flottant dans l'air ».

Signes particuliers

En territoire linguistique slave, déclinaisons des noms et des adjectifs sont au programme : sept cas et quatre genres pour les noms (masculin, féminin, neutre animé pour les animaux et neutre inanimé pour les objets). Côté verbes, deux modes coexistent : imperfectif, quand l'action se poursuit ou se répète, ou perfectif, quand elle est achevée. Chaque verbe français est ainsi dédoublé. Enfin, il existe chez nos quadruplées slaves une voyelle mobile : le *a* se déplace (*dobar* « bon » donne au féminin *dobra*), ou il disparaît si la prononciation le permet (*ka gradu* « vers la ville » et *k selu* « vers le village »).

Le serbo-croate possède un fort accent tonique et celui-ci peut affecter les voyelles courtes ou longues et s'appliquer à n'importe quelle syllabe, il faut donc apprendre l'accent avec le mot, c'est une difficulté. En revanche, toutes les lettres se prononcent, aucun piège orthographique n'est à signaler.

Écriture et prononciation

Mais deux écritures sont concurrentes dans cette région de l'Europe. Le serbo-croate des Bosniaques et des Croates s'écrit avec l'alphabet latin, alors que celui des Serbes et des Monténégrins utilise l'alphabet cyrillique. Ces différences résultent du mode de christianisation des peuples slaves : les uns ont été christianisés par l'Église catholique romaine, tandis que les autres le furent par l'Église byzantine dite orthodoxe.

Une précision. Si l'écriture utilisée en Serbie et au Monténégro est, en principe, le cyrillique, dans les faits, l'alphabet latin est aussi appris à l'école de sorte que les deux alphabets sont employés, l'un ou l'autre étant choisi en fonction des circonstances. L'alphabet cyrillique – adapté de façon que chaque lettre corresponde à un seul son – est utilisé dans tous les documents officiels et l'alphabet latin prévaut dans l'usage commercial en Serbie. Ce même alphabet latin est employé de plus en plus couramment au Monténégro.

L'alphabet latin utilisé en serbo-croate est dépourvu de *q*, *w*, *x* mais complété par cinq lettres :

č équivalent à [tch]
š équivalent à [ch]
ž équivalent à [j]
ć est un t « mouillé » qui se prononce entre [ti] et [tch]
đ est un d « mouillé » qui se prononce entre [di] et [dj].

Quatre autres lettres ne se prononcent pas comme en français :

c se prononce [ts], *j* a la valeur de [y], le *h* est aspiré et le *r* est légèrement roulé.

Le destin serbo-croate des mots français

Dans cette région de l'Europe, l'influence française est tardive (XIXe siècle) et, le plus souvent, indirecte. Dans ce cas, elle est liée à la domination d'une puissance étrangère (ottomane, autrichienne, hongroise ou russe). Soit que ces puissances aient transmis le modèle occidental, soit que les pays des Balkans, désireux d'échapper à une emprise culturelle ou politique étrangère, aient tourné leurs regards vers la France. L'occupation temporaire de la côte Adriatique par Napoléon et la circulation des intellectuels vers la France ont, au contraire, permis des emprunts directs.

La Serbie a été sous la domination turque de la fin du XIVe siècle jusqu'au début du XIXe, la Bosnie a été sous celle de l'Autriche-Hongrie au XIXe siècle. Le Monténégro a fait alliance avec la Russie à plusieurs reprises (XVIIIe, XIXe, XXe siècle), la Croatie a été soumise ou associée à la Hongrie huit siècles durant (jusqu'à 1918), et a connu une période d'occupation française (1809-1813) qui a laissé un souvenir positif – comme en Slovénie. Ainsi, dans les villes balkaniques, du XIXe siècle au début du XXe, l'influence européenne – en particulier française – est relative au climat politique, à la position géographique et à l'héritage historique.

Vers 1825-1830, les voyageurs qui traversaient la Serbie ont observé dans les villes le mélange de culture orientale et occidentale et noté la disparition progressive des anciennes coutumes ottomanes au profit du mode de vie européen, du moins chez les mieux nantis. Au cours de la seconde moitié du XIXe siècle, la culture occidentale gagne du terrain. « Les maisons, les magasins, les métiers, les vêtements et les habitudes, tout ceci s'arrange d'après ce qu'on voit en Occident, dans le proche voisinage. Spécialement la tenue des femmes change vite de forme, si bien qu'il est difficile de trouver aujourd'hui une dame qui ne soit pas coiffée et vêtue à la façon européenne [1]. » Les voies de pénétration du mode de vie « à la française » sont alors l'Empire autrichien et surtout Constantinople. Au retour de sa visite à la Sublime Porte en 1835, Miloš Ier Obrenovitch, prince de Serbie, adopte le costume européen. Le prince avait, à l'occasion de ce même voyage, découvert le *šampanjac*...

Dans les Balkans, et en particulier en Croatie, les Habsbourgs contribuent grandement à la diffusion d'un mode vie à la française. Les domaines de la mode et de la gastronomie sont touchés : *perika* « perruque »... *sufle*, *flambirane palačinke* « crêpes flambées », *blanširati* « blanchir ». Tout comme celui de la décoration et de l'urbanisme : *parket*, *salon*, *kanape*, *luster* « lustre » et *abažûr*... *avenija* « avenue » et *bulevar*, *apartman* et *garsonjera* (aujourd'hui « studio », comme à Vienne), *mansarda* et *garaza*, *balkon*, *terasa* et *veranda*.

À la pénétration de l'influence européenne dans les Balkans par l'intermédiaire de Constantinople, de la Russie, de l'Autriche ou de la Hongrie, s'est substituée au cours du XIXe siècle l'influence directe de l'Europe et de la France en particulier. Cette influence française s'est renforcée au début du XXe siècle, notamment en Serbie et en Croatie, avec l'avènement des mouvements nationalistes. D'où l'implantation d'un vocabulaire relatif à l'administration, la politique et la diplomatie :

1. N. Vučo, « L'européanisation des villes de Serbie au XIXe siècle », dans *Istanbul à la jonction des villes balkaniques, méditerranéennes slaves et orientales, aux XVIe-XIXe siècles*, Bucarest, UNESCO, 1977, p. 107-111.

pošta (la poste), *policija* «policier»... *predsjednik* «président», *ministar* «ministre», *ministarstvo financija* «ministère des finances»... *partija* «parti», *opozicija, revolucija, atentat... ambassador* et *konsulat.* Au milieu du XIXe siècle, *žandarm* et *žandarmerija* apparaissent en Serbie.

L'occupation de la côte Adriatique par Napoléon a fait assez de bruit pour inquiéter les Serbes qui ont adopté *buka* «bruit»... de *boucan* et *kanonada* «canonnade», utilisé au sens propre comme au figuré. En Serbie, on a même fabriqué cette expression pléonastique *topovska kanonada*, littéralement «la canonnade du canon». Sur la côte même, en Dalmatie, on a gardé des souvenirs plus paisibles : *bujabež* «bouillabaisse» et *pašticerija* «pâtisserie».

Comment on parle français, aujourd'hui, en Serbie et en Croatie

Le serbe, perméable aux emprunts, a sollicité nombre de langues. Au français, il a emprunté des noms, bien entendu, mais aussi des verbes, *telefonirati, analizirati, tretitari* «traiter», des adjectifs, *flegmatičan, logičan* et même des adverbes, *eventualno* «éventuellement», *apsolutno* «absolument».

Les mots d'origine française appartiennent au registre soutenu mais sont d'usage courant : *kompliment* est très utilisé. Certains sont liés aux arts ou au loisir, *manerizam* «maniérisme», *divertisman* (terme de ballet) et *butik.* D'autres s'utilisent dans la vie professionnelle, *biro* et *ekspoze*. D'autres, enfin, font partie d'une langue de spécialité, l'aéronautique, tel *elisa* «hélice», le domaine juridique, tels *revizija* ou *abandon*, le domaine médical, tels *akušer* «accoucheur» et *deranžirati* « déranger » – ce verbe récemment apparu s'utilise beaucoup, entre médecins.

En Croatie, pour combler des vides lexicaux, on préfère fabriquer des néologismes en tirant parti des ressources de la langue croate plutôt que de recourir à l'emprunt, ressenti comme signe d'infériorité – celle d'une langue qui a besoin d'une autre langue pour exprimer sa singularité. On utilise tout de même des mots français. Pourquoi ? Ils appartiennent, dit-on, à « la plus belle langue du monde » et leur usage est un gage de raffinement.

Dans le domaine culinaire, voici *restauran* et *bife* « buffet », *šampinjoni* (les fameux champignons de Paris) et *omlet*, voici encore – oh, surprise ! – *pile* « poulet », voici enfin *desert*, *šokolada*, *biskvit* et *krema*, *karamela* et *bombon*, *kroasan* et *šampanjac*.

Dans le domaine vestimentaire ? *Beretka* « béret », qui n'est pas très original, et *espadrile* « espadrilles », qui est exceptionnel. Côté toilette, voici *perfem(a)* « parfum ». Dans les maisons, *taburet*, à la radio, *šansona* « chanson ». Notre *rendez-vous* devient *rendes*, en Croatie, et il est amoureux.

Ici ou là, dans les Balkans, on a la surprise d'entendre des formules faisant référence à la France de manière franchement ludique ou parfaitement imaginaire.

Larpourlartist, création en forme de calembour imaginée à partir de « l'art pour l'art » désigne un puriste, un artiste sans concession ou excessivement attaché à la forme... *Pariško plava*, le « bleu parisien », quel est-il ? En France, on l'appelle « bleu de Berlin » ou « bleu de Prusse », il est encore connu sous le nom de « bleu d'Anvers » ou de « bleu minéral ». En Croatie et en Serbie également, on l'appelle *pariško plava*, c'est un bleu grisâtre et l'on dit que c'est la couleur du ciel parisien.

L'aventure balkanique de *Gérard Depardieu*

Au Monténégro et en Serbie, où l'on utilise en principe l'alphabet cyrillique, on va jusqu'à transcrire les noms propres étrangers, non seulement en cyrillique, mais aussi en alphabet latin. On les écrit tels qu'ils se prononcent en serbe, ainsi « Gérard Depardieu » devient *Žerar Depardie*.

Curiosités

Les noms de mois sont pratiquement ceux du français et de l'allemand en serbe, alors qu'ils sont d'origine slave ancienne en croate : *octobre* se dit *listopad* « chute des feuilles » en croate, et *oktobar* en serbe.

Faux amis

Dans cette région des Balkans, de langue slave, les faux amis ne manquent pas. *Pianina*, c'est la montagne et non la plaine, tandis que *sol*, c'est le sel. *Sir* est le fromage et *krevet*, le lit. *Kaput* signifie « veste », et « vieux » se dit *štar*. *Brz* ? Cela signifie « rapide ». *Rat* ? C'est la guerre.

Les mots venus de France réservent parfois quelques surprises. Ainsi, en Croatie, *gàmên* (de *gamin*) est appliqué à un polisson et *midinetta*, à une fille aux mœurs légères.

Décalage

En Croatie, « Chat échaudé craint l'eau froide » devient *Tko se jednom opeče i na hladno puše*... Littéralement « Qui se brûle une fois souffle même à froid ».

En Serbie « Se méfier de l'eau qui dort » devient *Tiha voda breg roni*... Littéralement « L'eau calme fait surgir un mont ».

L'exemple français

Ni les Croates ni les Serbes n'ignorent le fameux « baiser français » *francuski poljubac*, qui a, il est vrai, fait le tour de l'Europe. Ils connaissent aussi, cela est plus original, « les amants français ».

La France semble avoir particulièrement inspiré les Croates puisqu'ils ont inventé le « lit français » *francuski krevet* et le « balcon français » *francuski balkon*.

À quoi ressemble un « lit français » ? *Francuski krevet* est un petit lit double, à la différence d'un lit matrimonial qui est plus grand. C'est plutôt un lit pour les amants...

À quoi ressemble un « balcon français » ? *Francuski balkon* est un très petit balcon, il y a juste assez de place pour ouvrir les volets et jeter un coup d'œil sur ce qui se passe dans le voisinage. On voit souvent les commères penchées sur leur « balcon français », en train de bavarder avec leur voisine.

Enfin, les Croates ont donné aux Français le surnom de *Trikolori*, pour la bonne raison que ceux-là portent des vêtements de sport tricolores. En Serbie, hélas, on dit *uštogljeni Francuz*... « le Français trop formel, étouffant, coincé ».

Mots choisis

Deux amies, Jelena Stamenov et Tajana Pavic, l'une est serbe, l'autre est croate, toutes deux traductrices, ont choisi *inat* et *fjaka*.

Jelena se fait l'ambassadrice de *inat*. « Ce mot voudrait dire tout cela ensemble et à un degré très important : persévérance, obstination, entêtement, persistance, résistance. Ceci est, je pense, le trait le plus important du caractère serbe tant au niveau individuel que collectif. La Serbie, se trouvant au croisement des chemins qui viennent de l'Occident et de ceux qui viennent de l'Orient, étant de ce fait un endroit stratégique, a toujours été un objet de convoitise. Les Serbes ont ainsi développé leur *inat* pour pouvoir garder leur pays et subsister en tant que peuple. »

Tajana se fait l'ambassadrice de *fjaka*. « Ce mot a d'abord été utilisé en Dalmatie avant de se répandre dans toute la Croatie. *Fjaka* désigne le temps des jours où souffle le vent *jugo*, un vent qui apporte chaleur et humidité. La pression atmosphérique est basse, les gens vivent au ralenti, ils sont inactifs, incapables d'agir et de travailler, ils n'ont pas de force. *Fjaka*, c'est aussi un temps que l'on pourrait qualifier de nirvanesque. »

EN BULGARIE

Le bulgare, une slave à part

Dans la grande famille des langues indo-européennes, le bulgare appartient à la branche slave méridionale. Et dans la fratrie des langues slaves, le bulgare, assez proche du macédonien, manifeste une certaine originalité, due à sa position centrale – propice aux influences – dans l'aire linguistique balkanique.

Le peuple bulgare a été le premier à utiliser l'alphabet cyrillique, vers le IXe siècle. Deux frères, les prêtres Cyril et Méthode, sont à l'origine de cette innovation, mise au service de l'évangélisation des peuples slaves.

Signes particuliers

Du XIIe au XIVe siècle, la langue bulgare s'est profondément modifiée. Elle a abandonné presque toutes ses déclinaisons nominales, adopté un article défini postposé et le système verbal est devenu très complexe.

Par ailleurs, le bulgare ayant emprunté de nombreux mots au grec, au turc et au russe, les mots anciens d'origine bulgare sont en nombre très faible. Qui plus est, la langue bulgare est riche d'emprunts aux langues occidentales, à l'allemand et surtout au français.

Ces particularités font aujourd'hui du bulgare une langue slave à part.

Écriture et prononciation

Le bulgare s'écrit aujourd'hui en caractères cyrilliques, comme ses sœurs slaves du monde orthodoxe, avec quelques différences par rapport au russe. La transcription en caractères latins ne nécessite qu'un seul signe diacritique : le *ë* est l'équivalent du français [e], comme dans « je ».

Le destin bulgare des mots français

Au XVIIIe siècle, soucieux de contrer l'emprise ottomane en colportant la notion d'émancipation des peuples issue de la Révolution de 1789, les officiers de l'armée tsariste ont introduit le français en Bulgarie, comme en Roumanie. Mais en territoire bulgare, les choses ont pris une ampleur singulière.

Dès la fin du XVIIIe siècle, en effet, le français était enseigné en Bulgarie, une communauté francophone s'était formée, et, au tournant du siècle suivant, s'ouvrait l'âge d'or du rayonnement linguistique et culturel de la France en Bulgarie. C'est précisément le moment où cette nation commence à secouer le joug ottoman sous lequel elle était restée cinq siècles, sous l'influence des idées révolutionnaires françaises, certes, mais aussi avec le ferme soutien de Victor Hugo et Alphonse de Lamartine, qui prirent fait et cause pour le peuple bulgare.

L'aventure européenne de Napoléon a laissé en Bulgarie une trace futile. *Napoleonki* « caleçon long » a été ainsi baptisé en souvenir de la culotte blanche, élément essentiel de la tenue impériale. Aujourd'hui, *napoleonki* est toujours là, ce vêtement est porté par les soldats bulgares et par les personnes âgées.

À partir de 1878, la Bulgarie, libérée de l'occupation ottomane, se tourne tout naturellement vers l'Europe de l'Ouest, vers l'Allemagne et la France en particulier. Les riches marchands de Plovdiv et Roussé envoient désormais leurs enfants faire des études à l'Ouest et font venir chez eux des gouvernantes françaises. L'élite bulgare, comme la plupart des familles de la noblesse européenne, parle français. Tandis que les vocables turcs disparaissent peu à peu du lexique bulgare, de nombreux termes culturels français s'y installent durablement : *karakter*, *kuraj*, *avantaj*... *vis-à-vis*, *tête-à-tête*, *rendez-vous*. *Madama* désigne une femme ou une fille et *maman*, une mère. *Mersi* s'utilise avec une nuance de familiarité, alors que l'on réserve le terme bulgare, *blagodarija*, aux contextes plus protocolaires.

Les mots arrivant dans le sillage de ce courant francophile concernent des domaines de la vie quotidienne où peut s'afficher une manière de vivre « à la française », la mode et la décoration notamment. Dans la seconde moitié du XIXe siècle, le vêtement et le mobilier d'inspiration française commencent à pénétrer dans la société urbaine bulgare. « Tous se forcent à acheter des choses françaises », remarque, non sans ironie, un observateur contemporain qui voit dans cette conduite quelque chose d'infantile... La mode sévit. Dans les maisons, voici *tablo* et *buket* « bouquet », *buro*, *sekretar* (le meuble) et *garderob*. Dans les villes, on voit apparaître *bulevard*, *trotoar* et *garaj*, *fasada* et *kolona*, *balkon*, *terasa* et *veranda*, *apartament*, *etaj*, *parter* « rez-de-chaussée » et *asansior*. Les vêtements arrivent *via* Vienne et Constantinople, où les grandes firmes européennes avaient leurs boutiques, puis directement de Paris. Les premiers amateurs de vêtements dans le goût français furent les riches commerçants, leurs femmes et leurs filles. Les professeurs d'écoles et d'universités, les intellectuels les adoptèrent aussi : ceux-là avaient été formés en Europe occidentale et le vêtement dans le goût français était le gage d'un certain statut social. Voici *pantalon*, *palto* « manteau », *korsete* « corset ». Du côté de la toilette et de la parure, les choses changent aussi, voici *mustak* (de *moustache*), *grim* « maquillage » (de *grimer*), *poudra* (fond de teint blanc), *parfyum* et *biju*.

Au-delà de ces signes purement formels, la francophilie touche les mentalités. En 1870, le diplomate bulgare Peter Nejkov écrit, à la suite de la défaite française à Sedan : « Toute ma famille, toute la ville (Braila) était francophone et sentait la défaite comme si elle était notre propre. » La société bulgare semble vouloir épouser les mœurs occidentales, elle fait son credo de cette maxime, rapportée par un observateur allemand : « Un homme avec *repraesentation* et *diners* peut faire prospérer une entreprise. » L'élite bulgare pratique l'un des passe-temps favoris de la bonne société française, le *balia*. Mais, selon un observateur français, il manquait au bal un élément essentiel, la légèreté : l'esprit, pense-t-il, s'exporte moins facilement que le vocabulaire ou la culture matérielle…

Ce flux de termes culturels français semble se tarir en 1945, avec l'arrivée du régime communiste, mais l'aventure bulgare du français ne cesse pas pour autant.

Comment on parle français, aujourd'hui, en Bulgarie

Comme ailleurs en Europe, bien des mots français qui ont cours en Bulgarie sont d'ordre culturel. La gastronomie française est représentée à travers *restorant*, *meniou* et *tirbushon*.

Au *desert*, on retrouve *gofreta*, mais il faut s'attendre à quelques surprises : *ecler* désigne un chou à la crème et *plesir*, un cornet rempli de crème. Quant au gâteau nommé *petifurki*, il a la taille d'une pomme. Sachez aussi que derrière *kombinezon* se cache un cocktail (cognac, Coca-Cola)… La mode d'inspiration française est là : *beret*, *deshabille*…

Mais il existe en Bulgarie une situation tout à fait originale : le français n'y est pas seulement utilisé pour sa connotation chic, il est également présent dans l'argot.

Et en particulier dans l'argot estudiantin où l'on relève : *abdikiram* « sécher les cours », de *abdiquer* ; *partizanin* « écolier qui sèche les cours », de *partisan*. En 1945, 25 mots d'origine française ont été recensés dans l'argot bulgare. Ce processus d'adoption n'a fait que croître du début du XXe siècle jusqu'aux années 1960, période où la position du français a été dominante dans la société et dans la culture bulgares, avant de laisser la place à l'anglais. L'usage de termes argotiques imaginés à partir de vocables français pendant la période communiste semble avoir constitué une forme de résistance.

Pour enrichir le registre familier, des noms ont été empruntés : *bon*, qui désigne en français un coupon, un billet, s'utilise dans l'argot bulgare pour désigner une somme d'argent « mille leva, mille balles ». Des verbes : *pas*, de *passer*, signifie « laisser passer quelqu'un » ou « cacher, taire », *kachiram*, de *cacher* veut dire « économiser, épargner ». Des interjections : *chapo !* et *jame !* Cette dernière s'utilise de manière moqueuse et se prononce comme son modèle français, *jamais*.

Le bulgare ne se contente pas d'importer et de détourner des vocables français pour enrichir son langage familier, il invente à l'occasion.

Des expressions composées autour d'un mot bulgare, selon un modèle syntaxique et phonétique pseudo-français, sont bricolées et injectées dans le discours pour donner un ton décontracté. Ainsi, l'expression *bouillon trezve*, qui désigne le jus issu du processus de fermentation du chou, est un joyeux bricolage. Le mot français *bouillon* est associé à l'adjectif bulgare *trezven* signifiant « sobre, abstinent ». Ce dernier est modifié selon un modèle ressenti comme français : accent tonique sur la dernière syllabe, qui n'est autre que le suffixe français *-é*. Autre exemple, la formule *ne me kandarme pas* « Ne me convainc pas, ne me persuade pas », conçue à partir d'un verbe bulgare, auquel on a donné une allure française et qui évoque peut-être notre *gendarme*.

Une grande liberté dans cette appropriation du français et un humour certain. En témoignent les mots requis pour désigner certaines parties du corps. *Projecteur* désigne l'œil, *telefon*… les oreilles, *avtoritet* (de *autorité* !)… l'estomac, *poligon* (de *polygone*)… un crâne rasé, et *kofraj* (de *coffrage*)… un appareil dentaire. Pour désigner les seins, il n'y a que l'embarras du choix : *avangard*, *amortiseuri* ou *balkon*…

Les Bulgares, qui ne semblent pas dépourvus d'imagination, dotent les mots français de sens nouveaux en jouant de métaphores parfois surprenantes. Grâce à ce procédé, utilisé avec brio pour désigner les individus, l'argot bulgare a imaginé une joyeuse galerie de portraits.

Un *sifon* (de *siphon*), c'est une personne stupide, un *parashoutist*, littéralement « parachutiste », une personne pistonnée (par allusion au sens français en usage en politique de *parachuté*). Si *provans* (de *province*) désigne un paysan, *provincialiste*, qui n'existe pas en français, correspond au sens figuré du mot français *paysan* : il s'applique à une personne fruste, sans éducation.

Qui peut être qualifié de *bouket* (d'après *bouquet*) ? Celui qui est atteint d'une maladie vénérienne. Qui mérite d'être appelé *remarke* (d'après *remorque*) ? Le petit frère ou la petite sœur qui, sur ordre de ses parents, accompagne sa grande sœur lorsqu'elle sort avec son ami. Un vrai boulet ! Qui se cache derrière les mots *gamen* (de *gamin*) et *garderob* (de *garde-robe*) ? Respectivement, un jeune voyou et un costaud (genre armoire à glace, précisément) montant la garde à l'entrée d'une banque, d'une discothèque.

Dartanjan désigne familièrement un vieillard. D'où sort-il ? Tout bonnement des *Trois Mousquetaires* dont le héros n'est autre que *d'Artagnan*. Cette curieuse transplantation révèle que les œuvres d'Alexandre Dumas sont connues en Bulgarie (peut-être à travers le cinéma). Mais le nom de ce fougueux personnage n'aurait probablement pas été associé à la vieillesse si *star* ne signifiait « vieux » en bulgare. Un jeu de mots.

Pour ce qui est des femmes, les appellatifs familiers bricolés à partir de mots français ne manquent pas. Si *madama* désigne une femme ou une fille, *poudra* (de *poudre*) s'applique à une femme qui passe beaucoup de temps à sa toilette et se montre prétentieuse. *Chantaj* (de *chantage*) désigne curieusement une prostituée, *trotoarka* (de *trottoir*) une prostituée exerçant sur le trottoir et *parfum* une prostituée qui a des contacts avec des clients riches.

L'homme chauve a inspiré l'argot bulgare qui lui attribue deux appellatifs. Le premier est *kabriolet* et son diminutif *kabrio*, emprunté au français *cabriolet*. On se souvient que *poligon* désigne un crâne rasé. Derrière ces glissements sémantiques, des métaphores motivées par un humour féroce. La calvitie est associée à l'âge et à l'aisance matérielle (prototype du vieux beau au volant de son cabriolet) ou à l'intellectualité (figure du polytechnicien). Autre mot désignant un chauve, *fantomas*, par référence au héros du film *Fantomas*, interprété par Jean Marais et Louis de Funès.

Ce bulgare familier issu du français s'insinue partout : dans un article rapportant la visite du roi bulgare Siméon II et de sa famille, le journal *24 tchsa* évoque la princesse Kalina en ces termes : *e kouponiaslava do zori*. La princesse avait « kouponné », autrement dit, Kalina avait fait la fête jusqu'au petit matin.

L'AVENTURE BULGARE DE *JOUR, COUPON, TERRAIN* ET *MOQUETTE*

Jour s'implante dans l'argot bulgare des années 1930 et désigne une fête de jeunes, qui se tient dans la journée : danses et sandwiches au programme (*dansya* est d'ailleurs emprunté au français *danser*). *Koupon* apparaît dans l'argot estudiantin des années 1950 et signifie « fête, boum » : en Bulgarie, les coupons étaient indispensables pour se procurer denrées et boissons. Au début des années 1970, *teren* et *moket* font leur apparition, désignant l'un et l'autre une fête, une boum, une surprise-partie. Filiation du sens ? Pour organiser une fête-surprise, il faut un lieu : à l'extérieur, l'idéal est un terrain (d'où *teren*), à l'intérieur, une moquette s'impose (d'où *moket*). Aux dernières nouvelles, *koupon* aurait repris du poil de la bête. Aujourd'hui connu partout et de tous, le mot a fait des petits : *koupondjiya* (au masculin) et *koupondjiika* (au féminin) désignent une personne participant à une boum, le verbe *kouponiasvam* signifie « participer à une fête ».

CURIOSITÉS

Fait assez rare en Europe pour être signalé, on ne trouve point d'omelette au menu bulgare. Là-bas, on dit *prejeni yaytsa*, littéralement « œufs frits », un point c'est tout.

Faux amis

Planina signifie « montagne », *krak* signifie « pied » et *kon* signifie « cheval ». Derrière *midi*, on trouve des moules, derrière *pari*, l'argent, derrière *tele*, un veau et derrière *trup*, un cadavre.

Pour ce qui est des mots français, quelques surprises vous attendent. *Avoari* (de *avoir*) désigne la monnaie et *serviz* (de *service*), une employée de maison. *Mele* (de *mêlée*, terme de rugby) signifie « bousculade » et *alarma* signifie « bruit, tapage », comme autrefois en français. Enfin, *ajour* veut dire « très bien, magnifique ».

Décalage

Voici trois proverbes qui, ayant franchi la frontière bulgare, nous transportent à la campagne. « Tel père, tel fils » devient en bulgare « La poire ne tombe pas loin de l'arbre »… « D'une pierre, deux coups » donne « Avec une balle, deux lapins tués »… « Qui se ressemblent s'assemblent » se transforme en « Les ânes galeux se reconnaissent et se rassemblent ». On ne dit pas, en Bulgarie « Être comme cul et chemise »… Mais « Être comme fesses et culottes ». Nuance.

L'exemple français

L'opinion plutôt négative que les Bulgares ont des Français semble avant tout suscitée par le chauvinisme de ces derniers, mais cela ne s'exprime pas à travers des formulations particulières. En revanche, la politique française consécutive à la Première Guerre mondiale a laissé des traces : la

France ayant donné à la Serbie des garanties au sujet de ses frontières, l'expression *garantcja francija* « garantie française » est aujourd'hui synonyme de promesse politique peu fiable en Bulgarie. On l'utilise également, non sans ironie, dans la vie courante lorsque l'on doute de la bonne qualité d'un produit.

Selon Miriana Stantcheva, les expressions qui évoquent les Français sont liées à l'amour et au sexe : « J'ai en tête les expressions *un baiser à la française* et *faire l'amour à la française* pour désigner tout ce qui relève du sexe oral. Ce sont vraiment deux expressions très utilisées, indissociables, selon les Bulgares, de la culture française. Vous savez *le french lover.* »

Mot choisi

De langue maternelle bulgare, Miriana Stantcheva, née à Sofia, a rencontré le français dès la maternelle, à travers les comptines. La langue française lui est devenue familière une dizaine d'années plus tard : « Finalement, je l'ai apprise pendant un séjour de trois ans au Maroc. » Elle est étudiante en communication, en France.

« J'ai choisi le mot *gouzen*. Il désigne quelqu'un qui se sent coupable. Nous avons un proverbe qui dit : "Le *gouzen* fuit même si on ne le poursuit pas" (car il est conscient de sa culpabilité). Il me semble qu'il n'existe pas de tel mot en français. Personnellement j'ai voulu l'utiliser plusieurs fois et il m'a fallu expliquer ce que je voulais dire car je ne trouvais pas d'équivalent français. S'il y a un mot que la langue française devrait adopter, j'opterais pour celui-là car je trouve qu'il peut apparaître fréquemment dans la vie quotidienne. »

EN POLOGNE

Le polonais, une slave typée

La langue polonaise appartient à la branche slave de la grande famille indo-européenne, comme le russe. Mais, comme le tchèque ou le slovaque, elle fait partie d'une sous-famille particulière, le groupe slave occidental. Les trois sœurs polonaise, tchèque et slovaque ont entre elles quelques affinités.

Signes particuliers

La langue polonaise, hérissée de consonnes accumulées selon des associations aussi improbables à l'œil qu'à l'oreille français, est réputée imprononçable parmi les francophones. En réalité, le système graphique et phonétique du polonais est simple et cohérent. La prononciation est rigoureusement conforme à la graphie et l'orthographe infiniment plus régulière que celle du français. Voilà pour les bonnes nouvelles.

Du côté de la syntaxe, les choses sont moins simples. Comme plusieurs langues slaves, le polonais comporte sept cas (nominatif, génitif, datif, accusatif, vocatif, instrumental et locatif). Il existe cinq genres (le masculin personnel, le masculin animé, le masculin inanimé, le féminin et le neutre).

La flexion du verbe se fait non seulement pour indiquer la personne et le nombre, mais également pour déterminer le genre. Ce qui rend le pronom personnel superflu – son usage est réservé à l'emphase. L'ordre des mots dans une phrase a souvent peu d'importance, de sorte que le sujet et l'objet peuvent s'insérer avant ou après le verbe.

Écriture et prononciation

Comme les autres langues slaves parlées dans les pays d'héritage catholique, le polonais s'écrit avec l'alphabet latin. Afin de s'adapter à la phonétique du polonais, cet alphabet a été complété au moyen de l'accent aigu qui confère la mouillure (*ć*, *ń*, *ó*, *ś*, *ź*), d'une sorte de cédille qui nasalise (*ą* et *ę*). Le *ł*, typique du polonais, est proche du son français [ou] et le *ż* est un [j] dur. *Cz* et *dź* se prononcent [tch] et [dj].

Contrairement à d'autres langues, la différence entre *i* et *y*, loin d'être tout bonnement orthographique, est considérable. Le *i* se prononce de façon similaire au français, tandis que le *y* est un son situé entre le [é] français et le [eu] (comme dans *meule*).

Les lettres *q*, *v* et *x* n'existent que dans les emprunts et les mots étrangers.

LE DESTIN POLONAIS DES MOTS FRANÇAIS

Pour s'être trouvé en contact avec plusieurs langues étrangères, le polonais a reçu de nombreuses influences. Celle du latin (en raison de l'adoption du christianisme), de l'allemand, du biélorusse, de l'ukrainien et du russe (en raison de la proximité géographique et des événements politiques) et de l'anglais (avec la modernité). Les emprunts au français sont également nombreux, ils sont évidemment liés aux circonstances historiques ou politiques mais aussi à la fascination pour la culture et le mode de vie français (aux XVIIe et XVIIIe siècles), à la propagation des idées issues de la Révolution de 1789 (au XIXe siècle).

Les liens tissés de longue date entre la France et la Pologne doivent beaucoup à la politique européenne et en particulier aux mariages princiers. On peut situer les prémices de ces échanges au XVIe siècle, quand Henri de Valois, futur roi de France (Henri III), occupe brièvement le trône de Pologne (1573-1574). S'esquissent alors des relations commerciales entre la cour royale polonaise et la France.

Au siècle suivant, les gallicismes commencent à s'introduire à la cour polonaise, sous l'impulsion de deux femmes d'origine française qui, grâce à cette sorte d'épisode rocambolesque dont les politiques matrimoniales ne sont pas dépourvues, vont devenir reines de Pologne : Louise-Marie de Gonzague Nevers (sœur de la princesse Palatine) épouse Ladislas IV de Pologne et occupe le trône de 1645 à 1672, sa dame de compagnie, Marie Casimire Louise de la Grange d'Arquien, nommée en Pologne Maria Kazimiera – et même affectueusement surnommée Marysienka –, épouse Jean III Sobieski et règne de 1674 à 1696.

Deux autres souverains, Stanislas Ier Leszczynski et Stanislas II Auguste Poniatowski, vont prendre le relais au XVIIIe siècle, celui où l'influence française atteint son apogée. Le premier se trouve être le beau-père de Louis XV, si son règne polonais est bref (de 1704 à 1709 et de 1733 à 1736), le roi malheureux sera le bienfaisant souverain de son duché de Lorraine – de là, des émigrants lorrains partiront pour s'établir en Pologne. Le second, grâce à de longs séjours en Occident effectués dans sa jeunesse, s'est familiarisé avec tous les courants de la civilisation européenne de son siècle.

Ainsi, un souverain aussi francophile que francophone régnera sur la Pologne de 1764 à 1795, il fera construire sur les eaux un palais d'été inspiré du Petit Trianon. Mécène des arts, il accordera à l'actrice française Rose Gertrude Hamon la permission d'ouvrir une école à Varsovie, en 1780.

Un autre Français s'intéresse beaucoup à la vie théâtrale polonaise, Emmanuel Murray. Auteur d'un manuel à l'usage des acteurs commandité par le prince Adam Kazimierz Czartoryski, Emmanuel Murray était venu en Pologne en 1770 en mission militaire, il s'y était établi et avait épousé une Polonaise. En 1792, il obtient l'accord de la cour royale pour fonder un journal en langue française, *La Gazette de Varsovie* qui, en 1807, deviendra *Le Journal de Varsovie*.

Les élites cultivées polonaises se passionnent alors pour tout ce qui vient de France. Le lexicographe Samuel Bogusław Linde, dans son *Słownik* (« Dictionnaire »), édité en 1804, note environ 800 mots d'origine française. Les exemples qu'il donne proviennent surtout des comédies qui reflètent la langue courante, la littérature plus « sérieuse » tenant à préserver la pureté de la langue polonaise.

C'est en premier lieu dans le domaine du théâtre que s'imposent des termes français : *teatr* et *afisz*, *scena*, *kulisy*, *loża* et *parter*, *trupa*, *tournee*, *employ* et *rolę*, *antrakt*, *aplauz* « applaudissement » et *owacjia* « ovation », *aktor* « acteur » et son féminin polonais *aktorka* « actrice », *dubler* « doublure » et même *subretka* « soubrette ».

L'art de vivre à la française apporte son lot de nouveautés dans la vie quotidienne.

Dans le domaine des vêtements et de la parure, voici des tissus, *tiul* « tulle », *żorżeta* « crêpe georgette » et *gaza* « mousseline », des couleurs, *amarant* « amarante », *granat* « grenat » et *beżowy* « beige », des accessoires, *perruque*, *jabot*, *corset* et *biżuteria* « bijoux », voici enfin *makijaz* « maquillage ».

Un nouvel art d'habiter, inspiré par Versailles, se dessine. Voici *mansarda* et *parkiet* « parquet », *taras* « terrasse », *weranda* et *balkon*, *buduar* et *salon*, *lustro* et *żyrandol* « lustre, chandelier » (de *girandole*), *komoda* « commode », *szezlong* « chaise longue » et *fotel* « fauteuil », *kanapa* « canapé », *kanapy* « banquette » et *sofa*. Une surprise, *wersalka*, vocable fabriqué à partir de *Versailles* désigne un simple canapé-lit. Par référence au logement de fortune des courtisans dans les corridors encombrés de Versailles, peut-être.

À la toute fin du XVIIIe siècle, sous la pression des événements politiques, la référence à la France prend une autre dimension. Après le troisième partage de la Pologne (1795) entre la Prusse, la Russie et l'Autriche, l'usage du français devient symbole d'opposition chez les patriotes polonais, ceux qui restent en Pologne ou ceux qui se dispersent alors à travers l'Europe. Au siècle suivant, et même au-delà, le français fera encore figure de langue associée à une certaine résistance. Aussi le français va-t-il inspirer le vocabulaire politique polonais : *opozycja* « opposition », *rewolucja* « révolution » et *abdykcja* « abdication », *agitacja* « agitation », *agitować* « agiter » et *aktywista* « activiste », *anarchia* « anarchie » et *anarchista* « anarchiste », *emancipatsia* « émancipation » et *emanatsia* « émanation », *afera* « affaire » et *crestia* (de *question*, utilisé comme en français pour évoquer un problème, à propos du Moyen-Orient par exemple), *referendum* et *ultimatum*, *prezydent*, *minister* et *premier* « premier personnage politique ».

En Pologne, l'aventure napoléonienne n'a pas manqué de laisser des traces. À la suite du traité de Tilsit (1807), Napoléon fait du grand-duché de Varsovie un protectorat, c'est-à-dire un territoire qui garde son gouvernement mais doit entière obéissance à l'Empereur. Les codes français s'imposent. Le service militaire devient obligatoire, d'où l'implantation d'un vocabulaire militaire issu du français : *alarm* et *atentat*, *atak* et *atakować* « attaquer », *adiutant*, *admiral*, *kontradmiral* et *wice admiral*, *artyleria* et *żandarmeria*.

La justice est réorganisée. L'influence juridique française, notamment celle du code civil, marque alors le droit polonais et la langue de diplomatie : *ambasador*, *ambasada*, *konsul*, *konsulat*, *dyplomat*, *attaché* et *porte-parole*.

Voici une autre trace, inattendue, du passage de Napoléon… Un gâteau. *Napoleonka* est le nom donné à une sorte de millefeuille. Aussi compact et indigeste que le Code Napoléon ?

La prédominance des emprunts à la langue française se poursuit jusqu'à la fin du XIXe siècle, avec des termes mondains et des mots qui s'installent durablement dans la vie quotidienne.

Comment on parle français, aujourd'hui, en Pologne

Dans un dictionnaire du parler varsovien au XXe siècle, sept cents gallicismes environ sont répertoriés, dont beaucoup d'expressions reflétant un certain art de vivre et de converser. Un brin désuètes, ces formules viennent pêle-mêle à l'esprit de mes informateurs : *vis-à-vis*, *en face*, *déjà vu*, *à propos*, *savoir-vivre*, *femme fatale*, *carte blanche*, *au courant*, *bon mot*, *bon ton*, *chapeau bas*, *comme il faut*, *en bloc*, *enfant terrible*, *faux pas*, *fin de siècle*, *noblesse oblige*, *par excellence*, *va banque*, *Grand Prix*…

À Varsovie – dans les milieux « éduqués », me dit-on –, certaines personnes aiment faire usage de petits mots et expressions d'origine française. La motivation essentielle étant sans doute de se distinguer, la référence au modèle français est affirmée à travers le maintien de l'orthographe et de la prononciation originales. Dans certains cercles de la capitale – où l'hôtel le plus en vue est «*Le Regina*» –, *conversatia*, *courtoisia*, *savoïr vivr*, *galanteria*, *vizita*, *rendez-vous* et son diminutif *rentka* (réservé au rendez-vous amoureux) sont utilisés en connaissance de cause.

Dans les villes, on reconnaîtra *bulwar* et *aleja* «avenue» (de *allée*), *apartman* (appartement de luxe, suite dans un grand hôtel) et *garsoniera*. Quelques menus glissements: *parter* désigne le rez-de-chaussée d'un immeuble ou d'une maison, *suterena*, le sous-sol, et *entresola*, la mezzanine. Enfin, *bel etage* correspond au premier étage d'une résidence officielle ou d'un hôtel particulier, dédié aux réceptions. *Bel etage*, évocateur d'un certain prestige, est aussi l'enseigne choisie par certains établissements de luxe – hôtel, restaurant…

Dans le domaine de la gastronomie, un joli lot des mots français et quelques surprises.

Avant toute chose, apprenez que *kolacja* (de *collation*) désigne le dîner. Au *menu* d'un *restauracja* prestigieux, on pourrait trouver *krab*, *krewetka* et *langusta*, *foie gras*, *boeuf Strogonov* et *fondue*. Au moment du *deser*, on peut imaginer *szarlotka* «charlotte», *tart* et *blanc-manger* (nom utilisé autrefois en France pour désigner le fromage blanc, en Pologne c'est un entremets). Entre la fin du carnaval et le début du carême, des *faworki* peuvent être servis. Ces gâteaux croustillants, frits dans l'huile, ont la forme d'un ruban, d'où leur nom, tiré du français *faveur*. Ensuite? *Szampan*, *koniak*. Côté douceurs, voici *beza* «meringue» (de *baiser*) et *bombonierka* «boîte de chocolats» (de *bonbonnière*).

On retrouvera avec plaisir, ici ou là, notre chère baguette, *bagietka*, ainsi que quelques spécialités familières : *omlet*, *frytki* « frites », *bezamel*, *majonez*, *musztarda* et *korniszon*, *konfitura*, *krem* et *czekolada*. Côté technique, voici *rondel* « casserole » et *kouwertura* « nappage au chocolat ».

Pour ce qui est des surprises, sachez que *kotlet* désigne une escalope de volaille roulée ou, à Varsovie, une boulette de viande hachée. *Krokiet* désigne aussi une boulette.

Côté chiffons, on fera quelques trouvailles, en Pologne. Là-bas, on connaît *haute couture*, *prêt-à-porter*, *moda* et *modne* « à la mode ».

Voici *garsonka* (de *garçonne*) et *kostium* (de *costume*), deux tailleurs féminins, l'un pour l'été, l'autre pour l'hiver, voici encore *blouzka* « chemisier » (de *blouse*) et *szal* « châle ». Les dames disposent de *negliż* « deshabillé », leurs bas résille sont nommés *kabaretki* (de *cabaret*, n'est-ce pas) et leurs dessous portent un délicieux nom… *ineksprymable*.

Les messieurs ne seront pas en reste. Ils apprécieront ces vestes d'intérieur répondant aux doux noms de *bonżurka* (de *bonjour*, bien entendu) et *toujourek* (de *toujours*, évidemment). Côté accessoires, ils pourront dénicher des petits foulards répondant aux noms de *apachka* (emprunté aux apaches français) et *gawrochka* (emprunté à Gavroche, héros du roman de Victor Hugo *Les Misérables*, symbole de l'esprit frondeur du peuple français). Pour ce qui est des couvre-chefs, ils disposent de *beret* et *tzélinder* « chapeau haut de forme » (de *cylindre*). À la fin des années soixante, les plus branchés choisissaient un képi, le *degolowka*. Le général *de Gaulle*, qui se trouvait, en 1967, en visite officielle en Pologne, inspira et le mot et la mode, qui fit véritablement fureur.

Le voyage des verbes français

De nombreux gallicismes ont été empruntés par voie indirecte, à travers l'allemand, intermédiaire naturel, d'un point de vue géographique, entre la langue française et la polonaise. Mais, si l'on adopte un point de vue historique, on découvre que bien des germanismes qui ont imprégné la langue polonaise au XIXe siècle, dans le sillage de la politique de germanisation menée par l'envahisseur allemand, ne sont autres que des mots empruntés précédemment au français.

Dans cette foule de mots français, beaucoup de verbes. Pour distinguer les verbes polonais directement issus du français de ceux qui ont fait un détour par l'allemand avant d'atteindre la Pologne, il existe un indice : le suffixe. Dans le premier cas, il prend la forme *-ować*, dans le second, celle de *-erować* (tiré du modèle allemand *-ieren*).

Ainsi ont fait le voyage France-Pologne sans étape : *deklamować* « déclamer », *dementować* « démentir », *demolować* « démolir », *profitować* « profiter », *parlować* « parler », *rezerować* « réserver »... Ont fait étape en Allemagne : *froterować* « frotter », *flanerować* « flâner », *grawerować* « graver », *komenderować* « commander », *markierować* « marquer », *maszerować* « marcher »...

L'aventure polonaise de *Bardot*

La célèbre actrice française, vedette du sulfureux film de Roger Vadim *Et Dieu créa la femme*, n'est pas une inconnue en Pologne. Son nom, pourvu d'un diminutif, *bardotka*, littéralement « petite Bardot » est communément utilisé là-bas pour désigner cette blonde personne. Qui plus est, ce diminutif affectueux a été requis pour qualifier un soutien-gorge pigeonnant, ce que nous appelons « balconnet ». On devine pourquoi. Pour ce qui est du comment, sachez qu'il y a de la métonymie là-dessous : notre Brigitte nationale a été réduite à une partie d'elle-même, une partie charnue et appétissante, sa poitrine. Ce mot n'est utilisé que si le soutien-gorge en question laisse voir de belles rondeurs. Ce qui suppose un profond *dekolt* (de *decolleté*).

Curiosités

Les Polonais chérissent les diminutifs. Les mots français qui en sont pourvus ont été joliment adaptés à l'oreille polonaise. Ainsi, *charlotte* est devenu *szarlotka*, *serviette*… *serwetka*, *baguette*… *bagietka* et coquette… *kokietka.*

Les Polonais ont beaucoup emprunté au français et ils ont su cuisiner ces mots étrangers à leur façon, révélant ainsi une fantaisie fort réjouissante. Ils ne se privent pas du calque : *półswiatek* en est un, il est l'exacte traduction de *demi-monde*. Leurs adaptations ne manquent pas d'humour. Ainsi *alagieret*, derrière lequel on doit reconnaître – ce qui n'est pas évident – notre « à la guerre (comme à la guerre) » désigne en polonais une sorte de jeu de billard se jouant à deux personnes… *Gilotynować*, littéralement « guillotiner », traduit le fait de mettre brusquement fin à une conversation.

Faux amis

En polonais, *herbata* désigne le thé et non l'herbe et *dywan*, réputé d'origine française, ne désigne pas un divan mais un tapis. Curieusement, l'usage polonais de ce dernier vocable est conforme à la lointaine origine persane du mot que le français a oubliée.

En Pologne, on fait un usage inattendu du *pensionnat*. Dans la bourgeoisie polonaise, il était d'usage de faire construire un *dwór*, sorte de vaste manoir à un étage. Les chambres y sont nombreuses, plusieurs hectares de jardins parfois agrémentés d'un lac entourent le *dwór*. Aujourd'hui, ces manoirs sont reconvertis en *pensjonat*, c'est-à-dire en maison d'hôte de luxe.

Qu'y a-t-il derrière l'enseigne *delicatesy* ? Une épicerie fine, comme en Allemagne.

Décalage

En Pologne, on ne dit pas « bouche cousue », mais « bouche avec un cadenas » *buzia na kłódkę*... « Courir plusieurs lièvres à la fois » devient *złapać pięć srok za ogon* « attraper cinq pies par la queue »... Et « cela n'a ni queue ni tête » est rendu par *to nie ma rąk ani nóg* « ça n'a ni bras ni jambes ». Des métaphores presque semblables au français, un infime détail faisant la différence. Cela rend le décalage tout à fait réjouissant.

L'exemple français

Comme ailleurs, les Français semblent liés au sexe tabou ou malade : *miłość francuska* (l'amour français) désigne le sexe oral et *francuska choroba* (la maladie française), la syphilis.

Plus original et surprenant, pour parler d'une personne difficile, délicate, ou même prétentieuse, on emploie en Pologne l'expression *francuski piesek*, littéralement

« petit chien français ». Cela ne laisse rien présager de bon…

En fait, si l'on se penche sur les mots ou adjectifs empruntés au français et désignant des manières d'être, on découvrira que les Polonais se font des Français une idée plutôt négative, mais pas tout à fait. D'un côté, on a *ordynarny* « vulgaire », *galant* « frimeur », *buffón* « fanfarron », *arogant* « arrogant », *agresywny* « agressif » et *kujon* (de *couillon*) « celui qui se met au travail juste avant les examens ». De l'autre côté, on trouve *entusiasm*, *bomond* « la société qui compte » (de *beau monde*), *lamur* qui désigne un amant (de *l'amour*) et *szampan*, de *champagne*, qui, transformé en épithète, s'applique à une femme gaie, aimant la fête.

Mots choisis

Marta Plonska a choisi le mot *ład*. « Il se prononce [wat] ; quant à ce qu'il veut dire… Il peut exprimer la notion de bonne organisation, de bon arrangement (spatial ou temporel), la notion d'ordre et la notion de calme, de sérénité ou d'harmonie. Pour faire en quelques mots, *ład* c'est une harmonie bien structurée dans l'esprit et l'environnement, un peu sobre pour autant. »

Janina Zielinska a préféré *malusieńki*, littéralement « tout petit ». « Je me fais l'ambassadrice non pas d'un mot mais d'un phénomène propre à notre langue (comme à d'autres langues slaves) : la diminution. Voila comment on peut exprimer l'idée de "petit" en polonais : *mały*, *maleńki*, *maluteńki*, *malutki*, *malusi* et *malusieńki*. Les diminutifs apportent à la langue l'affectivité, la douceur, la possibilité de nuancer, par un seul mot, notre attitude par rapport à quelque chose ou quelqu'un. »

EN RUSSIE

Le russe, une slave dépaysante

Notre dernière étape en territoire slave nous conduit en Russie. Le russe appartient à la branche slave orientale de la famille indo-européenne, comme ses sœurs ukrainienne et biélorusse.

R roulé, accent tonique voyageur, *u* enjolivé (*iou*), consonnes chuitantes (*ch*, *tch*, *chtch*), existence d'un *i* sourd, entre le [i] et le [u] français, transcrit par *y*... Ces fantaisies phonétiques ne sont pas étrangères à l'oreille française : princes, artistes de cabaret ou chauffeur de taxi, les émigrés venus en Occident après la révolution ont rendu populaire la douce musique de la langue russe. Une écriture très compacte (aucune lettre descendante ou montante) contribue également à faire du russe une langue dépaysante aux yeux des Français.

Signes particuliers

Langue particulièrement riche, propre à exprimer toutes sortes de subtilités, le russe est réputé difficile. Vrai ou faux ?

Du côté des choses simples : le russe sait se passer de l'article et du verbe *être* exprimé au présent. Ainsi, « la poule est un oiseau » devient en russe « poule oiseau », tout bêtement. Du côté des choses difficiles : les noms appartiennent à trois genres, les déclinaisons ont six cas et le verbe, capable d'exprimer des nuances que le français ignore, est en quelque sorte double, utilisant la forme perfective ou imperfective selon les cas. À l'impératif, par exemple, le perfectif exprimera la politesse, l'imperfectif une certaine rudesse : *sadities* « asseyez-vous »... *siadtie* « assis ! ».

Ce qui rapproche le russe du français ? L'art de développer une arborescence de mots à partir d'une racine. À partir de *klioutch* « clé », on obtient *vlioutchit'* « inclure » (*v* signifie « dans » comme le préfixe français *in*)... *izklioutchit'* « exclure » (*iz* est l'équivalent de *ex*)... *zaklioutchit'* « conclure » (*za* exprimant l'effet produit). Aussi est-il souvent possible, en décomposant un mot russe, d'en reconstituer le sens. *Spoutnik* = *s* « avec » + *pout* « chemin » + *nik* « celui qui »... « celui qui chemine avec, compagnon de route », d'où « satellite ». Astucieux.

Écriture et prononciation

Le russe, pays où la religion orthodoxe est majoritaire, utilise un alphabet cyrillique de trente-trois lettres. Voici les principaux signes utilisés pour transcrire le russe :

t' désigne un [t mouillé], proche de [ty]
kh correspond à la [jota] espagnole
ï marque la mouillure de la voyelle précédente
e se prononce le plus souvent [ié] et il est ainsi transcrit
c correspond à [ts]
č correspond à [tch]
š correpond à [ch].

En outre, *u* se prononce [ou], *e* se prononce [ié]. *Y* se prononce [i] lorsqu'il est entre deux voyelles et [y] devant *a*, *e*, *o* et *u*.

Le destin russe des mots français

La continentale Russie, longtemps restée à l'écart des peuples maritimes de l'Europe de l'Ouest, de leurs arts et de leurs sciences, a aussi été tenue éloignée du développement social et de l'évolution politique des pays occidentaux. Elle a cherché à combler ce retard par des emprunts aux nations européennes, et cela s'est traduit par des apports considérables de mots étrangers, notamment des mots allemands et yiddish dans le domaine du commerce ou des mots français dans toutes sortes de domaines touchant à l'art de vivre et à la culture.

Les premiers contacts avec la langue française sont livresques et remontent au milieu du XVIe siècle. Les lecteurs russes découvrent alors Rabelais et Ronsard, les premiers exemplaires de *Pantagruel* et *Gargantua* ainsi que les *Odes* étaient en effet parvenus en Russie peu après leur parution. Au siècle suivant, la renommée européenne de Corneille pousse *Le Cid*, *Horace* et *Polyeucte* jusqu'à Moscou. Là, en 1668, peu de temps après son inauguration, la première imprimerie russe publie la traduction de l'*Amphytrion* de Molière.

Au XVIIIe siècle, trois souverains et quelques passionnés de la culture et de la langue françaises vont s'en faire les ambassadeurs enthousiastes.

Lors de son second voyage en Occident, en 1717, le tsar Pierre Ier visite Paris, la cour du Régent… Il tombe sous le charme. De retour en Russie, il fonde, sur le modèle de l'Académie française, l'Académie des sciences de Russie – sa langue fut celle des savants qui la composaient, l'allemand.

Peu après la disparition de Pierre le Grand (1725), à l'initiative de quelques hommes, tels Lomonossov (écrivain et chimiste) et Trediakovski (linguiste et poète), une langue nationale se forme, dégagée du contexte religieux (jusque-là le slavon d'église tenait lieu de langue écrite) et inspirée par un modèle choisi, la langue française. Trediakovski et ses amis fondent, en 1735, l'Assemblée russe. Les grands textes de la littérature française sont alors traduits, imposant un effort constant d'affinement de la langue réceptrice : le russe littéraire naît ainsi du modèle français.

Le français commence véritablement à se répandre en Russie avec l'avènement d'Élisabeth Petrovna, fille de Pierre le Grand (1741). Icône de la culture occidentale, le français devient alors la langue de la littérature, des sciences, de la philosophie et il entre dans les mœurs. L'aristocratie, désireuse d'éduquer ses enfants dans cette langue, recourt à des précepteurs français ou suisses. Les jeunes gens russes font le voyage en France, faisant étape à Strasbourg avant d'élire domicile à Paris où de riches Russes séjournent et dépensent des fortunes.

Un théâtre français permanent est installé à Saint-Pétersbourg en 1756 et Élisabeth oblige l'aristocratie à assister à ses représentations : manquer les séances est passible d'amende ! *Stsena* « scène », *kulissy* « coulisses », *antrakt* « entracte », *aktrisa* « actrice », *aplodissemienty* « applaudissements », *ovatsia* « ovation »... Ces mots français arrivent alors.

Les revues qui se créent alors portent les textes français à la connaissance d'une société curieuse de découvrir une culture prestigieuse. Un Français fonde la première revue russe : le *Caméléon littéraire* est rédigé en français. La gallomanie est telle dans cette Russie du règne d'Élisabeth qu'une réaction ne tarde pas à se faire sentir. *L'Abeille laborieuse*, revue fondée en 1759, fait ses choux gras de la dénonciation de l'influence française et brocarde l'invasion du russe par des mots français.

Mais Catherine II entre bientôt en scène et, avec elle, l'esprit de la France des Lumières va imprégner la Russie.

Princesse allemande, la future Catherine II est éduquée par une Française huguenote qui lui apprit tout à la fois sa langue, la littérature et les manières policées de son pays. Grande lectrice, elle mûrit son destin en lisant l'*Encyclopédie*, le *Dictionnaire historique et critique* de Pierre Bayle, *De l'esprit des lois* de Montesquieu, *Essai sur les mœurs* de Voltaire. Cela ne l'empêche pas de dévorer les *Lettres* de Mme de Sévigné, la *Vie des Dames galantes* du mémorialiste Brantôme, et nombre de romans français. Devenue impératrice (1762), elle confie à d'Alembert l'éducation de son fils et, soucieuse de moderniser son pays et d'accéder à une renommée européenne, choisit comme interlocuteurs des philosophes français. En 1763, elle entame avec Voltaire une correspondance régulière qui durera quinze ans, durant l'année 1773, elle accueille Diderot, avec qui elle s'entretient très librement.

Catherine II se révèle aussi écrivain, et ses œuvres, elle les écrit en français – c'est pour l'impératrice un motif de fierté. Qui plus est, elle traduit elle-même des œuvres françaises et donne à la diffusion des traductions françaises des moyens considérables. Il existait sous son règne – elle en avait décidé ainsi – des imprimeries privées, la censure était tempérée par la liberté d'expression chère à ses amis Voltaire et Diderot. L'Université de Moscou publie en 1767 un choix d'articles de l'*Encyclopédie*.

Enfin, en 1783, Catherine II parachève l'œuvre de Pierre Ier en dotant la Russie d'une académie littéraire dont la langue fut le français.

L'exemple venant de si haut, la France, à l'époque de la Grande Catherine, eut une influence culturelle considérable. La pratique d'écrire, voire de publier en français est fréquente. Voltaire, Buffon, Rousseau figurent en bonne place dans la bibliothèque des familles nobles. Saint-Pétersbourg vit à l'heure française : aller au spectacle ou au bal, s'habiller, se nourrir sont autant d'occasions d'agrémenter le quotidien de mots français.

Le français, langue de l'intelligentsia et de l'aristocratie russes en ce XVIIIe siècle gallomaniaque, marque le domaine diplomatique et militaire, avec *attaché*, *dejourny* (celui qui est « de jour », de service), *jandarm* (de *gendarme*), *agressia* (agression)… Le domaine culturel et artistique avec *avtor* « auteur », *artist*, *avangard*, *akademia*… La vie quotidienne n'échappe pas à l'influence française : voici *komod*, *kanape*… Dans le domaine de la table, voici *kagor*, derrière lequel on devine peut-être le nom d'un vin français. Les négociants russes introduisent au XVIIIe siècle le vin de Cahors. Ce nectar, boisson préférée de Pierre le Grand, va devenir le vin de messe de l'Église orthodoxe. Plus tard, les Russes produiront en Crimée leur propre *kagor*, un vin liquoreux, consommé en apéritif ou au dessert.

De nouvelles attitudes se dessinent comme en témoignent *anekdot*, *randevou* et *chantrapa*. Ce curieux mot a été fabriqué à partir du français « ne chantera pas » en des temps où les maîtres de chant français faisaient la sélection des élèves doués ou non. *Chantrapa* a fini par désigner, en Russie, une personne insignifiante.

Éclate la Révolution française. La fascination pour le modèle français va-t-elle se déliter ?

Les journaux qui diffusent librement les nouvelles venues de France s'enthousiasment et la société cultivée applaudit. Le tirage des œuvres françaises, celles des encyclopédistes, ne cesse de croître jusqu'à ce qu'en 1792, horrifiée du sort fait à un monarque, Catherine II brûle ce qu'elle avait contribué à propager. Les ouvrages de Voltaire et de Rousseau sont livrés aux flammes, la frontière est fermée, en 1796, aux livres français et jusqu'au traité de Tilsit (1807) qui scelle l'alliance franco-russe, l'influence des idées françaises, en apparence, régresse.

En réalité, en dépit de ces mesures radicales, les élites russes vont rester pour longtemps solidaires des idées agitant l'Europe. Et c'est par l'usage du français qu'elles manifestent leur appartenance à la culture européenne. L'arrivée des émigrés français que Paul Ier accueillit en Russie ne fera que renforcer ces liens. Si Louis XVIII, le prince de Condé, le duc de Châtillon, la princesse de Tarente, le duc de Richelieu ne sont pas les ambassadeurs des idées de la Révolution à Saint-Pétersbourg, ils contribuent à les y maintenir, ainsi que l'usage du français, dans les rangs de plus en plus nombreux des élites se rêvant européennes. Les jésuites recueillent en Russie leurs frères chassés de France et l'abbé Nicolle ouvre dans la capitale un collège français où les plus grandes familles russes envoient leurs enfants.

Pouchkine sera l'emblème de ces générations imprégnées de culture française. Dans le *Roman russe*, Eugène Melchior de Vogüé révèle : « En fait, son esprit fut formé par les émigrés, MM. de Montfort, Rousselot, Xavier de Maistre. Son père savait par cœur Molière, son oncle mourut en lisant Béranger ; quand il entre au lycée, il écrit à peine sa langue maternelle, mais il est nourri de Voltaire. »

Certes, à la fin du XVIIIe siècle, beaucoup d'esprits renoncent à penser et à vivre en lorgnant vers la France, la langue française fait même l'objet de railleries vers le milieu et la fin du siècle, il n'empêche, la Russie aura été, pendant quelques décennies, le pays le plus gallomaniaque de toute l'Europe.

Et elle le reste, dans une large mesure, au XIXe siècle. Quand s'ouvre celui-là, Russes et Français sont en contact à travers les campagnes militaires. Le 24 juin 1812, Napoléon pénètre en Russie à la tête de la Grande Armée, le 14 septembre, il est à Moscou. Le tsar Alexandre Ier, à la poursuite des armées de Napoléon, entrera à son tour à Paris en 1814.

Les grognards impériaux et les cosaques de Koutouzov échangent des coups… et du vocabulaire. Dans le fracas des batailles, ces derniers attrapent des termes militaires : *batalionne*, *ofitser*, *maïory*, *serjanty*, *marechaly*, *soldaty*… Napoléon laisse du sang et des larmes derrière lui, mais aussi des mots. Ainsi, *chval* et *charomigua*, venus dans le sillage de la Grande Armée, ont pris racine en Russie.

L'origine du mot *chval* (du français *cheval*) remonte à la débâcle de 1813. Sur le chemin de la retraite, grognards et cavaliers se trouvent aux prises avec la boue provoquée par le dégel. Le spectacle de milliers de chevaux pourrissants aurait inspiré aux Cosaques le détournement du mot *cheval* qui en russe désigne une « personne malhonnête », autrement dit une « pourriture »… Autre mot venu avec les soldats de Napoléon, *charomigua*. Ce mot désignant un mendiant est tiré de « cher ami » : sur les chemins de la retraite, les soldats affamés mendient quelque nourriture en s'adressant ainsi aux villageois.

Trace inattendue de l'épopée napoléonienne en Russie… un vêtement. La redingote grise de Napoléon était célèbre et, les choses futiles étant souvent mêlées aux sérieuses, les Russes ont adopté ce manteau qui met si bien la silhouette en valeur. Mais, pour désigner ce vêtement masculin, ils n'ont pas choisi *redingote*, ils ont emprunté un mot français *surtout*. Devenu *surdut*, le mot est encore en usage dans le monde de la mode.

Un autre vêtement portant un nom français arrive en

Russie au XIXe siècle : *toujourka*. Ce mot désigne une veste de tous les jours, il a été imaginé d'après notre *toujours*. Après la révolution d'Octobre, dans les années 1920-1930, *toujourka* désigne une veste de cuir, « uniforme » des miliciens et des commissaires politiques.

Dans la Russie du XIXe siècle, on lit, souvent dans le texte, les auteurs français et les philosophes des Lumières. Les grands écrivains russes du XIXe siècle sont sans aucun doute les héritiers de cette culture européenne véhiculée par la langue et la littérature françaises.

La littérature russe porte véritablement l'empreinte de cet amour pour la langue et la culture françaises, elle est parsemée de mots français – ou de phrases entières – et cela saute aux yeux car ces mots amoureusement choisis ne sont pas imprimés en caractères cyrilliques mais en caractères latins. À l'époque de Pouchkine et de Gogol, on estime la langue russe grossière et inexpressive, on déplore que des mots comme *charmant*, *séduisant* ou *vapeurs*, y soient intraduisibles. Alors, on ne les traduit pas !... Léon Tolstoï, qui écrivit le premier chapitre de *Guerre et Paix* en français, adore *pied-à-terre*, et *tant pis*. Pouchkine introduit *Revenons à nos moutons*. Bien d'autres expressions se retrouvent telles quelles chez les auteurs russes : *Cherchez la femme !... J'ai d'autres chats à fouetter... C'est un enfant terrible*. Lénine retiendra *C'est un fait accompli*.

L'avènement de l'Union soviétique n'a pas changé grand-chose. Le *Testament français*, de Makine, témoigne de cette vénération de la France et de cet amour de la langue française encore vivaces au XXe siècle.

COMMENT ON PARLE FRANÇAIS, AUJOURD'HUI, EN RUSSIE

Les séismes du XXe siècle ont mis un terme à l'âge d'or du français en Russie, mais n'en ont pas effacé le souvenir. À Saint-Pétersbourg, la langue française n'a pas perdu son prestige, elle conserve une excellente position (la ville compte 850 professeurs de français) et serait, selon certains, vouée à devenir la langue de la culture. Par ailleurs, pendant la période soviétique, la culture française a été une échappatoire aux soucis quotidiens, son aura a été ainsi préservée. Aujourd'hui, une ribambelle de mots français parsèment la langue russe. On les utilise pour leur allure chic ou bien on s'amuse de leur air désuet.

Dans les villes, des traces de l'empreinte française. Il existe à Moscou, une *chosse Entouziastov* « chaussée des Enthousiastes ». On y trouvera, ici ou là, une *aveniu* ou un *bulvar*, on y reconnaîtra *trotuar* et *guazone* « gazon », *monumiente* et *terassa*, *kiosk* et *magazin*. À Saint-Pétersbourg une chaîne de salons de thé porte l'enseigne *Entromié* (de *entremets*). En Russie, *appartamient* désigne un appartement de luxe ou une suite dans un grand hôtel, *bel etaj* est le premier étage, dédié aux réceptions, d'une *rezidentsia* officielle ou d'un hôtel particulier, et *parter* est le rez-de-chaussée d'un immeuble ou d'une maison.

Les Français réfractaires à la langue russe ne mourront pas de faim. Ils pourront même choisir un *guastronomitcheskiy restoran*. *Metrodotel* ou *ofitsiant* se feront un plaisir de satisfaire leur *klient* en lui apportant *sparja* « asperges » ou *soufflie*, *krab*, *omar* ou *karp*, *ragu*, *sausisska* ou *kotleta*. Première surprise, derrière *kotleta* se cache une boulette de viande hachée, de poisson ou de légumes. En Russie, on connaît *omlet*, *champinion* (de Paris) et *julièn*. Deuxième surprise, *julièn* doit son nom à Julien, chef français qui officia pour un tsar et désigne un petit gratin de champignons. Troisième surprise, *viniegret* désigne une macédoine de betteraves et éventuellement d'autres légumes et il n'entre point de vinaigre dans l'assaisonnement. À ce propos, sachez que le *menu* peut proposer *salat i maionez provensal*. Un conseil, on tâchera d'éviter le *bifchteksk-kaoutchouke*.

Au moment du *dessiert*, on ne sera pas pris au dépourvu : *ekler*, *profiterol*, *krembrule*, *roulett* « gâteau roulé », *biskvit* et *beze* « meringue » (comme en Allemagne). Après ça ? *Butyelka champanskova*, *koniak*, *likieur*, *muskat*... Côté vins, pas de problème, on trouvera *bordo* et *burgundskoïe*, on pourra demander *bokal vina iz rezerva* « un verre de vin de la réserve ».

Dernière surprise, *baton* désigne soit un pain industriel très sec, typique de la période soviétique, soit un saucisson.

Côté chiffons ? Dans la *gardierob* des filles, on trouvera *kombiniezone* « combinaison », *bluzka* « blouse », *iubka* « jupe », *pulover* et *salop*. *Salop* désigne un manteau agrémenté d'une pèlerine, le mot français emprunté, *salope*, supporte l'idée de décontraction, comme en allemand. Les garçons disposent de *calçone* et *shorti*, de *frak*, de *kostium* et de *panama*. Filles et garçons se partagent *kachne* et *beret*, *botinki* « bottines », *mokassini* et *sandali*. Côté bijoux, voici *bracelete*, *broch*, *kolie* et *medalionne*. Côté toilette, voilà *bigoudy* et *flakon odekolona*. Côté accessoires, on retrouve *bagaj*, on découvre *sak-voaïaj* et l'ineffable *ritikule*. Le *réticule*, petit sac à main chic, juste assez grand pour contenir un poudrier, fait partie de la panoplie des dames russes.

S'il est question de divertissement, on n'aura que l'embarras du choix : *spektakl*, *opera*, *balet*, *vodevil*, *maskarad*, *marionetka*, *tsirk*, *reviu*, *kankan*, *kabare*, *diskotieka*...

Enfin, on sera surpris d'entendre, au hasard des conversations quotidiennes, quelques expressions toutes faites empruntées au français : *Cherchelafame* (*cherchez la femme*)... *Selavi* (*c'est la vie*)... *Sanfassone* (*sans façons*)... *L'art pour l'art... Noblesse oblige... Et voilà*... Les jeunes gens ne sont pas les derniers à recycler ces nombreuses formules qui sembleraient parfaitement désuètes aux yeux de la jeunesse française. Et, quand rien ne va plus, ils n'hésitent pas à user d'une interjection bien française : *Bordel !*

Plus étonnant, les Russes, décidément inspirés par le français, ne se gênent pas pour inventer. Ainsi, ils se régalent de l'expression *j'aipamangesijour*, inconnue en France. Cette phrase, en français dans le texte, est tirée des *Douze Chaises* d'Ilya Ilf et Eugène Petrov et elle est prononcée à tout propos, par jeu... Autre fantaisie dans le goût français, *šeročka s mašeročkoj*, littéralement « chère avec ma chère ». La formule, inconnue du français, s'applique, de manière moqueuse, à deux amies qui bavardent ensemble en faisant des manières : « elles sont comme *šeročka s mašeročkoj* », dit-on. Allusion aux manières apprêtées des Français, un brin prétentieux peut-être... *Pižon*, emprunté au français *pigeon* ne désigne-t-il pas un frimeur ?

L'ART D'ACCOMMODER LES VERBES FRANÇAIS

Comme savent le faire d'autres langues (l'allemand, le néerlandais...), le russe accommode les verbes français d'un préfixe afin de les bien digérer. Avec *-irovat*, c'est un jeu d'enfant : *tsirkulirovat* est la version russe de *circuler...* derrière *kompromentirovat* on devine *compromettre... annulirovat* signifie « annuler » et *likvidirovat* « liquider »...

L'AVENTURE RUSSE DE QUELQUES EXPRESSIONS FRANÇAISES

Expression chérie des auteurs russes, *tête-à-tête* traverse les romans du XIXe siècle, sans perdre ses caractères latins. Cette formule a eu tant de succès qu'elle a, pour finir, été calquée : la forme russifiée *mem ha mem* a pris le relais. Le sens a aussi évolué. Il est parfois question d'entrevue discrète entre deux personnes (comme en français), mais il peut s'agir de confrontation (sens inconnu du français).

Notre *À la guerre comme à la guerre* est passé en Russie sans perdre son sens initial, mais avec un jeu de mots en prime, car *lager* signifie « camp » (comme en allemand).

Amikošonstvo, littéralement « ami-cochon », désigne une attitude familière. Cette réjouissante expression vient probablement du croisement de « être copains comme cochons » (très copains) avec « nous n'avons pas gardé les cochons ensemble » (qui suggère une familiarité excessive).

CURIOSITÉS

On prétend que le mot *erunda*, qui signifie « bêtise, absurdité », est né du mot *gérondif*, importé en russe par des lycéens issus des familles nobles russes. L'apprentissage du français, obligatoire pour ces jeunes gens bien nés, ne s'est sans doute pas fait sans peine.

Les Russes ont inventé ce curieux néologisme *bolchevita*, délicieux hybride mettant en jeu trois langues. Sur le principe français du mot-valise, *bolchevita* associe le russe *bolchevik* et l'italien *dolce vita*. Ce mot traduit la *melankholia* (de *mélancolie*) éprouvée au souvenir des années rouges où l'avenir semblait radieux à certains…

Faux amis

Parmi les mots français qui ont pris racine en Russie, certains ont muté. Ainsi, *batarêia*, de *batterie*, veut dire « chauffage central » et *akumuliator*, de *accumulateur* évidemment, désigne une batterie. *Taz*, de *tasse*, veut dire « bassine », *basseïne* s'emploie pour « piscine » et *baignoira* désigne les loges, au théâtre. Enfin, *bokal*, de *bocal*, désigne un verre à vin. Et *furšet* (de *fourchette*), un cocktail. Il suffit de le savoir.

Avant de vous lancer dans une conversation avec une dame, vous ne devez pas ignorer que *galantereja* (de *galanterie*, bien sûr) désigne… des articles de mercerie. Quant à *šarmanka*, issu du français *charmante*, il désigne… un accordéon. À cause d'une chanson française populaire en Russie « Charmante Catherine ».

Afin d'éviter les quiproquos, sachez qu'il existe aussi de véritables faux amis, des mots russes qui ressemblent bigrement à des mots français, mais, attention, ils n'ont pas du tout le même sens. *Cheval* se dit *kone*, et *idiot* veut dire « s'en aller ».

Au restaurant, vous risquez fort d'entendre, entre clients et garçons, un étrange dialogue : – *Chiotte ?* – *Chiass !* Des injures ? Mais non, *chiotte* signifie « addition » et *chiass*, forme raccourcie de *setchiass*, veut dire « tout de suite ».

Décalage

Nelzia obiat' nieobiatnoie, littéralement « On ne peut pas faire le tour de l'incommensurable », correspond à notre « Qui trop embrasse mal étreint ». En plus grandiose, russe oblige ! Il s'agit d'un aphorisme de Kozma Proutkov, pseudonyme de trois écrivains du XIXe siècle.

L'exemple français

Parijski nasmork, littéralement « rhume parisien », est une manière argotique de désigner la blennorragie. Hormis cette allusion aux habitudes sexuelles intempérantes des Parisiens, il ne semble pas exister d'expressions traduisant l'opinion que les Russes ont des Français. Cela dit, on n'en pense pas moins, comme en témoigne cette observation consignée par Dimitri Pissarev (1840-1868) dans son *Esquisse historique* : « Quand un Français a la colique, il dit que c'est la faute du gouvernement. »

Mots choisis

Carole Sigman a retenu des mots fort commodes. « Il y a en russe une série de mots très pratiques qui permettent de définir des individus appartenant à une même catégorie. On ne peut les traduire en français que par une périphrase.

Par exemple, *edinomyšlennik*, littéralement "celui qui pense la même chose", que l'on devrait traduire ainsi : "partisan d'une même idée" ou encore *rovesnik* "qui a le même âge".

Parfois, le français a un équivalent. Ainsi, *odnoklassnik* correspond à *condisciple*. Mais le russe est plus précis puisque ce terme désigne précisément un condisciple du lycée, alors que *odnokursnik* est réservé à un condisciple de l'université.

Cela dit, je ne sais pas si je militerais pour faire entrer ces mots dans la langue française, mais plutôt pour qu'on leur trouve des équivalents. »

SEPTIÈME ÉTAPE

UNE LANGUE OURALO-ALTAÏQUE

EN TURQUIE

Le turc, un bouillon de cultures

Vieille de plusieurs millénaires, la langue turque n'appartient pas à la grande famille indo-européenne. Parlée à l'origine par des nomades de Mongolie, elle est, en Europe, l'unique représentante de la famille ouralo-altaïque. Mais ce n'est pas sa seule originalité.

Au fil de plusieurs siècles de vie commune avec d'autres peuples, les Turcs ont mâtiné leur langue – apparentée au mongol, donc d'origine asiatique – de mots empruntés au persan – langue indo-européenne – ou à l'arabe – langue sémitique. Le turc résulte ainsi du métissage de trois familles linguistiques complètement différentes. Autre forme de métissage, la langue turque a adopté et utilisé plusieurs siècles durant la graphie arabe avant de l'abandonner au profit de l'alphabet romain au XXe siècle. Aujourd'hui, son lexique a conservé soixante-cinq pour cent de mots d'origine arabo-persane auxquels se sont ajoutés un nombre impressionnant de mots français et beaucoup de mots italiens. Le turc est un véritable bouillon de cultures.

Signes particuliers

Le turc est une langue facile, surtout depuis l'adoption des caractères latins en 1928. Il n'y a en turc aucune lettre inutile ou muette pour la lecture : le turc se lit comme il s'écrit.

La difficulté est ailleurs. Apprendre le turc, c'est apprendre le maniement des suffixes. Le turc est en effet une langue agglutinante, autrement dit une langue dans laquelle des suffixes s'ajoutent au radical nominal ou verbal. Chaque suffixe ayant une forme unique, l'enchaînement simple des mots peut à lui seul exprimer la pensée.

La phrase turque est différente de la phrase française : le verbe est placé à la fin. La façon de concevoir, de penser, d'exprimer les choses est pragmatique. Ainsi on ne dit pas : « le livre que j'ai acheté pour toi est sur la table ». On dirait plutôt : « pour toi que j'ai acheté le livre sur la table est ».

Écriture et prononciation

Depuis la révolution kémalienne, le turc s'écrit avec l'alphabet latin complété de quelques lettres. Par ailleurs, certaines lettres se distinguent du français par leur prononciation.

L'alphabet comporte huit voyelles, quatre dures : *a*, *o*, *u* [ou], *ı* (prononcé entre [i sourd] et [é très fermé]) et quatre douces : *e* [è], *ö* [eu], *ü* [u], *i*.

Des consonnes ajoutées ou prononcées de manière particulière : *ş* se prononce [ch], *ç* [tch], *c* [dj] et *ğ* [bourdonnement guttural presque imperceptible] ; après *a*, *ı*, *o*, *u*, le *ğ* provoque un allongement de la voyelle.

L'accent circonflexe indique qu'il faut mouiller la consonne précédente : *kâ*, *kû*, *gâ*, *gû*.

Le destin turc des mots français

Au XVIe siècle, l'Empire ottoman s'ouvre au monde occidental. Des traités appelés *Capitulations* (ils étaient, en effet, divisés en *chapitres*), destinés à régler le statut des étrangers, furent établis vers 1535-1536 entre le sultan Soliman le Magnifique et le roi François Ier. Dès lors, les Français sont libres de voyager dans l'Empire et de commercer avec la Sublime Porte, ils jouissent de la liberté de religion et seul le consul de France peut les juger. Unique puissance européenne à jouir de ces privilèges, la France importe alors dans l'Empire ottoman produits et denrées venant d'Europe ou même du Levant (draps, fils de coton, papier, sucre...). La voie est ouverte aux choses, les mots vont suivre.

Si, de bonne heure, quelques mots sont arrivés de France ou *via* la France par la voie commerciale, c'est après 1789 que le français fait véritablement son entrée en turc, voyageant cette fois avec des idées nouvelles. En effet, des manifestes rédigés en français sont distribués à Istanbul par des émissaires dépêchés de France afin d'étendre les idées de la Révolution dans l'Empire ottoman. On retrouvera cette voie de pénétration deux siècles plus tard : les idées des Lumières, propagées par les écrits de Rousseau, Voltaire et Montesquieu auront une influence certaine sur la Révolution kémaliste.

Au XIXe siècle, les mots français commencent à emprunter la voie de la diplomatie. Le 18 juin 1854, le sultan Abdul-Medjid Ier passait en revue la troisième division de l'armée française qui allait combattre en Crimée et l'on vit, après le défilé, « L'ombre de Dieu s'approcher de Madame la Maréchale de Saint-Arnaud et des autres dames et les complimenter en français [1] ». Notre *rosette* passe en turc *(rozet)* avec la chose (décoration, médaille).

Le sultan précédent avait déjà introduit dans sa vie quotidienne un certain nombre d'habitudes et de modes européennes. En 1829, Mahmud II promulgua un décret modifiant – d'après le modèle européen – les tenues civiles et militaires. *Pantolon* et *redingot* sont adoptés pour les fonctionnaires de l'État. Le sultan lui-même opte pour les chaussures et le pantalon, il renonce au turban au profit du fez. Dans le palais de Mahmud II, ici ou là, une *tablo* « table » ou une *şezlong* « chaise longue » apparaissent parmi divans et coussins, et l'on voit même sur les murs le *portre* du sultan.

L'organisation de l'État et celle de la cour sont alors rénovées sous l'influence occidentale. Dans les écoles nouvellement fondées – entre autres l'École supérieure de guerre et l'École de médecine –, l'enseignement est dispensé en français et son étude devient obligatoire pour de nombreux fonctionnaires de l'État. L'usage s'établit d'envoyer les élèves les plus doués en Europe, surtout à Paris, afin d'y parfaire leur éducation et, autour du souverain et des hauts dignitaires, gravitent de jeunes diplomates ne rêvant que de Paris et de modes parisiennes. À partir du milieu du siècle, une société prête à se rallier aux modes – sinon au modèle – de l'Occident se fait l'ambassadrice de nombreux termes culturels français. Ceux-là laissent entrevoir de nouvelles habitudes. Dans le domaine de l'ameublement, voici *sömine* « cheminée », *bibiyotek* et *salon*, *banket*, *kanepe* et *berjer*, *paravan*, *etajer*, *abajur* et *buket*, *porselen* et *opalin*. Dans le domaine de la mode et de la toilette, apparaissent de nouveaux tissus, de nouvelles couleurs et de nouveaux accessoires : *flanel*, *fötr*, *jorjet*, *kaşmir*, *koton*, *kotonperle*, *krep*, *kreton*,

1. A. Ubicini, *La Turquie actuelle*, Hachette, 1855.

moher, *muare*, *ponje* et *poplin*... *bordo*, *maron* et *turkuaz*... *broş* « broche » et *kolye*, *postiş* « postiche » et *monokl*.

Dans l'Empire ottoman, diplomatie et enseignement ont ouvert aux mots français une voie royale. En 1867, le sultan Abdülaziz, désireux d'entreprendre un ambitieux programme de réformes, se rend à Paris à l'invitation de Napoléon III, il visite l'Exposition universelle et se trouve vivement impressionné par les grands lycées parisiens. Dès son retour, décision est prise de restructurer l'école du Palais de Galata (fondée en 1481) avec la collaboration du ministre français de l'Instruction publique, Victor Duruy. Ainsi fut créé, en 1868, le lycée impérial ottoman de Galatasaray. Toutes les matières scientifiques y étaient dispensées en langue française (et elles le sont toujours) par des professeurs français, et les autres matières en langue turque par des professeurs turcs. Cette tradition s'est poursuivie après la fin de l'Empire ottoman (1923), les élites de la Turquie moderne ont fréquenté des écoles en langue française. Outre le célèbre lycée de Galatasaray et l'université du même nom (qui a ouvert ses portes en 1994), il existe aujourd'hui à Istanbul et Ankara sept lycées francophones.

Au XXe siècle, l'influence de Mustapha Kemal est déterminante. Nourri de Voltaire, Rousseau, Auguste Comte, Camille Desmoulins et Montesquieu, admirateur des Lumières, mais également de la France révolutionnaire et de Napoléon, Mustafa Kemal Atatürk, le « père des Turcs », va prendre en main la destinée de la jeune République de Turquie à la chute de l'Empire ottoman.

S'inspirant du modèle européen, le président entreprend une série de réformes visant à la modernisation du pays et cela passe par l'occidentalisation des mœurs. Le port du fez, considéré comme un symbole féodal est interdit aux Turcs qui sont incités à porter des chapeaux – *bere*, *kasket*, *panama* – et priés d'adopter le code vestimentaire européen – *kostüm*, *pardösü*, *veston*, *kaşkol*, *şömiz*, *kravat*… Le port du *hijab* est fortement déconseillé et les femmes adoptent *korsaj*, *şömizye* « chemisier » et *rop* « robe »… Musiques et danses orientales sont interdites et, à partir de 1934, la radio n'émet plus que des rythmes occidentaux. Le développement de la culture occidentale est favorisé à travers l'*opera*, le *bale* et la *müsik*. Dans les domaines culturels – danse, musique, art, littérature –, de nouveaux mots français viennent enrichir le lexique turc : *dans*, *arabesk*… *arşe* « archet », *klarnet* « clarinette », *trampet*, *trombon*, *viyolonsel*, *melodi*, *operet*, *senfoni*… *ekspozisyon*, *konservatör* « conservateur », *konservatuvar*, *mesen* « mécène »… *monolog*, *roman*…

La volonté de sortir de la sphère culturelle arabo-musulmane se concrétise également par une réforme linguistique radicale. Mustapha Kémal impose un *alfabe* phonétique latin – qui retranscrit plus fidèlement les sons turcs que ne le faisait l'alphabet arabe. Le 1er novembre 1928, le nouvel alphabet, désormais seul autorisé pour écrire le turc, est adopté et tous les Turcs âgés de 6 à 40 ans doivent retourner à l'école pour l'apprendre. En 1932, Atatürk met en place la Société de langue turque à laquelle il confie la lourde tâche d'épurer la langue des tournures et du lexique arabo-persans. Cette révision de la langue donne naissance à un nouveau turc : l'*öztürkçe*, le « turc pur ».

COMMENT ON PARLE FRANÇAIS, AUJOURD'HUI, EN TURQUIE

Si la réforme de l'alphabet avait été suivie d'une épuration de la langue, celle-là ne visait pas les mots français. Bien au contraire… Quand le turc ne peut répondre aux besoins nouveaux, notamment dans le domaine de la science et de la technique, de l'économie et de l'industrie, dans celui de la médecine, le français fournit les mots nécessaires et ils sont légion : *dinamit*, *diyapozitif*, *imaj*, *informatik*... *grev*, *lisansiyer*, *marşandiz*, *partöner*, *prospektüs*, *restorasyon* « ravalement »... *dyabet*, *grip*, *hijyen*, *protez*... Ces termes nouveaux s'ajoutent aux très nombreux termes de civilisation installés de longue date ou récemment implantés dans la langue turque ; grâce à cette exceptionnelle hospitalité vis-à-vis du français, 7 500 mots, dont 3 000 d'usage courant sont aujourd'hui répertoriés dans le vocabulaire turc, c'est énorme.

En dépit de leur nombre imposant, les mots français ne sont pas pleinement incorporés au vocabulaire turc, ils sont repérables car leur prononciation (transcrite selon l'usage phonétique turc) est très peu altérée. Il suffit de déambuler dans les villes turques pour voir un tas de termes français écrits phonétiquement : *gar*, *foto laboratvar*, *butik*, *parfümeri*, *şarküteri*, *kafeterya*, *kvaför*...

À propos, sachez que pour une *mizanpli* (avec *bigudi*), on ira au *kuaför* (et non pas chez le coiffeur) et on en ressortira *buklli* « bouclé / e », à moins que l'on ne préfère une coupe *alabros* ou *alagarson*. À défaut de coiffeur, on pourra aller chez le *berber* « barbier ».

En Turquie, plus qu'ailleurs en Europe, le vocabulaire de la ville est riche de mots empruntés au français : *bulvar*, *pasaj*, *observatuvar*, *garaj*, *ser* « serre » et *manej* « manège »... *korniş balkon*, *koridor* « galerie » et *asansör*... *otel*, *palas* et *pansiyon de famille*... *möbleli* « studio meublé », *garsoniyer* « lieu de rendez-vous galant », *atölye* et *apartman* (c'est un immeuble)... *bar*, *bistro*, *büfe*, *buvette* et *kafeterya*... Oui, *tuvaleti* désigne les toilettes et *dama* est inscrit sur celles réservées aux dames.

Au *restoran*, on ne sera pas nécessairement dépaysé : le

menü est là, et le *metrdotel* aussi. Selon la qualité de l'établissement, on retrouvera, outre notre chère *omlet*, les incontournables *şampiyon*, *beşamel* et *mayonez*, mais aussi *ordövr* et *garnitür*, *melon* et *sufle*, *kornişon* et *alakok* « œuf à la coque », *jambon*, *kotlet* et même *kotletpane*. Côté douceur, voici *gato* et *fondan*, *peşmelba* et *profiterol*, *pötibör*, *gofret*, *bisküvi* et *pötifur*. *Aperitif*, *pastis*, *şampanya*, *likör* et *konyak* sont réservés aux grandes maisons.

Côté chiffons, il y en a pour toutes les saisons : *anorak*, *bone*, *mufla* et *fular*, *kaban*, *gabardin* et *kaşpusye*, *manto* et *palto*, *şandel* « chandail » et *bluz*, *bermuda* et *bikini*, *sandal* et *sandalet*, *şoset* « chaussette » et *şoson* « chausson ». Les dessous féminins ne manquent pas : *kilot* « culotte » et *sütyen* « soutien-gorge », *kombinezon*, *korse* et *kaşkorse*, *jüpon* et *ropdöşambr* « robe de chambre »…

Dans les maisons, voici pêle-mêle, *radyatör* et *vantilatör*, *frijider* et *kuvertür*, *abajur*, *ampul* et *aplik*, *biberon* et *fritöz*, *tirbuson*, *buşon*, *kapsül* et *karafa*, *agraf*, *klasör* et *albüm*, *etajer* et *portmanto*, *lavabo* et *küvet* « baignoire », *tabure* et *pelüş*.

L'influence du français sur le lexique turc s'est accélérée au cours des cinquante dernières années. La Seconde Guerre mondiale, puis l'accès de la Turquie aux divers organismes occidentaux (OTAN, Conseil de l'Europe) ont déclenché un nouveau flux de mots. Des contacts, établis non seulement au niveau des gouvernements mais entre des hommes de toutes classes et de toutes conditions, ont favorisé la pénétration du vocabulaire français dans tous les domaines de la vie humaine. Sous l'influence des médias et en particulier de la télévision – de très nombreux journalistes ont étudié dans les écoles francophones –, chaque jour ou presque voit l'apparition de francismes et parfois, là où les Français eux-mêmes ont adopté un mot anglais, les Turcs utilisent un mot français : *ekran* pour un moniteur d'ordinateur et *klaviye* pour son clavier.

Dans la vie de tous les jours, on peut entendre des termes de politesse français, *bonjur*, *pardon* ou *mersi* (qui s'utilise en concurrence avec le mot turc correspondant). *Mösyö* et *dam* sont vieillis, mais *madam* est encore en usage. Cela dit, une évolution toute récente se dessine. Aux yeux des Turcs lettrés, la langue française a certes gardé un grand prestige et elle reste synonyme de culture, mais aujourd'hui la couleur du vocabulaire importé ou son détournement moqueur permet de mesurer la déception de la Turquie vis-à-vis d'une France qui hésite à l'accueillir au sein de l'Europe. *Moncher*, devenu une épithète péjorative, s'applique aux personnes snobs, individualistes, un brin hypocrites. Comme substantif, *moncher* désigne ironiquement un diplomate.

L'ART D'ACCOMMODER LES VERBES FRANÇAIS

Si, en général, les substantifs et les adjectifs passent facilement d'une langue à l'autre, ce n'est pas le cas des verbes. Or, dans la langue turque, on trouve tout de même une centaine de verbes empruntés au français – exclusivement des verbes appartenant au premier groupe. En turc, dans la conjugaison, ces verbes sont traités comme des participes passés, d'où leur extrême facilité d'utilisation.

Voici quelques exemples : *empoze etmek* « imposer », *kopye etmek* « copier », *kumande etmek* « commander » (terme militaire), *organize etmek* « organiser », *vize etmek* « viser » (un document, un passeport), *dejenere etmek* « dégénérer ».

L'AVENTURE TURQUE DE *TONTON*

Tonton, ce diminutif familier de *oncle*, évoque en turc la rondeur, la bonhomie. On s'adresse ainsi affectueusement aux bébés, aux jeunes enfants un peu ronds ou encore aux personnes âgées.

CURIOSITÉS

La structure agglutinante de la langue turque permet l'expression, en un seul mot, d'une phrase complète. Il suffit, pour cela, d'ajouter au radical un nombre de suffixes placés dans un ordre bien défini. Un bon exemple valant mieux qu'un long discours, en voici un : *Türk - les - tir - e - me - dik - ler - im - iz - den - mi - sin - iz*… Les tirets ne sont utilisés ici que pour séparer les différents éléments et permettre une meilleure visualisation des douze suffixes constituant ce mot qui signifie : « Êtes-vous de ceux que nous n'avons pas pu turquiser ? »

Ici, une phrase entière tient en un seul mot, c'est un exemple extrême, mais il n'est pas rare de rencontrer des mots composés de cinq ou six suffixes.

FAUX AMIS

Aujourd'hui, des mots français alimentent l'*argo* turc. Tout argot a coutume de recycler des mots du vocabulaire courant en transformant leur sens. Il en va ainsi dans les exemples empruntés au domaine des relations commerciales, ils ne manquent pas d'humour : *torpil* (*de torpille*) signifie « favoritisme » et *echantyon* (de *échantillon*) désigne un pot-de-vin. Constatons au passage que, dans ce dernier cas, l'argot français utilise le mot turc *bakchîch*. Celui-là a pris en français la couleur péjorative que l'on sait, alors qu'en turc il avait, au moment de son introduction dans notre langue par Gérard de Nerval, le sens neutre de pourboire et non le sens dévalorisé de « pot-de-vin ».

Autres exemples, dans le domaine des relations intimes : *şańjman* (de *changement*) qui, en turc, signifie « boîte de vitesses » désigne de manière argotique la poitrine et *vites* « levier de vitesse », le pénis.

Décalage

« *Si* et *quand* étant plantés, il pousse *rien* » est l'équivalent, plus radical, de notre « Avec des *si*, on mettrait Paris en bouteille ». Quant à l'expression turque « La voie de la raison est unique », elle correspond exactement au français « Les grands esprits se rencontrent ».

L'exemple français

On retrouve ici le fameux « baiser français » *fransiz öpücügü*... *Randevu* est lui aussi utilisé par les Turcs, il n'est pas réservé aux affaires sentimentales mais peut être appliqué à toutes sortes de situations. Cet usage, conforme à celui du français, n'est pas majoritaire en Europe.

Le français est aussi requis pour désigner des réalités subtiles, des qualités, des sentiments, des manières d'être : *efemine*, *espritüel* (et *espri*), *bohem*, *banal*, *ironik* (et *ironi*), *koket* et *koketri*, *kompetan*, *sempatik*, *pitoresk*, *süblime*, *romanesk*, *melankolik*, *mizantrop*, *şik* (de *chic*, « élégant, élégante »), *lüks* « luxueux »... Ce qui suppose une image positive des Français et de leurs manières. Mais...

Alafranga, littéralement « à la française », signifie, selon mes informateurs, « à l'européenne, à l'occidentale ». Dans cette expression, utilisée pour souligner la modernité d'une chose, d'un style, la référence aux manières françaises a ainsi été gommée… Cela suggère un certain désamour vis-à-vis des Français. Pour être récent, ce sentiment semble bien implanté, comme le confirme une expression fort à la mode dans le turc actuel, « rester français » (*fransiz kalmak*) qui signifie…. être à côté de la plaque, ne rien comprendre à la situation ! Les tergiversations de la France sur la question de l'entrée de la Turquie dans l'Europe sont la cause de ce vif engouement pour une expression nettement péjorative.

Mot choisi

Mine Gokce, journaliste se partageant entre la Turquie et la France, se fait l'ambassadrice du mot *sığ*.

« Il y a évidemment beaucoup de mots turcs qui n'ont pas de véritable équivalent en français. Le premier qui me vient a l'esprit, c'est *sığ*. Cela veut dire “peu profond”. Nous avons en turc *derin* pour dire profond et *sığ* pour dire peu profond…

C'est un mot essentiel pour désigner le manque d'intelligence, de culture, d'âme. Utilisé très couramment, il est beaucoup plus expressif que tout ce que le français peut fournir pour qualifier les gens nuls et niais qui pullulent à notre époque… »

HUITIÈME ÉTAPE

UNE LANGUE INDO-EUROPÉENNE ISOLÉE

EN GRÈCE

Le grec, une lointaine parente si familière

Dans la tribu des langues européennes, des familles nombreuses – celles des langues romanes, germaniques ou slaves – côtoient des langues isolées. Le grec en est une.

La parenté de la langue grecque, vieille dame d'une respectable longévité, avec les langues indo-européennes est si ancienne qu'elle est assez obscure. Le durable rayonnement culturel du grec est certainement lié au fait d'avoir su dominer la tendance naturelle à la diversification en dialectes en promouvant une langue *commune*, la *koïne*. Ainsi, par-delà les dialectes restés vigoureux, les Grecs de l'époque classique se comprenaient et, ce faisant, ils étaient en mesure de partager une culture.

Nous entretenons avec la langue grecque, indissociable de l'humanisme dont les cultures européennes sont imprégnées, des relations familières depuis la Renaissance. Notre vocabulaire en porte la trace : dans tous les domaines scientifiques – physique, médecine, botanique… –, le grec s'est trouvé impliqué dans la formation de vocables savants.

Signes particuliers

Le grec moderne – comme le grec ancien – fait grand usage de l'article défini, même devant les noms de personnes : le Périclès, la Mercouri… C'est une langue à déclinaisons et, en grec, même les noms propres se déclinent. Cette particularité, qui peut sembler rebutante à un francophone pour qui l'ordre des mots est primordial, est pourtant source d'une grande liberté d'expression.

Le grec possède trois genres (masculin, féminin et neutre), le joli duel (nombre utilisé pour désigner deux personnes ou deux choses) a hélas disparu. En revanche, comme en grec ancien, le pronom sujet n'est exprimé que par la conjugaison, l'ajout du pronom personnel apporte une nuance emphatique : *imé* « je suis »… *égo imé* « moi, je suis ».

Par ailleurs, le grec distingue deux aspects pour chaque verbe, marqués chacun par une forme propre : une forme continue (calquée sur le présent) et une forme instantanée (calquée sur le passé, appelée *aoriste*). Cette différence est très vivante et se retrouve au futur et au subjonctif. Un Grec ne confondra pas *tha ton do* et *tha ton vlepo* : les deux signifient pourtant « je le verrai », mais le premier sous-entend « une fois » tandis que le second signifie « continuellement ».

Enfin, détail formel, le grec ignore le point d'interrogation, qui est rendu par un point-virgule.

Écriture et prononciation

L'écriture grecque, dérivée de l'écriture phénicienne, l'une des premières écritures alphabétiques, n'est certes pas familière à qui pratique l'alphabet latin. Aussi est-elle ici translittérée. Si l'alphabet ancien s'est maintenu, la prononciation des voyelles s'est simplifiée. Pour rendre compte de sons étrangers à sa phonétique – présents dans les mots empruntés, notamment – le grec a adopté certaines conventions : *mp* pour le son [b] ou *nt* pour le son [d]. En effet, le *bêta*, deuxième lettre de l'alphabet, ne se prononce pas [b] mais [v] et le *delta*, quatrième lettre de l'alphabet, ne se prononce pas [d] mais [th], comme dans l'anglais *this*. Sachez enfin qu'il faut rouler gentiment les *r* grecs et respecter l'accent tonique exprimé en grec par l'accent aigu, ici reproduit.

Le destin grec des mots français

Les mots français sont nombreux à avoir été adoptés par la langue grecque, mais leur arrivée est relativement tardive. Au XIXe siècle et dans la première moitié du XXe, le grec a emprunté quelque 1 700 mots à la langue française, alors langue internationale en Europe, et en particulier dans les Balkans, où elle se trouvait être l'une des deux langues véhiculaires (l'autre étant le turc). En des temps où la question de la langue faisait débat en Grèce, les mots français ont été introduits par les partisans du grec courant ou démotique (de *démos* « peuple ») par réaction vis-à-vis de la tendance opposée qui cherchait à imposer une langue de puristes proche du grec classique.

Cette vague d'emprunts qui a marqué le grec moderne est liée à un vif sentiment de sympathie envers la France, avec, en arrière-fond, des enjeux politiques. À partir du XVIIIe siècle et au siècle suivant, quand le sentiment national se développe en réaction contre la souveraineté ottomane, les Grecs voient dans la France une grande nation sœur, qui exerce son prestige sur les savants, les intellectuels, les écrivains. Un grand nombre d'œuvres de la littérature française sont alors traduites et une certaine élite intellectuelle grecque, après avoir étudié dans les universités de France, fait du français son moyen d'expression favori et cultive un mode de vie à l'occidentale. À la fin du XIXe siècle, Athènes, surnommée « Le Paris de la Méditerranée », est animée d'une intense vie culturelle et mondaine. En témoignent des termes de théâtre, de ballet ou de jeu : *aván premiér*, *premiéra*, *partéri* « parterre », *zen premié* « jeune premier », *enzení* « ingénue » et *soumprétta*... *grandekár* et *pa-des-des* « pas de deux »... *mpakará* « baccarat », *semén de fer*, *roulêta*, *karó* et *tapí* « fauché ».

Au siècle suivant, Paris, également symbole de la Révolution française et des droits de l'homme, est le refuge des exilés politiques : les emprunts dans le vocabulaire du communisme ont des mots sources français. D'un autre côté, l'organisation de l'armée grecque ayant été confiée à un général français, les commandements militaires – encore en usage, d'ailleurs – sont *arm !* « armes ! » et *mars !* « marche ! ».

Au XXe siècle, un arrivage important de mots français en Grèce coïncide avec l'essor technologique. Le jeune État grec ayant confié la construction de son réseau ferroviaire à des techniciens français, on trouve moult mots français dans la langue officielle des chemins de fer grecs : *bagóni* (de *wagon*), *bagónli* (de *wagon-lit*), *marspié* (de *marchepied*), *otomotris* (de *automotrice*).

Dans les années 1960, dans le domaine de l'automobile, des mots arrivent, sous forme orale ou écrite, avec l'exportation des voitures Renault : *fíltro*, *embrayaz*, *debrayáz*, *karbiratèr*, *mpouzí*, autant de termes transparents. En voici d'autres, encore en usage aujourd'hui : *volán*, *levié*, *pedáli*, *kontèr* « compteur », *kapó*, *zánda* « jante ». Certains, pour avoir été largement diffusés, s'écartent formellement du modèle français : *sampréla* (de *chambre à air*), *rumoulkó* (de *remorque*). Une curiosité, pour finir, *boulkanizatér* désigne, en Grèce, un garage où l'on procède à la réparation d'une roue par vulcanisation du pneu.

Dans le contexte francophile du XXe siècle, c'est la classe supérieure athénienne, bientôt suivie par la bourgeoisie, qui adopte un mode de vie à la française et fait du français sa langue de cœur. Jusqu'en 1960, le français est la seule langue étrangère enseignée dans les écoles privées et d'État, des dictionnaires bilingues sont publiés. Dans les chansons, grec et français s'entremêlent, au cinéma, au théâtre, fleurissent des comédies où l'on voit la haute société parler français, les nouveaux riches les imiter maladroitement... et les gens du peuple se moquer des uns et des autres. Les emprunts non adaptés, ceux dont l'origine française est évidente, acquièrent du prestige et sont considérés comme particulièrement aptes à manifester une culture raffinée. Aussi, on raffole des mots français en *-age* : *avantáz*, *dezavantáz* et *boikotáz*, *reperáz* et *montáz*, *reportáz* et *sabotáz*, *korsáz* et *makiyáz*.

Ainsi le français a été porté vers la Grèce par des courants francophiles, il a voyagé avec des idées et avec la technologie, des phénomènes de mode se sont ajoutés tout cela a pu se produire, ici ou là, notamment en Europe centrale ou dans les Balkans. Mais, en Grèce, c'est particulier : dans le mouvement des mots qui ont voyagé entre Grèce et France, on observe un phénomène d'aller-retour. Le grec moderne a en effet réemprunté au français des mots formés à partir de racines grecques anciennes : *sinemá* (du français *cinéma*, lui-même issu du grec ancien *kinèma* « mouvement »). Les mots fabriqués par des savants français avec des éléments grecs sont, pour la plupart, devenus des internationalismes, utilisés partout dans le monde, mais, en Grèce, ils ont souvent été adoptés après de menus aménagements leur (re) donnant une allure indigène : *mikróvio* (de *microbe*), *thermométro* (de *thermomètre*), *tiléphono* (de *téléphone*), *néologizmos* (de *néologisme*)…

Depuis la constitution de l'État grec en 1833 jusqu'en 1950, le français a été le fournisseur quasi exclusif d'emprunts directs. Depuis, l'anglo-américain a pris le relais. Toutefois, le français sert de langue intermédiaire au profit des mots anglais. Un exemple parmi d'autres : *párkigk* vient du français *parking*, lui-même emprunté à l'anglais *parking-place*.

Comment on parle français, aujourd'hui, en Grèce

On recense aujourd'hui 2 500 emprunts directs au français dans un lexique qui en compte environ 80 000. Cette ribambelle de mots français chéris par les Grecs laisse entrevoir une image stéréotypée de la bourgeoisie en général et de la femme en particulier. Dans les années 1950 et jusqu'aux années 1980, une jeune fille grecque de bonne famille se devait de jouer du piano et de parler français.

Si l'on se fie aux mots français utilisés en Grèce jusqu'au milieu du xxe siècle, les Français constitueraient une société d'élite, où la femme joue un rôle pour le moins important. Les emprunts concernant la vie sociale sont restés dans leur jus, ceux qui en usaient il n'y a pas si longtemps manifestaient ainsi une certaine allégeance à la culture française, fascinés qu'ils étaient par une société élitiste (*elít*, *prestíz*) dans laquelle chacun est à sa place, *mpouzouáz* « bourgeois », *kokéta* « coquette » et *galantómoz* « galant homme » au salon, *gkoubernánta* « gourvernante » et *sofér* « chauffeur » à l'office… Les premiers se comportent avec *takt*, en suivant les règles du *sabouár bibr*, échangent des *kompliménta*, les seconds reçoivent des *pourmpouár*. Dans cette société évoquant une France de pacotille, on passe son temps à se rencontrer en *tetatét*, un *sampaniéra* (seau à champagne) à portée de main, ou à se donner *ranteboú* dans des endroits *sik* où l'on cause à tort et à travers, *mplamplá*, *mplamplá* (de *blabla*), on n'évite pas toujours les *burdez* (de *mpoúrdez*) ni le *klisé* « cliché ». Il s'y développe des *klíkez* « cliques » et gare à celui que l'on jugera *démonté*, *sofistiké*, *exantrík*, *mpanál*, *kretíno*, *mplazé*, *ramolí* ou *aríbista*... Mais ceux-là ont toujours la possibilité de dire *zémanfou* « je m'en fous » ! Certains comportements en usage dans ce petit monde sont évoqués à travers une galerie de personnages un peu olé olé : *metrésa* « maîtresse », *kokóta* « cocotte », *katína* « catin », *zigólo*, *fam fatál*...

Aujourd'hui encore, beaucoup de mots français concernent la sphère féminine et, en premier lieu, le domaine vestimentaire. Les dames grecques disposent de *soutién* « soutien-gorge », *kilóta* « culotte », *kolóntas* « collants » et *magió* « maillot de bains »... Et aussi de *mploúza* « blouse », *korsaz* « corsage » et *zaponé* « japonais » (c'est une blouse sans manches). Elles connaissent *ntekolté* « décolleté », *trouákar* (manche trois-quarts) *mini et maxi* (les jupes), *mantó* (vêtement léger, pour le printemps) *et paltó* (pour l'hiver). Côté accessoires, *foulâri*, *esárpa* et *kaskól*, *barettes* « chaussures à brides » et *sak vouayáz*. Des bijoux ? *Kolié*, *braselé* et, en prime, *faubizou*.

Les messieurs élégants disposent de *kambarntína* « gabardine », *kostoúmi*, *pantelóni*, *ziléko* (de *gilet*, mais c'est une veste), *graváta* et *papiyón* « nœud papillon ».

On use en Grèce de *haute-couture*, *prêt-à-portet*, *ntemisezón* et l'on dispose d'un lot de tissus et de couleurs raffinés. Côté tissus, *brocar*, *dzakar* « jacquard » et *dantéla*, *taftá*, *mousselîna* et *sifón* (de *chiffon*, c'est une soie), *kretón* et *prikál*, inspiré par le mot français *percale*. En grec, *proíka* désigne le trousseau de la mariée dont le linge était en percale… Côté couleurs, *pastél*, *gkri* « gris » ou *sourí*, *mpéz* « beige », *kaphé* et *foumé* « fumée », *róz*, *mov*, *bordó* et *véraman* « vert amande », et toutes sortes de *mple* « bleu », *siel*, *petról*, *mple-marén* « bleu marine » et *mple-rouá* « bleu roi ».

Côté toilette, encore des mots français : *makiyáz* et *kolónia* « eau de Cologne », *kréma*, *poúdra*, *kragión* « rouge à lèvres », *rouz* « blush » et *verníki*. Chez le coiffeur, le français est de mise : *sampouán*, *briyantíni* et *lak*, *boúkla* et *mes* « mèche », *misamplí*, *permanánt* et coupe *a la gkarsón* « à la garçonne »… Chez le photographe, même chose : *profíl*, *trouá-kar*, *en-face* et *portrèton* « portrait ».

Dans les maisons grecques, quelques surprises. On y retrouve *lámpa* et *sezlóngk*, mais aussi *portatíf* « lampe portative » et *sezpliant* « chaise pliante »… On y découvre des objets inattendus, *bol*, *karáfa*, *kaspó* « cache-pot », *skabó* « escabeau », *koubérta* « couverture » et *port-bèbè… semen* « chemin de table » et *tabló*… Et des commodités : *èr kondisioné* « climatiseur » et *kalorifér* « chauffage central », *lavabo* et *kampinéz* (cabinet d'aisances ou cabinet de toilette).

Il se trouve parmi les Grecs nombre de *bon vivér* que la *gastronomía* française ne semble pas avoir laissés indifférents. Au *restorán*, le repas s'accompagne d'un rituel : *gkarsón* (et *gkarsóna*, la serveuse) ou *servitóros*, *somelié* et *sef*, *menoú*, *a la kart* et *spécialité*, *koubér* et *servieta*… En cuisine, on reconnaîtra quelques termes techniques : *sos* « sauce », *besamél*, *kroutón*, *orntévr* « hors-d'œuvre », *mpen mari* « bain-marie » et *ogratén* « au gratin », *koubertura* « nappage au chocolat » et *santiyí* « chantilly ». Une foule de spécialités françaises ont d'ailleurs voyagé vers la Grèce. Entre *aperitíph* et *koniák*, voici *foua-gra*, *soukrout*, *omeléta*, *krokéta*…

Au dessert, quelle abondance ! *Babá*, *sou* (chou à la crème), *eclair*, *mous*, *milfeille*, *frouí glasé*, *tart-flambé*, *fondán*, *kréma karamélé*… *Marmeladá*, *beze* (c'est une meringue), *pti four* et *marón glasé*, la douceur préférée des vieilles dames grecques, à Noël. Celles-là connaissent aussi le *sabagiár*, le biscuit à la cuiller : le grec a maintenu un sens ancien du mot *savoyard*.

Le dernier chic étant de manger de la *fondue*, on sait tout de même apprécier, en Grèce, la *pourés-zambón* et le *kaphé olé*, auquel on peut préférer le *kaphé frapé* ou le *ntekapheïne*.

Quelques formules de politesse ou expressions françaises ont encore cours dans la Grèce contemporaine. *Pardon* était très courant jusqu'aux années 1960, il ne l'est plus – indice d'un probable changement culturel –, mais les jeunes utilisent *adio*, *merci* ou *mille mercis* et ils s'amusent avec le mot *truc* [tric]. Si *zamanfoú* est aujourd'hui désuet, il ne l'était pas dans les années 1950 où l'on usait aussi volontiers de *zamanfoutistas* (je-m'en-foutiste) ou de *zamanfoutismos* (je-m'en-foutisme).

En Grèce, les mots français vont et viennent au gré des modes, mais on n'observe pas de réactions puristes. Bien qu'un mot grec existe (par exemple, *avelkoustíras* « ascenseur »), on peut lui préférer son équivalent français (*asansér* en l'occurrence). En revanche, l'usage massif de mots français, qui a été l'apanage de la bourgeoisie, est depuis quelques décennies considéré comme parfaitement snob. Le parler frangrec suscite des réactions moqueuses, comme en témoigne une série télévisée qui eut un succès fou dans les années 1970 : *Mantam Sousou* (Madame Chouchou). Dans ces réjouissantes saynètes, une jeune femme, *Mantam*

Sousou, qui tient précisément à passer pour une personne de qualité, fait étalage de sa bonne éducation et, naturellement, elle utilise une foule de mots français *mon Dieu... silence... merci... très bien... combien... Monsieur... après-midi... a propos... en passant... comme ci comme ça... orvouár...* Quand elle rencontre quelqu'un, elle est ravie de lancer une formule de son cru : *bonjour ké bonsoir* (*ké* signifie « et »). Madame Chouchou passe un temps fou à faire sa toilette dans son *boudoir*, son air méprisant et ses manières affectées la rendent ridicule aux yeux des voisins et des commerçants.

Suffixation et concaténation, procédés empruntés

Le grec moderne ne s'est pas contenté d'emprunter au français une foule de mots, il a su s'approprier un lot de suffixes et même un schéma syntaxique et mettre ceux-ci en œuvre afin de former des mots nouveaux.

Primo, les suffixes empruntés au français sont utilisés de manière ingénieuse.

On retrouve *-erie* (comme dans *boulangerie*) sous la forme *eri*, d'où *ouzerí* « taverne où l'on boit de l'ouzo ».

Et aussi *-ine*, suffixe savant servant à créer des termes de chimie, sous la forme *-ina* ou *-ini*, d'où *dermatíni* « peau synthétique ».

Le suffixe *-ier*, *-ière* devient *-iéra* pour construire des substantifs désignant un contenant : *alatiéra* « salière », *zakhariéra* « sucrier ».

Le suffixe *-é*, qui construit en français des adjectifs dénominaux (formés à partir de noms, comme *âg-é*, *gripp-é*, *zél-é*), est utilisé de manière originale en grec pour construire des adjectifs dénominaux qui évoquent une propriété sensible de l'objet désigné par le nom de base. Par exemple, à partir de *petséta* « serviette de toilette », on obtient *petseté* « (tissu)-éponge »... à partir de *khióni* « neige », on a *khioné* « (tissu) moucheté »... à partir de *agóri* « garçon », on a *agoré* « (cheveux) à la garçonne ».

Secondo, la concaténation de deux substantifs sert à former des mots composés : *taxidi-astrapí* « voyage-éclair ». Or, ce procédé propre au français transgresse les règles de la morphologie et de la syntaxe grecques exigeant que les mots composés soient soudés et que le second substantif soit au génitif. Par-dessus le marché, l'ordre de la syntaxe grecque (déterminant + déterminé) est tout bonnement inversé (conformément au modèle français). Qui plus est, certains de ces composés comportent un élément emprunté au français : *timí-sok* « prix-choc ». D'autres, enfin, sont de purs calques du français *thési-kleidí* « mot clé ».

L'AVENTURE GRECQUE DE *CARMAGNOLE*, *TIRE-BOUCHON* ET *VACHE-QUI-RIT*

La Révolution française a laissé en Grèce une curieuse trace : la *carmagnole*. On la retrouve sous la forme *karmanióla*, mais ce mot ne désigne pas, en grec, une ronde dansée et chantée par des révolutionnaires. C'est le surnom de la guillotine.

Notre *tire-bouchon* se retrouve sous la forme *tirmpousón*, simplement adapté aux gosiers grecs... Mais aussi sous la forme *tripisóni*, mot assez proche phonétiquement, reconstitué à partir du vocable grec *tripa*, qui signifie « trou », selon un procédé cognitif baptisé « étymologie populaire » par les linguistes. En somme, *tire-bouchon* est devenu *trou-bouchon*. Ce procédé malin, utilisé pour donner du sens à ce qui n'en a pas, a été également mis en œuvre pour importer notre Vache-qui-rit nationale. Elle est devenue *baztipí*, *tipí* désignant en grec le fromage.

Curiosités

On retrouve en Grèce le célébrissime *rendez-vous*. Le *ranteboú* grec est dénué de sous-entendu, c'est une simple rencontre. Si affinités… Hellénisé par l'adjonction d'un de ces diminutifs affectueux qu'affectionnent les Grecs, il devient alors *ranteboúzaki* « petit rendez-vous ». Là, évidemment…

Le français *bourgeois* est passé en grec : *mpouzouáz*. Et *bourgeoisie* a suivi : *mpouzouazía*. Le premier, parfaitement hellénisé, a fini par se décliner, mais, curieusement, il n'a jamais eu de féminin en grec. Malgré l'existence de termes équivalents parfaitement grecs, on continue en frangrec.

Faux amis

Parmi les nombreux mots qui se sont installés en terre grecque, certains ont commencé une nouvelle vie : leur signification a évolué. Dans le domaine de la toilette, *roba* (de *robe*) désigne exclusivement une robe de chambre et *calcon*, un collant. Quant à *phermouár*, emprunté au français *fermoir*, il désigne la fermeture Éclair… Dans le domaine alimentaire, un *kroussán* est un croissant, oui, mais nécessairement garni de jambon et de fromage… Dans le domaine automobile, *por-bagáz* désigne en Grèce ce qu'on appelle « coffre » en France… Dans le domaine de la construction, *retiré* désigne l'étage supérieur d'un immeuble, de moindre surface, en retrait par rapport aux autres et disposant d'un large balcon. *Mézoneta* (mot hybride composé de *maison* +

-eta, suffixe diminutif grec) désigne une maison accolée à d'autres maisons semblables. *Garsoniéra*, en Macédoine, ne désigne ni un lieu dédié à la bagatelle ni un studio, comme ailleurs en Europe, mais une suite dans un grand hôtel.

Décalage

Comme en Espagne, on peut en Grèce « Aller chercher la laine et sortir tondu » *Pìye yia malli kai vyike kouremènos*, formule plus imagée que notre « Tel est pris qui croyait prendre ». Là où nous dirions « Méfiance est mère de sûreté », les Grecs disent *Opios filài ta roucha tou èchi ta missà*, littéralement « Qui garde bien ses vêtements, sauvegarde la moitié ». Plus concret, décidément.

L'exemple français

En Grèce, on peut filer à la française, *to skao alla gallika*, c'est-à-dire s'en aller sans saluer, d'une façon très discrète, presque en cachette, attitude ne relevant pas de l'impolitesse mais plutôt de la diplomatie. *To skao alla gallika*, c'est partir sans se faire remarquer pour échapper à une situation embarrassante, où l'on est mal à l'aise.

En Grèce, on connaît le « mal français » (la syphilis), on lui donne même deux noms, *malafràntza* ou *galliki arròstia*, et on n'ignore pas le *galiko fili*, le fameux « baiser français ».

Sans doute la France évoque-t-elle un certain art de vivre pour les Grecs qui ont retenu deux adjectifs banals et leur ont donné un sens particulier. *Complet* souligne le bien-être, la plénitude, on l'utilise pour qualifier un lieu confortable, la sensation ressentie après un bon repas. *Agagé* signifie se tenir bras dessus, bras dessous, tels deux fiancés (engagés).

Mots choisis

Trois mots choisis, des mots solaires, pour faire partager des sentiments, des émotions.

Rika Benveniste a choisi *képhi*, mot intraduisible (sinon, approximativement par « joie »), lié à un moment, à une ambiance, à ce que l'on ressent quand on est ensemble, joyeux.

Irene Papachatzi a choisi *térpsis*, que l'on pourrait traduire par « ravissement ». C'est un plaisir profond, intime, celui qu'on éprouve en lisant un livre, par exemple. Ce nom, *térpsis*, on le retrouve dans le nom de deux des neuf Muses, Terpsichore, vouée à la danse et à la poésie lyrique, et Efterpi (Euterpe) « celle qui donne bien le plaisir ».

Stefano Gabrieli a choisi *philótimo*. Ce nom signifie littéralement « amour-propre », en réalité il signifie bien plus, *philótimo*, c'est un sentiment de fierté, le respect de soi, qui rend généreux, accueillant à l'autre.

NEUVIÈME ÉTAPE

LES LANGUES ROMANES

EN ESPAGNE

L'espagnol, une sœur exotique

Dans la grande famille indo-européenne, sur la branche romane, ont grandi cinq langues sœurs, la roumaine, la française, l'italienne, la portugaise et l'espagnole. Les sœurs latines eurent des destins différents, chacune a révélé une personnalité singulière.

La langue espagnole s'est développée aux confins de l'Empire romain et, privée de contacts avec les autres colonies romaines, elle a conservé des formes latines anciennes, ce qui ne l'a pas empêchée d'innover pour se détacher du latin classique. D'autre part, les événements historiques ont imprégné le vocabulaire espagnol d'exotisme. La durable présence arabe dans la péninsule puis la conquête de l'Amérique ont laissé des traces considérables dans le lexique espagnol – nombre de termes arabes et amérindiens ont été transmis par l'Espagne à l'Europe.

Signes particuliers

Si la grammaire espagnole est assez comparable à celle de sa sœur française, on observe tout de même quelques différences – traces d'un neutre, grand usage du subjonctif et existence d'un futur dans ce mode, par exemple. Ou encore ceci : le complément d'objet du verbe est précédé de la préposition *a* s'il s'agit d'une personne, d'un nom de ville ou de pays. *Esperar a un hombre* « attendre un homme », *esperar un coche* « attendre une voiture ». Déférence vis-à-vis des humains…

À noter, le jeu des points d'interrogation. L'espagnol cerne ses phrases interrogatives de deux points d'interrogation, celui qui se trouve en début de phrase s'écrit à l'envers. Même jeu avec le point d'exclamation. Coquetterie graphique typiquement espagnole…

Autre particularité, dans les abréviations, les initiales des noms au pluriel sont redoublées : *EE. UU.* « Estados Unidos ».

Écriture et prononciation

Comme les autres langues romanes, l'espagnol a adopté l'alphabet latin complété par des digrammes (*ll* et *ch*, lettres doubles correspondant à un seul son) et des signes diacritiques. Le tilde, le plus célèbre d'entre eux, donne naissance à un caractère considéré comme une lettre à part entière, *Ñ ñ*, prononcée [gn].

Bien que les scribes espagnols aient inventé la cédille (*zedilla*, « petit *z* »), celle-ci n'est plus utilisée en Espagne depuis le XVIIIe siècle. Le français l'a conservée.

L'accent aigu sert à indiquer les accents toniques irréguliers et à distinguer quelques homophones. Bien prononcer l'espagnol réclame la maîtrise d'un son guttural rendu par les lettres *g* (devant *e* ou *i*) et *j*, la fameuse [jota]. Cela n'est pas simple.

En revanche, l'orthographe espagnole se résume à ceci : *En español, todo lo que se escribe se pronuncia.*

Le destin espagnol des mots français

Durant tout le Moyen Âge, du XIIe au XVe siècle, les liens qui se tissent entre l'Espagne et le reste de l'Europe favorisent l'implantation de mots français ou occitans au-delà des Pyrénées, dans les domaines militaire, littéraire, religieux ou commercial.

Dans la première moitié du XIe siècle, quand s'amorce la reconquête de la péninsule Ibérique occupée par les musulmans, des chevaliers français viennent prêter main-forte aux chrétiens espagnols. Des croisades successives conduiront en Espagne des Normands, des Poitevins, des Champenois, des Bourguignons, des Pyrénéens. Ceux-là vont laisser dans le lexique espagnol des termes militaires : *flecha* « flèche », *brocha* « broche », *malla* « maille », *estandarte* « étendard », avant le XIVe siècle ; *brida* « bride », *botín* « butin », au XVe siècle.

L'Espagne, désireuse d'entretenir de bonnes relations avec les chevaliers venus du Nord, va leur offrir ses riches héritières. Raimon de Bourgogne, en épousant la fille d'Alphonse VI de Castille reçoit la Galice, quelques Français prennent possession de seigneuries, en Catalogne, en Castille. À la faveur de ces alliances, la vie de cour à la française s'introduit en Espagne. Et avec elle, des titres ou des appellatifs franco-occitans comme *duque* « duc », *barón* « baron », *alemán* « allemand », *bachiller* « bachelier », *paje* « page », *dama* « dame », *garzón* « garçon » ; des termes liés à la littérature courtoise comme *homenaje* « hommage », *mensaje* « message », *coraje* « courage », *joya* « joie », *jardín* « jardin », *danzar* « danser », *chanzoneta* « chansonnette » ; des vocables liés à la table comme *jamón* « jambon », *baya* « baie », *brebaje* « breuvage ».

L'implantation française précoce est également liée à des motifs religieux. La fondation, par l'ordre de Cluny, aux Xᵉ-XIᵉ siècles, de monastères dirigés par des religieux français a des conséquences linguistiques notables : l'écriture française remplace l'écriture des Wisigoths, des œuvres françaises sont traduites. Des termes religieux français ou occitans entrent en espagnol : *capitel* « chapiteau », *capellán* « chapelain », *fraile* « frère », *preste* « prêtre », *hereje* « hérétique ».

Le pèlerinage de Saint-Jacques-de-Compostelle est à la source d'un nouveau flux de gallicismes. À partir du XIᵉ siècle, sur *el camino francès* « le chemin français », affluent des pèlerins de plus en plus nombreux qui, ayant franchi le col de Roncevaux, descendent vers la plaine et se dirigent vers le tombeau de Saint-Jacques. Dans leur besace, ils transportent des mots français ou occitans, des mots évoquant leurs besoins essentiels. Se loger : *mesón* (de *maison* « auberge »), *hostal* « hôtellerie ». Se chauffer : *chimenea* « cheminée ». Se nourrir : *manjar* « manger », *manjares* « mets », *viandas* « aliments », *pitanza* « pitance », *vinagre* « vinaigre ».

Empruntant le réseau des chemins de Compostelle, un courant migratoire se dessine en Navarre et Castille. Artisans et commerçants immigrés s'installent dans les villes où ils se regroupent en quartiers baptisés *vicus Francorum* ou *rua de Francos*. Les relations commerciales établies entre les deux versants des Pyrénées et par la voie maritime laissent aussi des traces. Des termes désignant des vêtements ou des tissus : *jaqueta* « jaquette », *cibelina* « zibeline », *paños de Ruan* « draps de Rouen » ; et des termes de marine : *borde* « bord », *quilla* « quille », *cable* « cable », *amarrar* « amarrer » .

Avec la Renaissance, en même temps que les premiers italianismes, une nouvelle vague de gallicismes atteint l'Espagne. Au milieu du XVIᵉ siècle, voici un nouveau lot de mots français relatifs aux usages de la table : *sumiller* «*sommelier*» et *servilleta* «*serviette*». D'autres concernent le domaine militaire: *batalla*, *batallón* «bataille, bataillon» (nous les avions empruntés à l'italien), *bayoneta* «*baïonnette*» et *xefe* (de *chef*) qui deviendra *jefe*. Apparaissent aussi *conserje* «gardien, concierge» et *galán*, *parque* «parc», *pincel* «pinceau» et *paquete* «paquet», *ciprés* «ciprès» et *fresa* (fraise).

Pendant le Siècle d'or de la littérature espagnole – entre la fin du XVe siècle et le milieu du XVIIe siècle –, le prestige culturel de la langue espagnole étant immense, le flux de mots qui franchit les Pyrénées s'inverse, le castillan devient prêteur et de nombreux hispanismes entrent en français. Ce mouvement est soutenu par l'alliance de souverains français – Louis XIII et Louis XIV – avec des infantes espagnoles, Anne et Marie-Thérèse d'Autriche.

Les politiques matrimoniales favorisent, en principe, les relations interculturelles. Pourtant, quand le petit-fils de Louis XIV est à son tour installé sur le trône d'Espagne à la fin du XVIIe siècle, les nobles espagnols boudent le français. C'est, il est vrai, l'époque où, en Europe, la résistance à la francomanie se développe. En 1714, l'Académie espagnole est fondée, son objectif sera de défendre la langue espagnole et d'endiguer l'avancée des emprunts.

Au XVIIIe siècle, les Français sont peu nombreux sur le territoire espagnol, hormis un assez grand nombre d'artisans établis en Andalousie. Bien qu'une bonne partie des nobles, plus ou moins espions, émissaires de Louis XV et Louis XVI, aient été renvoyés, la noblesse ne se désintéresse pas de la culture française: bon nombre de nobles espagnols lisent le français, il existe un théâtre français à Cadix. L'art de vivre français fascine, la vague de gallicismes atteint des sommets, les domaines concernés se multiplient. La table (*crema*, *croqueta*, *merengue*), la mode (*moda*, *modista*, *pantalón*), la maison (*salón*, *parqué*), l'administration (*control*, *burocracia*, *asamblea*, *barricada*) et les mœurs, avec des mots comme *coqueta*, *favorito*, *galante*, *intrigua*. On voit fleurir des expressions qui affichent leur origine française : *mettredotel*, *domestico… bonete de noche*, *deshavillé*, *toaleta*, *bucle… hombre de calidad…* Tout un vocabulaire calqué sur le français se mêle à l'espagnol et accompagne la vie mondaine : *interesante*, *remacable*, *furiosamente*, *la pieza es execrable*, *cantar a la perfection*.

Outre l'apparition de calques, tels *mano de obra* « main-d'œuvre » et *golpe de oyo* « coup d'œil » (qui ne survivra pas car l'expression est étrange en espagnol), on note dans les textes une hésitation entre des formes plus ou moins hispanisées de mots français : *Madame*, *Madam* et *Madama*, *Monsieur* et *Monsiur* sont concurrents. On joue indifféremment de *dama*, *damisela* et *madamisela*, de *maître d'hôtel* et *mettredotel*. Ce jeu avec une langue autre, qui révèle une fascination pour une culture autre, ne manquera pas de produire des réactions. Un nouveau mouvement de résistance au français se fait jour et, pendant que l'Académie assure la défense de la langue espagnole, les écrits satiriques ridiculisent les francomaniaques.

Au siècle suivant, l'épisode napoléonien va sérieusement contrarier cette durable fascination pour l'art de vivre à la française qui avait conduit tant de vocables français au-delà des Pyrénées. Cette francophobie se traduit, une fois encore, par une politique de purification linguistique : les emprunts français sont hispanisés ou remplacés.

Au XXᵉ siècle, un courant migratoire conduit des Espagnols en France. De retour au pays, ceux-là importent quelques mots français : *boutique* (de vêtements), *vitrina*, *maillot*, *biquini*, ou encore *chalet* (qui, en Espagne, désigne un pavillon, une villa). Le flux des mots accompagne aussi le commerce : l'espagnol possède deux mots pour désigner le chou-fleur. *Coliflor* ne cache pas son origine latine et il est conforme à l'espagnol, et *chufleur* est emprunté au français.

Comment on parle français, aujourd'hui, en Espagne

De rares gallicismes n'auront été que passagers, mais la plupart, adoptés au rythme de l'*afrancesamiento* des mœurs et de la langue, se sont implantés pour de bon au cours des trois derniers siècles. Toujours en usage aujourd'hui, on les déniche, en Espagne comme ailleurs, dans quelques domaines d'élection.

La gastronomie, comme de bien entendu. Voici, *restaurante*, *buffet*, *cacerola* « casserole », *gratinar* « gratiner » et *gratinado* « gratiné, gratin », *chef*, *gourmet* et *buqué* (pour qualifier l'arôme d'un vin). Au *menú*, on trouvera, pour commencer, *consomé* ou *vichyssoise* (soupe froide), on poursuivra avec *canapés*, *foie-gras*, *volován* ou *entrecót*. *Champiñon* est là (les champignons de Paris, bien sûr) et aussi *chalote* « échalote ». Notre omelette a-t-elle voyagé vers l'Espagne ? Oui da. Mais elle est ici rebaptisée *tortilla francesa* ! Ainsi nommée, l'omelette est nature, sans autres ingrédients que les œufs – ce qui la différencie de la *tortilla*. Autre surprise, on retrouve aussi notre *boudin*, mais il désigne une tourte (*budin de carne*, *de pescado*, tourte à la viande, au poisson) ou un gâteau (*bidin de naranja*, *de coco*, gâteau à l'orange, à la noix de coco). Au dessert ? *Flan*, *galleta* et *bizcocho* (biscuits), *petisu* (chou à la crème) et *champán* (ou *champaña*).

Côté chiffons ? Il y en a pour tout le monde. Voici, pour

les messieurs, *camisa* « chemise », *chemilaco* « chemise Lacoste » et *pantalón*. Et, pour les dames, *chaqueta* « veste ou cardigan », *blusa* « chemisier », *chal*, *corsé* et *fular*. Et encore *broche*, *bisutería* (bijoux fantaisie). Côté toilette, *bucle* (boucle de cheveux) et l'hybride *neceser de tocador* « nécessaire de toilette ». Côté matières et couleurs, on a *franela* « flanelle », *pana* (de « panne de velours » qui désigne le velours côtelé), *beige* et *marrón*. Enfin, les Espagnols ont retenu *pret à porter*, *cachet* et *chic* (prononcez [catché] et [tchic]) ; ces derniers s'appliquent à ce qui est original, élégant, distingué.

Dans les maisons, voici pêle-mêle, *ducha* et *bidé*, *edredón*, *sofá* et *bibelot*, *peluche* (ours en peluche), *etiqueta* et *botella*, *buqué* et *popurri*, *parqué*, *buró* (meuble ou pièce), *chiffonnier* et *bricolaje*. *Salón* et *sala de estar* coexistent pacifiquement. En ville, on remarque *hotel* et *bulvar*, *apartamento* ou *estudio* désignent… une garçonnière, mais *garaje* supplante *aparcamiento* (de *aparcar* « garer ») pour désigner… une place où se garer. Dans le domaine automobile, voici encore *capó*, *ralenti* et *chófer*.

Dans la société espagnole, évoluent quelques personnages qu'on ne manquera pas de reconnaître : *arriviste* et *coqueta*, *crupié* et *modista* « couturière », *vedette* (il s'agit en général d'une ballerine ou d'une danseuse de revue) et *favorito(ta)*, *élite* et *bébé*. Deux figures, arrivées dès le Moyen Âge ont évolué. La *dama*, échappée de la littérature courtoise, a survécu dans *dama de honor* « demoiselle d'honneur » et le *paje* est aujourd'hui un mousse.

Les loisirs et la vie en société sont l'occasion de faire usage de termes empruntés aux Français : *cupón* « billet » et *ficha* « ticket, jeton », *matinée* et *soirée*, *billar* et *pichón* « (tir au) pigeon », *cabaret* et *tricotar*… Chacun choisira selon ses goûts et la vogue du moment : l'espagnol a d'ailleurs calqué l'expression « être en vogue » *estar en boga*. Il utilise volontiers cette interjection, *Chapo !*, et quelques mots comme *impasse* (situation sans issue favorable), *cliché* (au sens de lieu commun), *detalle* (détail), enfin l'adjectif *remarcable* est souvent préféré à l'espagnol *notable*.

Quant aux relations intimes... Sachez qu'en Espagne un *rendez-vous* peut être amoureux, amical ou professionnel. Mais que l'on fait usage de *intriga*, *chantaje* et *ménage à trois*. Et de *michelines*... qui désignent ces bourrelets sympathiques qu'on appelle en français « poignées d'amour ». D'où sortent ces *michelines* ? De *Michelin*, nom d'une marque de pneumatiques dont l'emblème, mondialement connu, est le Bibendum. Ses formes rondes ont inspiré les Espagnols !

L'AVENTURE ESPAGNOLE DE *SOULT, NEY ET PETIT-MAÎTRE*

L'invasion des troupes napoléoniennes et la répression du soulèvement qui s'ensuivit ont laissé en Espagne des souvenirs cuisants, encore sensibles aujourd'hui. Depuis ces événements, des générations de chiens ont été nommées *Sul* et *Nei*... Noms des maréchaux d'Empire Soult et Ney qui se sont illustrés en Espagne.

Le petit-maître, jeune élégant à l'allure maniérée et prétentieuse, a franchi les Pyrénées au XVIIe siècle. Il est toujours là. *Petimetre* désigne ce que nous appelons un minet ou une minette.

L'espagnol aide parfois à retrouver l'origine d'expressions françaises. « N'en pouvoir mais »... D'où sort ce *mais* ? De l'espagnol *más* (qui veut dire « plus »). « N'en pouvoir mais » c'est donc « n'en plus pouvoir ». De même les cousins « germains » sont à rapprocher de l'espagnol *hermano* « frère » : ils sont issus de deux frères.

Curiosités

Depuis des siècles, l'espagnol se régale de mots français mais il s'est trouvé, à plusieurs reprises, dans la nécessité de faire coïncider ce bel appétit avec des exigences puristes. Cela se reflète dans la forme des gallicismes : orthographe et prononciation semblent échapper à des règles strictes et, parfois, relever de la pure fantaisie.

De nombreux mots ayant récemment franchi les Pyrénées n'ont subi aucune modification : *soirée*, *toilette*, *beige*, *foie gras*, *bouquet*, *gourmet*, *chalet*, *maillot*, *élite*, *chic*, *boutique*. D'autres ont été légèrement hispanisés : *tisú*, *chófer*, *garaje*, *chantaje*, *tricotar*, *masacre*, *contestatario*. D'autres encore existent sous deux formes : *chalet* ou *chalé*, *buffet* ou *bufé*,

Quand hispanisation il y a, un même son (le *j* ou le *ch* notamment) peut être transcrit ou prononcé diversement. Ainsi *bijouterie* devient *bisutería*, *pigeon*… *pichón*, *béchamel*… *besamel*, tandis que *cliché*, *garaje*, *chófer* sont prononcés à l'espagnole, avec *ch* [tch] et la [jota].

Le procédé du calque n'a pas été écarté : *hacerse ilusiones* rend *se faire des illusions*.

Faux amis

Dans ce joli lot de mots français établis en Espagne, certains ont été si bien acclimatés par nos voisins qu'ils se révèlent être des faux amis. *Equipaje*, de *équipage*, désigne les bagages, *bisutería*, de *bijouterie*, désigne les bijoux fantaisie et *bombón* est un chocolat.

En espagnol, la *modista* est une couturière, le *polizon*… un passager clandestin. Le polisson français a glissé vers l'espièglerie tandis que le *polizon* a gardé le côté illégal de leur ancêtre commun. *Aide de camp* est arrivé avec Napoléon, il est devenu *edecán* et a poursuivi sa carrière en Espagne où il est désormais intermédiaire, voire entremetteur et colporteur de ragots. *El premier* ne peut être qu'un premier personnage politique, et *galán*, un bel homme ou un jeune premier. Sachez que le *galán de noche* (le « galant de nuit », en somme) est un meuble, c'est un valet de nuit.

Décalage

« Tel est pris qui croyait prendre », formule assez abstraite en français, s'exprime en espagnol à travers une image très parlante *Ir por lana y salir trasquilado…* « Aller chercher de la laine et en sortir tondu ».

« Être jolie à croquer », dit-on en français… *Ser un bombón*, dit-on en espagnol. Comprenez « Être un chocolat ».

L'exemple français

Despedirse a la francesa « sortir à la française » s'utilise dans des circonstances où nous dirions « filer à l'anglaise ».

Franchuté ! est une injure, un peu vieillotte, datant probablement de l'arrivée des armées de Napoléon en Espagne. *Français* se dit *Frances*, en espagnol. Ce *Franchuté* a une nuance péjorative, comme *Espingouin* en français.

Mot choisi

Aida Sayan de Treps a choisi *hacer sobremesa*. « Quand nous, les Hispaniques, nous nous réunissons en famille ou avec les amis, autour d'une table pour partager les moments agréables d'un bon repas ou même juste autour d'un verre, nous avons tendance à nous répandre en paroles et en manifestations pleines d'émotions, de gentillesses et d'affection. Tout le long du repas et même après… On fait *sobremesa*.

C'est ainsi, on a tendance à être chaleureux… On déborde spontanément la pause repas ou en-cas. Pour nous, *hacer sobremesa*, c'est prolonger le plus possible un instant privilégié, riche en échanges avec les gens qu'on aime ou qu'on désirerait garder en compagnie le plus longtemps possible. »

AU PORTUGAL

Le portugais, une sœur indépendante

Chacune des quatre sœurs romanes occidentales – la langue espagnole, la portugaise, l'italienne, la française – a sa personnalité. Si les deux langues parlées dans la péninsule Ibérique ont indéniablement des airs de famille, elles ne sauraient être considérées comme jumelles.

Elles sont en effet fort différentes sur le plan phonétique et se distinguent même, parfois, sur les questions de vocabulaire. Ainsi, quand il s'agit de remercier, le portugais dit cérémonieusement *obrigado*, littéralement « je suis votre obligé », alors que l'espagnol dit simplement *gracias*. Bien qu'issus de la même souche latine, les mots portugais apparaissent souvent plus érodés que leurs homologues espagnols : *voluntad*, qui a cours en Espagne, devient *vontade* au Portugal, et *mañana*, « matin » en espagnol, se dit *manha* en portugais.

Signes particuliers

Ceux et celles qui parlent portugais sont dits « lusophones », du nom de l'ancienne province romaine qui s'étendait au centre du Portugal actuel : la Lusitanie.

Les Portugais, grands voyageurs, s'étant implantés dans

diverses régions du monde, le lexique portugais s'est enrichi au fil de l'histoire de nombreux vocables étrangers. Outre des mots rapportés d'Orient, d'Afrique ou du Brésil, on y dénombre un joli lot de mots empruntés par les Portugais à leurs voisins français. Ceux-ci représentent environ vingt pour cent des emprunts portugais aux langues étrangères.

À l'instar de ses sœurs espagnole, italienne et française, la langue portugaise a abandonné les déclinaisons depuis belle lurette. Grammaticalement, elle se distingue des autres langues romanes par l'existence d'un subjonctif futur servant à exprimer l'éventuel du futur. Par exemple, *Se tiveres dúvidas, liga-me* devra être traduit de manière littérale par « Si tu auras une question, appelle-moi ».

Écriture et prononciation

Le portugais s'écrit au moyen de l'alphabet latin. Oui, mais complété de quelques signes : le joli tilde – petite vague qui nasalise les voyelles *a* et *o* –, la cédille, les accents circonflexe, aigu et grave. Le portugais possède aussi des lettres doubles, comme *nh*, équivalent au *ñ* espagnol, qui se prononce [gn] ou *lh*, équivalent au *ll* espagnol, qui se prononce [ill] ou [y]. Ces digrammes sont des emprunts anciens à l'écriture de l'occitan.

Notez ceci : le *x* se prononce [ch], et le *j* se prononce comme en français et non comme la [jota] espagnole.

Enfin, sachez que *o* et *u* se prononcent [ou] en portugais, alors que *ou* se prononce [o]. Par conséquent, *pouco*, qui signifie « peu », se prononce [pocou]. Ainsi *pouco* ressemble au français *beaucoup*... Qui a une signification contraire. Pour compliquer les choses, le *o* accentué garde sa valeur [o].

Le destin portugais des mots français

Jusqu'au XIVe siècle, le portugais ne se distingue pas du galicien, forme prise par le latin dans la partie nord-ouest de la péninsule Ibérique. Dans ce gallaïco-portugais, langue littéraire raffinée, des traces de plus en plus nombreuses des langues de France apparaissent. Cela est lié à deux événements. Le premier est d'ordre politique, il s'agit de l'arrivé de la dynastie de Bourgogne, fondée par Henri, duc de Bourgogne, qui devient comte de Portugal en 1097 par son mariage avec la fille d'Alphonse VI, roi de Castille et de Léon. Le second est d'ordre religieux : des ordres de Cluny, de Cîteaux, de Clairvaux, intenses foyers de culture et de traduction, sont implantés dans la péninsule dans le sillage des pèlerinages à Saint-Jacques-de-Compostelle.

Dans ce contexte favorable, des contacts répétés avec les langues de France favorisent l'installation de termes tels que *granja* « grange » et *rua* « rue » ou encore *monge* « moine » et *freire* « frère ». Tandis que les relations commerciales introduisent des noms de tissus, *arraz* « étoffe d'Arras » et *roan* « étoffe de Rouen », les romans de chevalerie et les institutions féodales alimentent également le lexique portugais : *torneio* « tournoi », *duque* « duc », *palefrém* « palefroi », *batalha* « bataille », *proeza* « prouesse », *cobarde* « couard », *coragem* « courage ».

Dans la littérature gallaïco-portugaise du XIIIe siècle, c'est la culture franco-occitane qui transparaît. À travers les mots empruntés au français : *dama* « dame », *chapéu* « chapeau », *vianda* « mets », *linhage* et *message* (aujourd'hui *linhagem* et *messagem*). Et à travers des mots empruntés au provençal : *trovador* « trouvère », *alegre* « joyeux », *lebréu* « lévrier ».

Un tiers des emprunts qui ont fleuri dans la langue littéraire du XIIIe siècle ont disparu du lexique portugais contemporain, en particulier les mots liés à une tradition poétiquc abandonnée vers 1350 : ceux-ci ne s'étaient pas répandus dans les couches populaires de la société.

La frontière politique qui s'établit ensuite entre Portugal et Galice (cette dernière fut intégrée au royaume de Castille en 1230) eut des conséquences linguistiques. Née au nord de la péninsule, la langue qui allait devenir le portugais s'implanta au sud lors de la Reconquête espagnole contre les Arabes et, partiellement coupée de ses racines galiciennes, subit diverses influences.

Du XVe au XVIIe siècle, la classe cultivée portugaise avait lorgné du côté de l'Espagne et adopté le castillan comme deuxième langue. Le français prit ensuite la place de l'espagnol, au moment même où s'élaborait le portugais moderne. Son influence fut notable aux XVIIe et XVIIIe siècles.

Si le français avait joui d'un certain prestige au Portugal deux siècles durant, il allait être associé aux vues subversives des philosophes des Lumières. En outre, si les invasions napoléoniennes au Portugal ont laissé des traces linguistiques, elles ont été suivies d'un désamour envers la France. Cela se traduisit par une réaction puriste, la pénétration de la langue française dans l'éducation fut sévèrement contrôlée et le Portugal, qui avait entretenu des liens étroits avec la France par le passé, prit ses distances et valorisa son idiome en créant des académies. Cela ne fut certes pas sans conséquences sur le destin des mots français qui ont pénétré le lexique portugais. Si certains mots transfuges conservèrent leur forme française (*nuance*, *élite*, *fantoche*, *toilette*), d'autres, après avoir été adaptés, se fondirent dans le lexique traditionnel : *blindar* (de *blinder*), *camuflagem* (de *camouflage*), *gafe* de (*gaffe*), *guiché* (de *guichet*), *ruge* (de *rouge*).

Par le traitement de ce qu'il nomme des « étrangérismes », le portugais a su manifester une certaine indépendance. Par ailleurs, grands conquérants et de ce fait confrontés de longue date à des langues autres, les Portugais ont, à maintes reprises, fait preuve d'inventivité en développant de subtiles stratégies d'assimilation. Aussi trouve-t-on dans la langue portugaise de nombreux calques de tournures françaises : *pequeno-almoço* « petit déjeuner », *maquina a vapor* « machine à vapeur ».

Au XXe siècle, avant que les anglicismes n'accaparent l'attention des défenseurs de la langue portugaise, la régulation des gallicismes est le cheval de bataille des puristes. Une fois encore, le maître mot sera adaptation : on donne aux mots français une allure portugaise. Ainsi *chef* devient *chefe*, *chic... chique*, *coquette... coqueta*, *vitrine... vitrina*, *abat-jour... abajur*, *bibelot... bibelô*, *biberon... biberão*, *motard... motar* et *garage... garagem. Ferro de pasar* calque *fer à repasser.*

Parallèlement à cette politique linguistique marquée par un certain pragmatisme, l'importation de gallicismes se poursuit, empruntant des voies nouvelles. Les mots français arrivent aujourd'hui dans les bagages des familles portugaises implantées en France, qui reviennent au Portugal à l'occasion des vacances ou qui s'y installent à nouveau au moment de la retraite. Et même, depuis peu, de nouveaux mots sont convoyés par les enfants de ceux qui ont émigré en France : ceux-là sont bilingues ou francophones et, depuis les années 1990, ils viennent au Portugal accomplir leur vie professionnelle, avec l'intention de participer à la modernisation du pays.

Comment on parle français, aujourd'hui, au Portugal

De retour au Portugal, le temps des vacances ou pour de bon, on mélange joyeusement les deux lexiques. On ne sait pas toujours distinguer ce qui est portugais de ce qui est français, mais on ne manque pas une occasion de jouer de cette ambiguïté. Pour désigner les toilettes, par pudeur, on dit en portugais *retrete* (endroit où l'on se retire). Et pour parler de ce qu'on a bien mérité, après une dure vie de labeur, on use parfois du mot français *retraite*. Ce qui donne lieu à moult plaisanteries.

Dans les villes portugaises, des devantures affichent *café*, *cafeteria*, *creperia* ou *restaurante*. La cuisine française, celle de tous les jours ou celle du *chefe*, n'est pas inconnue des Portugais, comme l'attestent les mots *omeleta*, *puré*, *ragu*, *velouté*, *caviar* et, côté desserts, *flan*, *tarte*, *crepe*, *profiterole*. On apprécie aussi *brioche* et *croissant*, *petit-beurre*, *petit-four* et *petit-suisse*, *creme* et *chantili*. Sachez que les *palitos de la reine* ne sont autres que les biscuits à la cuiller. Au Portugal, on connaît le *panaché*, le *champanha* et *pomada* (de *pommade*) qualifie un très bon vin. Dans les cuisines, on trouve utiles la *marmita* « marmite » et le *passe-vite* : ainsi désigne-t-on le moulin à légumes.

Dans la garde-robe d'une *dama* portugaise, on trouve *blusa* « chemisier », *blusão* « blouson », *cache-col* et, côté *lingerie*, *sutiã* « soutien-gorge » et *maillot* (de bain). Pour une femme *elegante* ou *chique* (chic), *mise* (mise en plis), *batom* (de *bâton*, rouge à lèvres) et *ruge* (de *rouge*, blush) s'imposent. *Charme* assuré.

Dans les maisons, on reconnaîtra *abajur*, *bibelo* et *biberão* (biberon), *salão* (salon), *carpete* (carpette), *sofa* et *buque* (bouquet), *duche* (douche), *placard* et *cofre forte*. Et en ville, *butique* et *cabriole* (voiture de sport).

Quelques expressions françaises peuvent surgir au hasard de la conversation : *hélas !*, *faire le point*, *la petite histoire*, *train de vie*, *grand luxe*, *couleur locale*, *réveillon* et *soirée* (réunion nocturne ou, au théâtre, à côté de *matinée*). On pourra aussi entendre *parvenu*, *enfant gâté* et *madama*. Ce dernier, en usage dans les milieux populaires, désigne, de façon chic, une femme ou une épouse.

Pour ce qui est de la bagatelle, nos voisins semblent très inspirés par les Français comme le prouvent *coqueta* (de *coquette*, désigne une femme galante), *deboche*, *ménage à trois* et *casa de rendez-vous*, joli hybride, joli euphémisme désignant le bordel. Dans beaucoup d'endroits au Portugal, vous entendrez cette interjection « *Bestial !* ». Vous devrez comprendre « Excellent, super ! ».

L'AVENTURE PORTUGAISE DE *BALZAC* ET *JEANNOT*

Au cours de son voyage, le nom de notre illustre écrivain a perdu sa majuscule et, du coup, se retrouve nom commun. La surprise ne s'arrête pas là, car, dans la langue portugaise, *balzac* – avec une minuscule – désigne une femme d'âge mûr… Le succès de *La Femme de trente ans*, un des nombreux romans que nous devons à Honoré de Balzac, est sans doute la cause de cet avatar.

Janota est le nom (calqué sur le diminutif français *Jeannot*) d'un personnage échappé d'une pièce de théâtre en vogue au XVIIIe siècle. Aujourd'hui, *Janota* désigne un dandy.

Curiosités

Au cas où l'on aurait oublié l'étroite parenté qui lie portugais et français, certains mots présents dans les deux langues nous la rappelleraient : tout droit issus de la langue mère, le latin, ils se ressemblent diablement. C'est le cas de nombreux adjectifs terminés par *-al* : *anormal*, *brutal*, *cordial*, *continental*, *fatal*, *horizontal*, *legal*, *medieval*, *municipal*, *genial*, *original*, *social*… Ou de verbes en *-ir* : *agir*, *definir*, *dormir*, *investir*, *partir*, *prevenir*, *unir*…

Faux amis

Les mots français adoptés au Portugal réservent quelques surprises. Côté chiffons, *capuz* (de *capuche*) ou *chapeu* (de *chapeau*) désignent un bonnet, *camisola* (de *camisole* « petite chemise ») un sous-pull et *tablier*… le tableau de bord d'une voiture. *Robe* ou *chambre* désigne une robe de chambre.

Côté cuisine, *terrina* (de *terrine*), désigne une soupière et *casse-tête*, un pain long.

Notez aussi que *suite* désigne une chambre avec salle de bains (dans les hôtels et les appartements). Et que *marquise* est synonyme de *véranda*.

Décalage

Changement de registre avec cette première formule, *boa commo o milho*, littéralement « bonne comme le maïs », qui traduit « belle comme le jour ».

Précision avec la seconde, *andar na luna com os pès de fora*, mot à mot « marcher sur la lune avec les pieds en dehors », qui convient aux situations où nous disons banalement « être dans la lune ».

Image inattendue avec la troisième formule appliquée à ceux qui parlent sans arrêt. « Être un moulin à paroles », disent les Français, *falar pelos cotovelos*, littéralement « parler par les coudes », disent les Portugais.

L'exemple français

« Filer à la française » s'utilise au Portugal : *desperdir-se à francesa*. Il s'agit, là comme ailleurs, de quitter une compagnie en adressant un salut général, se dispensant de saluer chacun en particulier. À part ça, il existe en portugais des expressions contrastées révélant fascination ou mépris pour les Français.

Au Portugal, on dit que les bébés viennent de France, apportés par les cigognes. Cela renvoie sans doute à l'image d'une France prospère et généreuse.

Voici une allusion à la manière française, elle est plus ambiguë : *a grande e a francesa*, littéralement « en grand et à la française ». Cette expression signifie « ne pas regarder à la dépense, faire les choses en grand ». Se réfère-t-elle aux fastes de la cour de Versailles ? Elle associe les Français au faste, au luxe.

Une idée semblable s'exprime à travers une expression récente. Les émigrés installés en France construisent au Portugal des maisons en prévision de leur retraite. Ces maisons trop grandes, rarement habitées (car les émigrés finissent leurs jours en France, près de leurs enfants) et considérées comme prétentieuses, sont appelées « casa de style *maison* ».

Enfin, deux termes franchement péjoratifs évoquent certains comportements français. En portugais, *francesismo*, qui désigne banalement un gallicisme, un mot emprunté au français, est aussi utilisé dans le sens de « fausseté, dissimulation ». Qui plus est, *franchinote*, fabriqué à partir de *français*, signifie « morveux ». Eh oui.

Mots choisis

Élisabeth Clanet a choisi *saudade*. « La *saudade* est un sentiment à la fois mélancolique et délicieux faisant appel au souvenir d'une époque révolue *Ai que saudades tenho da minha infância*... D'un bon moment passé et qui ne reviendra pas *Tenho saudades daquelas noites de verão*... D'une personne aimée... Ou, de façon plus prosaïque, d'un bon plat dont le seul souvenir nous fait saliver *Estou com saudades dum bom bacalhau, de uma bela feijoada*...

La *saudade*, sentiment balançant entre nostalgie, manque affectif, mal du pays, désir... Fortement présente dans la poésie, dans le fado ou dans la samba, elle est ce je-ne-sais-quoi entre tendresse et passion qui unit les pays lusophones, ces *Estados Unidos da saudade*. »

Garance Giraud a choisi « la *francesinha* [francézigna]. Mot à mot "petite Française". C'est un sandwich. Mais pas un maigre "parisien" (jambon-beurre). La *francesinha* est bien lotie : entre deux tranches de pain, on trouve du jambon, du fromage, de la saucisse, du bifteck, le tout nappé d'une sauce piquante. La petite Française, c'est l'abondance ».

EN ITALIE

L'italien, une fausse jumelle

Langue latine par excellence, l'italien est assurément la langue étrangère la plus proche du français. Les jumelles romanes ont un sérieux air de famille, mais, séparées depuis des lustres, elles se sont différenciées. L'italienne, qui prononce voluptueusement ses voyelles et joue avec les accents, semble faite pour la parole et le chant, alors que la française serait, dit-on, vouée à la lecture et à l'écriture. En italien, où toutes les lettres ou presque se prononcent, le pluriel s'entend. En français, il faut lire pour lever certaines ambiguïtés. Enfin, si l'italien, cette langue volubile, se chante, elle se parle aussi avec les mains.

Signes particuliers

L'italien n'a pas plus que le français gardé de traces de la grammaire latine. Dans l'une et l'autre langue, les déclinaisons se sont perdues. Autre similitude, la répartition des noms entre masculin et féminin : point de neutre. En revanche, pour ce qui est du vocabulaire, contrairement au français, l'italien est, en raison de son histoire, tout à fait conservateur par rapport au latin. La récompense des élèves qui ont appris le latin c'est de se sentir en pays connu dès la frontière italienne franchie.

L'italien aime les raccourcis. Il s'amuse à téléscoper les mots : *così* « comme ceci » résulte de l'association de *come* et *ciò*, *sul* « sur le » contracte *su* et *il*. Ces téléscopages ludiques ont produit les jolis *stamattina* « ce matin », *stasera* « ce soir », *stanotte* « cette nuit ».

L'italien offre ainsi mille possibilités de forger librement des mots composés, mais aussi de jouer avec préfixes et suffixes pour combiner des séries de vocables nouveaux et donner à chacun une charge affective particulière, grâce à une batterie complète de diminutifs, augmentatifs, laudatifs, péjoratifs. Pour désigner les différents calibres et variétés d'une même espèce, l'homme, l'italien a fabriqué, à partir de *uomo*, une gamme de diminutifs : *ometto*, *omone*, *omino*, *omaccio*, *omunculo*.

L'italien a un merveilleux pouvoir d'assimilation des emprunts faits au fil des siècles, selon le flux et le reflux des invasions guerrières ou des échanges pacifiques. Les innombrables emprunts au français, naturalisés, acquièrent, au-delà des Alpes, la faculté de se multiplier. *Billet*, devenu *biglietto*, a engendré *bigliettaio* (préposé à la distribution des billets) et *biglietteria* (guichet où l'on distribue les billets).

Écriture et prononciation

L'italien utilise vingt et une lettres de l'alphabet latin : *j*, *k*, *w*, *x* et *y* ne sont utilisés que dans les mots d'origine étrangère.

Quelques règles de prononciation peuvent dérouter les francophones : le *n* et *m* sont prononcés en toute position, ce qui est simple. Il y a aussi des consonnes trompeuses, et cela est plus compliqué. En voici un exemple : *c* suivi de *i* ou *e* se prononce [tch], alors qu'il se prononce [k] dans les autres cas. Pour avoir le son [k] devant les voyelles *i* et *e*, on ajoutera un *h* : *chiamo* se prononce donc [kjamo]. Pour avoir le son [tch] devant les autres voyelles, on ajoutera un *i* (qui n'est pas prononcé !) : *ciao* se prononce donc [tchao].

LE DESTIN ITALIEN DES MOTS FRANÇAIS

C'est une longue histoire que celle des échanges linguistiques entre la langue française et la langue italienne : elles sont sœurs, elles sont aussi voisines. Jusqu'au milieu du XXe siècle, c'est au français que l'italien a le plus emprunté.

Tout commence au Moyen Âge, mais les deux langues sont alors séparées géographiquement : l'aire franco-provençale et occitane s'interpose entre le domaine d'oïl et le domaine italien. En dépit de cet obstacle, l'implantation précoce de mots venus de France est favorisée par de nombreux déplacements de personnes : pèlerins ou croisés, commerçants ou soldats, trouvères ou troubadours, souverains.

Dans le Nord de la péninsule, l'influence des parlers de France se fait sentir dès la victoire des Francs sur les Lombards, au VIIIe siècle. Elle se poursuivra aux IXe-Xe siècles, tant que durera la domination franque. Charlemagne avait été roi des Lombards en 774, avant qu'il ne fût couronné empereur. La chose faite, il accorda de nombreux sièges ecclésiastiques à des prélats francs, concéda des terres lombardes aux couvents de Saint-Denis et Saint-Martin de Tours. Les grands vassaux francs fondèrent des abbayes entretenant des liens étroits avec la France. Ce sont alors des formes romanes de la Gaule du Nord qui se répandent dans la péninsule.

Notamment des termes relatifs à l'organisation politique et sociale carolingienne : *conte* « comte », *cancelliere* « chancelier », *conestabile* « conétable » ; ou à la société féodale : *barone* « baron », *dama* « dame », *lignaggio* « lignage », *addobare* « adouber », *sciudere* « écuyer » . Aussi des termes liés à la guerre : *bottino* (de *butin*), *freccia* (de *flèche*), *giavellotto* (de *javelot*).

Dans le Sud et en Sicile, ce sont les Normands qui s'établirent aux XIe-XIIe siècles, après avoir anéanti la puissance de Byzance et mis fin à la domination musulmane. Or, la campagne normande avait été accompagnée d'une vague migratoire. Ainsi, dans le royaume chrétien fondé par les Normands, non seulement la cour parlait français, mais les couches populaires indigènes étaient en contact avec la langue française. C'est pourquoi certains mots normands, introduits alors, se retrouvent, aujourd'hui encore, dans les dialectes italiens du Sud. *Accatari* « acheter » vient du normand *acater*, *allicare* « allécher, séduire » du normand *alléquer*, *carriari* « charrier » du normand *carier* et *mircari* « marquer » du normand *merquer*. Un terme typiquement normand, *falaise*, est couramment utilisé en Calabre sous la forme *falesa*. Derrière *ammuari*, il faut reconnaître *armoire*, mot anciennement implanté, digéré par le dialecte sicilien.

Les Angevins succédèrent aux Normands en Sicile, où ils se sont maintenus jusqu'en 1282, et à Naples, où ils s'imposèrent jusqu'en 1442. Des chevaliers, des nobles, des juristes, des prélats, venus de France dans le sillage de l'expédition, s'installèrent. Dans les centres urbains, langues et cultures sont alors en contact, du moins au sein des classes dirigeantes. Le français est introduit, à côté du latin, comme langue officielle, les romans français sont diffusés parmi la gent aristocratique féminine.

Revenons en Italie du Nord où jongleurs et chanteurs transalpins étaient fort appréciés. Là, des mots issus de la littérature en langue d'oïl se sont implantés : *fellone* de *felon*, *misfatto* de *mesfait*, *oltraggio* de *outrage*, *onta* de *honte*. Ainsi, les langues littéraires de la France ont, de manière précoce, imprégné les textes italiens. Si l'occitan a marqué la poésie amoureuse, le français a laissé des traces dans les chansons de geste et les romans courtois.

Dans le Piémont, lieu de passage constant entre France et Italie, le français avait été colporté par les pèlerins et les marchands empruntant la vallée d'Aoste. Il s'y installa réellement avec l'implantation savoyarde (1343-1391), si bien qu'à la fin du XIVe siècle certains Piémontais écrivent en français.

Les échangent commerciaux sont suivis d'échanges linguistiques, comme on sait. Aux XIIe-XIIIe siècles, les marchands siennois et florentins fréquentent les foires de Champagne, les banquiers lombards s'implantent dans des régions d'Europe où le français est parlé ou choisi comme langue d'échange. Ainsi, des mots français apparaissent en Toscane et en Lombardie, introduits par les négociants et les financiers de retour chez eux.

L'implantation précoce de mots arrivant du Midi et du Nord de la France, autrement dit de dialectes différents, n'est pas seulement liée à une domination politique, elle relève aussi d'une certaine fascination culturelle. Au XIIIe siècle, en raison du prestige littéraire dont elle bénéficie, des Italiens choisissent la langue française pour s'exprimer et la traduction d'œuvres françaises en italien introduit des gallicismes. En 1298, c'est en français que Marco Polo dicte à Rusticien de Pise le récit de ses voyages en Extrême-Orient.

La convergence de circonstances politiques, religieuses, culturelles et commerciales explique le nombre considérable de gallicismes introduits en italien à l'époque médiévale. Des mots comme *giardino* « jardin », *gioia* « joie », *giorno* « jour », *mangiare* « manger » (qui remplacera peu à peu *manducare* et *manicare*, issus eux aussi du latin !), *marciare* « marcher » et *parlare* « parler » sont encore présents, aujourd'hui. Des suffixes, tels *-iere* (issu de l'ancien français *-ier*) ou *-aggio* (de *-age*), sont encore productifs, aujourd'hui.

Après un déclin de l'influence du français dans la seconde moitié du XIVe siècle, l'intervention guerrière de Charles VIII en Italie en 1494, puis celles de ses successeurs (les guerres d'Italie prendront fin en 1530) introduisent une nouvelle vague de mots. Ce sont des termes militaires: *artigliera* « artillerie », *batteria* « batterie », *portata* « portée ». Le XVe siècle voit aussi l'arrivage de mots français liés à la vie quotidienne: *parruca* « perruque », *pasticere* « pâtissier », *pinzetta* « pincette », *saliera* « salière ».

Au XVIe siècle, celui de la Renaissance, une cohorte de mots franchit les Alpes, mais ce sont des mots italiens qui vont vers la France. Le flux semble s'être inversé. Au siècle suivant, contrairement à ce qui se passe en France ou en Espagne, l'Italie ne se passionne pas pour les questions linguistiques. Pas de défense de la langue italienne (l'emprise des dialectes est forte), pas d'intérêt pour le français non plus. Si beaucoup de grammaires et dictionnaires bilingues (italien-français) sont publiés dans le courant du XVIIe siècle en Italie, notamment à Venise, il semble que ces ouvrages aient été purement utilitaires. Destinés aux nombreux commerçants et voyageurs parcourant l'Europe, ils ne s'adressent ni à des amoureux de la langue française ni à des Italiens pratiquant réellement cette langue: les uns et les autres étaient peu nombreux.

Cette relative indifférence pour la langue française au XVIIe siècle va faire place à un intérêt renouvelé pour la littérature française. Au début du XVIIIe siècle, les élites cultivées italiennes se tiennent au courant de la production littéraire et philosophique française grâce à de nombreuses traductions.

Au cours du siècle des Lumières, l'usage du français, gage de modernité, s'impose en Italie du Nord, dans les hautes classes de la société. À Turin ou Milan, la noblesse préfère l'usage du français à celui du dialecte italien local ou du florentin, elle envoie ses fils étudier en France. À la cour de Parme, des Français entourent le prince de Parme, petit-fils de Louis XIV et gendre de Louis XV. Parmi eux, le philosophe Étienne Bonnot de Condillac, appelé pour instruire le prince. À Venise, où les représentations théâtrales en français connaissent un vif succès, Casanova fait le choix du français comme langue d'expression, ce qui lui vaudra d'être appelé « le plus français des Vénitiens ».

Mais, en Italie comme dans les autres pays latins, le XVIIIe siècle vit l'affirmation de la littérature nationale. Aussi, là comme ailleurs, une réaction allait se faire jour. Elle prit en Italie la forme d'une controverse où l'on mit en balance une langue propice à l'éloquence et à la poésie (l'italien) et une langue propice à la pensée (le français).

À l'époque moderne, les mots français se sont implantés là où la présence française a été réelle, notamment dans le Val d'Aoste, à Naples ou à Parme et en Sicile, territoires qui ont été sous la domination de la Maison de Savoie, des Bourbons ou de Napoléon.

Dans le Val d'Aoste, qui a appartenu à la Maison de Savoie (1032-1945) et a fait partie de la France (1800-1814), le français avait remplacé le latin dans les écrits administratifs dès le XVIe siècle. Il deviendra peu à peu la langue du culte, celle de l'école et de l'administration, et aussi celle de la bourgeoisie. En 1948, date à laquelle le Val d'Aoste devient région autonome de la République italienne, le français acquiert le statut de langue officielle. Une partie de la population de cette région parle encore le français.

À Parme, l'influence de la culture française doit beaucoup à l'ex-impératrice Marie-Louise qui devint duchesse de Parme en 1815 et établit dans la capitale du duché sa résidence élective. Aujourd'hui encore, dans cette région, on dit *tomato* et non *pomodoro*, on utilise aussi *pomma da terra*, alors qu'ailleurs on dit *patata* (également emprunté au français).

Naples, autrefois marqué par l'influence angevine, fut gouverné par les Bourbons à partir de 1734. En 1806, Napoléon Ier confia le royaume de Naples à son frère Joseph, puis à Murat, en 1808. L'Empereur devint lui-même l'éphémère souverain des Italiens lors de la conversion de la République italienne en royaume d'Italie (1814).

En Sicile, aux XVIIIe et XIXe siècles, la courte domination savoyarde, suivie par celle des Bourbons, a marqué le vocabulaire, notamment dans le domaine culinaire : *gattò di risu* et *gattò de patati* sont des calques de *gâteau de riz* et *gâteau de pomme de terre*. *Tianu*, adapté du provençal *tian*, désigne, comme en Provence, un plat de terre cuite. Enfin, le français *chance* a inspiré la locution *di scianza* que l'on pourrait traduire par « très élégant, sélect ».

L'occupation et l'annexion d'un tiers de l'Italie à la France au début du XIXe siècle ont, bien sûr, laissé des traces dans le lexique italien. Comme on pouvait s'y attendre, il s'agit, en premier lieu, de termes militaires : *appello*, *avamposto*, *ambulanza*, *sabotaggio*... Politiques : *controllare*, *paraffare*... Ou administratifs : *cassazione*, *giurato* (« juré », membre d'un jury). Parmi ces derniers, les termes de mesure : *litro*, *metro*, *chilo*, *grammo*.

Ces contacts entre l'envahisseur français et la population italienne ont aussi permis le transfert de nombreux termes culturels évoquant l'art de vivre à la française. Dans le domaine de la table : *casseruola*, *marron glacé*, *ristorante* et *coperto* « couvert » – en usage au restaurant. Dans le domaine du mobilier : *comò* « commode », *vetrina* « vitrine ». Dans le domaine de l'habillement : *paltò* (de *paletot*) et *marrone* (couleur). Bref, c'est un nouvel art de vivre que l'Italie découvre à travers ces mots français : *domestico* (un « domestique »)... *garage*, *automobile*, *ascensore*... *élite*, *dettaglio* « détail », *de traviole*.

Au XXe siècle, l'implantation de mots français se poursuit, dans des domaines fort divers : *eau de Cologne*, *eau de toilette*... *blouson*... *bricolage*... *osé*... On note l'apparition d'un hybride, *scaldabiberon* « chauffe-biberon ».

Comment on parle français, aujourd'hui, en Italie

Il francese è una lingua talmente bella che la si usa tutti i giorni anche mentre si parla italiano. Est-il besoin de traduire ?

Bien que la période fasciste ait été marquée par une politique d'italianisation de la langue qui a fait disparaître beaucoup d'expressions d'origine étrangère, les mots venus de France sont en effet très nombreux aujourd'hui en Italien, ainsi que dans certains dialectes. Dans le domaine de la gastronomie, de l'habillement et des loisirs, une ribambelle de mots français sont utilisés couramment. Certains ont gardé leur allure française, d'autres ont été italianisés.

Côté cuisine, les Italiens se sont approprié quelques délices, en particulier des desserts étiquetés de leurs noms d'origine : *soufflé*, *maionese* et autres sauces d'origine française (*bearnese*, *besciamella*, *vinaigrette*), *crème caramel*, *crêpe*, *baba au rhum*, *Saint-Honoré*, *profiteroles*, *charlotte*, *marrons glacés*, *mousse*. Ajoutez à cela *à la coque*, *flambé*, *nouvelle cuisine*, *entrée*... Certains mots venus de France ont même remplacé des mots du cru : *dessert*, *cave à vin*, *sommelier*, *chef*.

Cette abondance de mots français pourrait faire croire qu'il est très facile de se faire comprendre, en Italie, quand il s'agit de se sustenter. Hélas, le vocabulaire franco-italien de la cuisine réserve quelques pièges.

Au restaurant, à peine installé, on se verra apporter le *menu*, autrement dit la carte. L'italien, qui possède le mot *lista* pour désigner la chose, lui préfère le mot français. Pure coquetterie. Au *menu*, vous trouverez peut-être une spécialité nommée *paillard*. On dirait un mot français ? C'en est un. Parfaitement inconnu chez nous, alors qu'il vient du nom d'un ancien restaurant parisien, *paillard* désigne une fine tranche de veau grillée, tandis que *vitello tonné* (terme hybride, moitié italien, moitié pseudo-français) désigne du veau froid recouvert de sauce au thon. Autre surprise, le *bistecca alla Robespierre*, est un rosbif très aromatisé que l'on découpe en tranches… saignantes. Le *buglione* (de *bouillon*), c'est le pot-au-feu, en Toscane, et le *flan* est un plat salé dans lequel on ajoute des œufs pour lier les divers ingrédients : *flan di patate*. Tandis que le *gato di patate* est une tourte aux pommes de terre, à Naples.

On ne trouve point *omelette*, en Italie, mais on reconnaîtra *champignons*, et, comme dans de nombreuses cuisines d'Europe, cela désigne, exclusivement, des champignons de Paris. En accompagnement des viandes, on vous proposera une *mostarda* (de *moutarde*) très particulière, la *mostarda italiana* : des morceaux de fruits confits dans du sirop… avec de la moutarde.

Au dessert, si vous commandez un *bignè*, attendez-vous à voir arriver… un petit chou, fourré de crème pâtissière, comme il se doit. Mais, de l'autre côté des Alpes, cette crème est nommée *chantilly*. Vous les trouverez, les beignets, dans les boulangeries, sous l'appellation *bigné fritti*, mais si, dans le même endroit, vous demandez un *croissant* vous obtiendrez une brioche. La *crème glacée* est une sorte de sabayon, le vin chaud est appelé *vin brûlé* et le *mistral*… est une liqueur d'anis qui décoiffe, en Ombrie.

Côté chiffons, les mots français ne manquent pas. Certains ont été adoptés sans façon : *foulard*, *papillon* (nœud papillon), *gilé*, *robe-manteau*, *palto* (de *paletot*, pardessus), *côtelé* (velours côtelé), *prêt-à-porter*. D'autres remplacent parfois des mots italiens existants : *chemisier*, *décolleté*, *déshabillé*, *plissée* (a remplacé *gona a pieghe* : jupe à plis), *collier*. Les Italiens se sont emparés de *prémaman*, en ont fait un adjectif, et l'appliquent aux vêtements de grossesse : *pantalone premaman*, *salopette premaman*.

Dans bien d'autres domaines, on se plaît à user de mots français. Dans celui du spectacle : *première*, *pièce*, *étoile*, *soubrette*. Dans les villes et dans les maisons on reconnaîtra moult mots venus de France : *meublé*, *hôtel*, *abat-jour*, *moquette*.

Les Italiens nous ont emprunté *rendez-vous*, ce qui n'est pas original, mais également *coup de foudre*, ce qui l'est davantage. On sera d'ailleurs surpris d'entendre, au détour de la conversation, des expressions bien françaises : *à la page*, *dernier cri*, *crème de la crème*, *laisser-aller*, *laisser-faire*, et même des interjections : *Et voilà ! Parbleu ! Chapeau !* ou l'hybride *Que gaffe !* « Quelle gaffe ! ».

Nos voisins transalpins se sont si bien approprié ces formules françaises qu'ils leur ont parfois donné une vie nouvelle. Ainsi *physique du rôle*, en français dans le texte, ou dans une version italianisée *fisique du rôle*, traduit l'expression française *physique de l'emploi*. En italien, l'expression a pris un nouveau sens, figuré, celui de personne *ad hoc*.

Enfin, on cite volontiers, en Italie, des expressions proverbiales françaises : *À la guerre comme à la guerre* (très fréquent), *Cherchez la femme* (même chose) et *Pas d'argent, pas de suisses* (en usage dans les milieux cultivés chez nos voisins alors qu'en France cela est désuet).

Bien sûr, certains mots français ont pris un coup de vieux, ainsi *haute couture*, *grossier*, *coiffeur*, *chauffeur*... utilisés jusqu'aux années 1960 se font aujourd'hui rares. Mais dans certaines régions où la présence française a été importante, on entend encore des mots français venus il y a bien longtemps. En dialecte napolitain, *tirabuscio*, c'est tire-bouchon, *abbagiour*, abat-jour, pour « acheter » on dit *accattare* et « argent » se dit *argian*. En dialecte piemontais, mais seulement dans une partie de la région, on dit encore *francs* pour « sous ».

L'AVENTURE ITALIENNE DE *FLÛTE*

La flûte à champagne a voyagé vers l'Italie il y a une trentaine d'années. Pendant un certain temps, la publicité en témoigne, la *flute* était réservée au champagne et la *coppa* (la coupe) aux *spumanti*. *Flute* a fini par l'emporter, *coppa* a quasiment disparu.

CURIOSITÉS

Nous avons emprunté aux Italiens la cassate (de *cassata*), sorte de crème glacée, et nous appelons cela *tutti frutti*, expression inconnue en Italie... Ce que nous appelons *gnocchis à la parisienne* est une sorte de tartelette au fromage, alors qu'en Italie les gnocchis sont faits avec un mélange de pommes de terre et de farine (*gnocchi di patata*) ou avec de la semoule (*gnocchi alla romana*).

Faux amis

De l'autre côté des Alpes, les mots venus de France réservent bien des surprises.

En Italie, la *soubrette* ne se rencontre ni dans les hôtels ni dans les maisons, on la trouve au théâtre, où elle est jeune première, ou au music-hall, où elle est danseuse… Là-bas, le *chiffon* n'est pas destiné au ménage, c'est un tissu luxueux, une mousseline de soie, *bluette* désigne le bleu turquoise, *galoche*, une chaussure en caoutchouc, *sommier*, un canapé-lit, *mignon*, une mignonnette (petite bouteille d'alcool) et *caveau*, la chambre forte d'une banque.

Toilette est utilisé pour désigner une tenue de soirée ou pour indiquer soit la salle de bains (en concurrence avec *bagno*), soit les toilettes (dans un lieu public).

Décalage

Entre français et italien, les métaphores évoluent de façon pittoresque. Le proverbe français « Dans sa peau mourra le renard » est traduit en italien par *Il lupo perde il pelo ma non il vizio* « Le loup perd sa peau mais pas ses mauvaises habitudes ». Notez un changement mathématique dans le proverbe *Uomo avvisato mezzo salvato* « Homme prévenu est à moitié sauvé » qui correspond à « Un homme averti en vaut deux ». Enfin, notre « Vouloir le beurre et l'argent du beurre » se retrouve en Italie, mais il n'est plus question ni de beurre ni d'argent mais de *la botte piena e la moglie ubriaca* « le tonneau plein et la femme soûle ».

L'EXEMPLE FRANÇAIS

Bacio alla francese… Comme ailleurs en Europe, le « baiser à la française » est un baiser sur la bouche, avec la langue. Et le « mal français » désigne pudiquement la syphilis en Italie, où l'on raconte que ladite maladie a été apportée par l'armée de François Ier.

Autre trace du même événement, dans la région de Brescia, il existe un village (qui a d'ailleurs donné son nom à un vin) appelé *Francia corta*. Littéralement « France courte ». *Perché* ? Quand François Ier est arrivé en conquérant, les Italiens se sont écriés : « La France sera courte ! »

Contrairement à l'usage européen, on ne dit pas « filer à la française » en Italie, mais « filer à la portugaise » selon les uns, ou « filer à l'anglaise » selon les autres. De manière tout aussi originale, l'italien a maintenu le sens français du mot *garçonnière* : la *garçonnière*, aussi appelée *pied-à-terre*, n'est pas un simple studio, elle est un lieu voué aux ébats clandestins.

Dans le domaine politique on semble se référer au modèle français, non sans une certaine ironie. D'abord, pour désigner un « radical chic », en Italie, on use du vocable *salonsozialist* (inconnu du français) utilisé par certains de nos voisins européens pour désigner ce que nous appelons un représentant de la « gauche caviar ». Ensuite, les Italiens parlent parfois de *la politica dell'embrassons-nous*. Si étonnant que cela paraisse, cet *embrassons-nous* vient de « Embrassons-nous, Folleville », expression échappée du théâtre d'Eugène Labiche en 1850, en usage au XIXe siècle en France pour manifester sa cordialité. En Italie, l'expression a cours dans les milieux politiques pour désigner une unité de façade, des embrassades de circonstance, des sourires pour la galerie, cette sorte d'attitude qui consiste, bien que l'on soit en désaccord profond, à s'afficher unis.

Mots choisis

Ana Maria Merlo-Poli, journaliste, a choisi une exclamation : « *Que bello !*, littéralement “Que c’est beau !” : en italien, on utilise *Que bello !* à toutes les sauces : – *Andiamo al ristorante ? – Che bello !… – Sono stata promossa. – Che bello !* »

Paola Arzenati, historienne, a choisi l’expression *volere bene*. « Une expression italienne à mon avis intraduisible en français et qui, d’ailleurs, me semble typique de la culture italienne est l’expression *volere bene*, littéralement “vouloir du bien”. En italien, il y a une différence précise entre *voler bene* et *amare* “aimer”. Il n’est pas question de hiérarchie dans l’affection, mais d’expressions différentes de l’amour. Dans un couple, par exemple, on parle de *amore*, mais le sentiment qui lie des parents à leurs enfants et *vice versa* s’exprime par *volere bene*.

Ni *amare* ni *volere bene* ne sont utilisés en Italie dans des expressions comme “j’aime les cerises” ou “j’aime la pluie” ; dans ce cas, on utilise l’idée de plaisir *mi piace*.

Si les mots *amare* “aimer” et *amor* “amour” ont une force particulière dans la langue italienne, c’est qu’ils sont liés à une idée de passion, parfois même mystique (on aime son partenaire, mais on aime aussi Dieu, un idéal, sa patrie). L’expression “vouloir du bien” nous parle du sentiment qui lie entre eux fils et parents, mais aussi des amis. Il faut souligner la présence du verbe *volere* dans l’expression : il y a dans cette affection une volonté qui la différencie de l’amour, qui est, lui, souvent indépendant de la volonté. *Volere* implique une idée de choix et, par là, une idée de constance, de fidélité dans les sentiments. Dans la vie d’un couple, les expressions *amare* et *volere bene* sont utilisées dans des moments et avec un esprit différents.

Il me semble souhaitable d'introduire *volere bene* "vouloir du bien" dans la langue française, cela comblerait une sorte de vide qui, d'un côté, banalise le mot *amour* et, de l'autre, rend impossible l'expression de sentiments aussi forts que l'amour, même si ceux-là sont moins éclatants. »

EN ROUMANIE

Le roumain, une sœur polyglotte

Bien qu'elle appartienne au groupe des langues romanes orientales, la langue roumaine est une sœur très proche, un peu comme la langue italienne. Oui, mais… La géographie (la position centrale de la Roumanie en Europe a isolé la langue roumaine de ses sœurs latines) et les avatars de l'histoire ont modifié cette proche parente.

Si les mots d'origine latine y sont de loin les plus nombreux, la langue roumaine est, en quelque sorte, polyglotte : on y rencontre, outre des centaines de mots slaves, des mots hongrois, turcs ou grecs. Au XIXe siècle, une foule de mots ont été empruntés au français, beaucoup à l'italien, un peu à l'allemand.

En fin de compte, dans ce lot varié d'emprunts, les mots issus du français sont majoritaires. Aujourd'hui, il est très facile pour un Roumain de comprendre d'autres langues latines (l'italien, le français, l'espagnol) alors que l'inverse n'est pas aisé.

Signes particuliers

La sœur roumaine, séparée de longue date du reste de la tribu, a un caractère à part. Elle est la seule langue latine à avoir conservé des déclinaisons. La seule où « oui » se dit *da* comme en russe. La seule à avoir utilisé l'alphabet cyrillique, et ce jusqu'en 1860 (et même jusqu'en 1990 en Moldavie).

En outre, sous l'influence des langues slaves, de multiples mutations phonétiques se sont produites. Qui plus est, le roumain partage avec le grec et le bulgare quelques traits linguistiques balkaniques : l'article défini se place après le nom, l'usage du subjonctif est fréquent, le futur est formé avec le verbe « vouloir » comme auxiliaire. Ou encore ceci : le roumain fait grand usage du verbe *manger* qui sert de pivot à des expressions imagées : « Il m'a mangé les oreilles », dit-on, là où nous dirions « Il m'a cassé les oreilles ».

Écriture et prononciation

Le roumain use aujourd'hui d'un alphabet de type latin avec quelques lettres et conventions particulières :

ă se prononce comme le [e] français sans accent

â et *î* rendent le même son, assez proche du français [eu]

c se prononce [k] ou [tch] devant *e* ou *i*, les syllabes [ke] et [ki] sont rendues par *che* et *chi*

g se prononce [g] ou [dj] devant *e* et *i*

ş se prononce [ch] et *ţ* [ts]

h rend la [jota] espagnole.

Le destin roumain des mots français

La forte présence du français en roumain est liée à l'histoire, en particulier au contexte politique. Les premiers mots français arrivent tardivement, parfois par des voies inattendues.

Certains vont, en effet, être convoyés par des Grecs francophiles, par des officiers autrichiens ou russes. Au XVIIIe siècle, les Grecs phanariotes gouvernent la Moldavie et la Valachie au nom de la Porte et se font dans ces principautés les ambassadeurs de la culture française. Pendant l'occupation autrichienne de la Bucovine, au cours du même siècle, puis au cours de l'occupation russe de la Bessarabie, au siècle suivant, les officiers colportent nombre de termes français. Le tsar, soucieux de contrer l'influence ottomane, favorise l'expression des idées de la Révolution française, ce qui va de pair avec la diffusion du français. Parlé à la cour de Russie, le français servait en effet de langue véhiculaire dans l'armée.

D'un autre côté, dès la fin du XVIIIe siècle, les vocables français arrivent de manière beaucoup plus directe. La culture française transite dans les bagages des émigrants quittant une France bouleversée par la Révolution. Ceux-là reçoivent asile et bon accueil dans les principautés (Moldavie, Valachie) où ils trouvent l'opportunité de gagner leur vie comme précepteurs et gouvernantes dans les maisons de boyards. L'activité de nombreux professeurs et d'écoles françaises accélère la divulgation du français dans les pays balkaniques où les voyageurs étrangers notent la présence de locuteurs de langue française, imbus de culture française. Dans les principautés, les bibliothèques humanistes commencent à réunir des ouvrages français, notamment l'*Encyclopédie* de Diderot et d'Alembert. Des mots d'origine française tels *fantezie, paradă*, *neant*, *avocat*, *activitate*, *argument* apparaissent déjà dans des écrits du XVIIIe siècle. Parallèlement, un vocabulaire philosophique en relation avec des notions françaises est introduit : *analogie*, *eroare*, *formă*, *idee*, *logică*, *imaginație*, *sensibilitate.*

Mais c'est le siècle suivant, si largement ouvert à la civilisation occidentale, qui s'impose en Roumanie comme le siècle français par excellence. Une fois encore, les événements politiques vont peser. D'une part, les guerres russo-turques ayant ouvert la « Question d'Orient », l'Occident et notamment la France interviennent dans cette région d'Europe et laissent leur empreinte dans de nombreux domaines. D'autre part, grâce à l'intervention de Napoléon III (traité de Paris, 1856), la Moldavie et la Valachie obtiennent la reconnaissance de leur union en un État unique, la Roumanie. C'est donc dans un contexte général francophile que s'implante ici le français.

La découverte de la civilisation française et son choix pour modèle tutélaire sont le fait de la jeune génération de Roumains de la première moitié du XIXe siècle. Les jeunes gens de la bonne société roumaine, progéniture des grands propriétaires terriens, vont parfaire leurs études dans les capitales européennes, et notamment à Paris, et, au cours de séjours culturels plus ou moins longs, ils entrent en contact avec les idées de la Révolution française et les idées nationalistes qui seront à l'origine des mouvements révolutionnaires de 1848. De retour au pays, ces jeunes élites, éveillées aux idées nouvelles qui émergent en France, fières de les diffuser, ne se priveront pas d'assaisonner leurs dialogues quotidiens de formules françaises : *bonjour !* fait son entrée en roumain.

Désormais, l'influence qui se manifeste dans les mœurs n'est plus seulement grecque ou turque mais également occidentale, et plus particulièrement française, en Moldavie et Valachie – plutôt germanique – et hongroise, en revanche, en Transylvanie. Passer du temps dans une pension parisienne est fort à la mode, c'est un passage obligé dans le parcours des élites, y compris pour des jeunes gens issus de la petite bourgeoisie en ascension. Avec la langue française, les femmes et la jeunesse aristocratique découvrent pêle-mêle la mode, la littérature, les idées et l'esprit français. Bientôt, en dépit de la résistance des plus âgés, la table, les intérieurs, les mœurs, les loisirs sont marqués par le modèle français.

Bucarest se transforme. En 1859, un voyageur étranger, sceptique, avait noté : « Ce n'est pas une ville européenne », trente ans plus tard, Heinrich Winterhalder, citoyen allemand, écrit : « Qui voit Mogosoaia Strasse près du théâtre pense qu'il est dans les rues d'une des capitales européennes. » À la fin du XIXe siècle et au début du suivant, Bucarest, surnommée « Paris de l'Orient » ou « petit Paris », compte parmi les grandes cités de l'Europe. Un voyageur français, Robert de Bourboulon, est très agréablement surpris par « la ville charmante avec ses rues animées, à peu près parisiennes, pleines d'équipages chic et sa foule bien habillée et bien élevée sans aucun trait oriental » !

Par ailleurs, aux XVIIIe-XIXe siècles, coïncidant avec l'émergence d'un courant nationaliste, un mouvement baptisé « École de Transylvanie » avait entrepris une re-romanisation systématique du roumain, en se référant au modèle français. Et quand, dans la seconde moitié du XIXe siècle, la francisation de cette langue est à son comble et que l'imitation des idées et des mœurs françaises est inconditionnelle, des réactions ironiques ne manquent pas d'apparaître et, pour dénoncer les travers d'une société gallomaniaque, les écrivains roumains prennent pour cible le jargon à la mode gorgé de « frantuzismes ».

Ainsi le poète national Mihai Eminescu (1850-1889), éprouvant une certaine amertume devant la perte des « valeurs » nationales, exprime un rejet cynique envers cette mode : « À Paris nos jeunes apprennent comment faire le nœud à leur cravate »... À la même époque, la pièce de théâtre de Vasile Alexandri (*Chirița în provincie*, 1850) ridiculise la gallomanie ambiante à travers le personnage caricatural de Chirița, une femme inculte, arriviste et provinciale. Chirița reçoit un officier français comme invité et ensuite s'offre un voyage à Paris. Son langage est truffé des mots francisés dans un style caricatural : *Musiu* (pour dire « Monsieur »), *furculition* (pour dire « fourchette » – en roumain *furculiță*)... La pièce de Ion Luca Caragiale, *O noapte furtunoasă* (*Une nuit mouvementée*, 1879), met en scène, dans un *qui-pro-quo*, un adultère, celui de l'épouse d'un petit fonctionnaire de province avec l'employé de maison de ce dernier. *Parol*, *madam*, *moncher*, *rezon*... les mots français ridiculisent le langage des protagonistes et leur aspiration à la distinction.

En dépit du talent des auteurs roumains, la folie gallomaniaque ne cesse point. Au début du XXe siècle, la société de Bucarest est décrite comme élégante, habillée à la dernière mode parisienne. Un observateur contemporain témoigne : « Pour ce milieu en extase devant les modèles de l'Ouest, la langue roumaine était indécente, vulgaire ; tous les gens parlaient français et ils le savaient très bien... Chacun lisait le dernier roman français, les femmes beaucoup plus passionnées que les hommes. Chacun allait au théâtre national pour voir la dernière pièce française, présentée fréquemment par des acteurs français. Tout cela n'était pas provoqué par la nécessité de l'âme mais par la mode. »

Après la Première Guerre mondiale, l'intervention des alliés permet la réunion de la Transylvanie, du Banat, de la Bucovine et de la Bessarabie à la Roumanie. Le politique, une fois encore, influe sur les mentalités : le désir de France se renouvelle.

Dans les années 1920, Bucarest, surnommée « le Paris des Balkans », est une métropole rayonnante où s'épanouissent les courants architecturaux du siècle, avec une forte dominante de l'influence française : on a imité Paris. Entre les deux guerres, cette ville éclectique, la plus rayonnante du Sud-Est européen, a l'aspect d'une ville parisienne, Bucarest a son « Hotel Majestic ».

Après les descendants des familles de la haute société, puis ceux de la bourgeoisie, les jeunes gens d'origine modeste, choisis parmi les plus brillants, vont, à leur tour, parachever leur instruction en France. Ainsi l'élite politique et culturelle roumaine, pendant la première moitié du XXe siècle, se trouve être francophone. L'ouverture vers l'Ouest se manifeste alors par un attrait exceptionnel pour le livre français. En 1934, Louis Barthou, alors ministre français des Affaires étrangères, visite la bibliothèque de la famille Bratianu et y admire une collection de livres français.

Comment on parle français, aujourd'hui, en Roumanie

Dans un dictionnaire contemporain de la langue roumaine, on recense environ trente pour cent de francismes, beaucoup de termes techniques et scientifiques récents, oui, mais aussi un tas de mots utiles au quotidien. La langue française étant aujourd'hui réellement parlée par un quart de la population et dans de nombreuses couches sociales, un francophone n'aura aucune peine à communiquer dans ce pays.

Dans les villes, la toponymie, à travers noms de rues ou de places, est évocatrice d'une certaine fascination pour la France, et pour Paris en particulier : « *Strada Paris* » « *Piata Charles de Gaulle* » – la visite du Général à Nicolae Ceauşescu en 1968 a marqué les esprits. Dans les rues de Bucarest, des enseignes renforcent cette impression : « *Croissant de Paris* »... « *Épicerie fine* »... « *Allure de jeunesse* »...

« *Boulevard* »… « *La belle Mademoiselle* ». Elles évoquent aussi le consumérisme des parvenus roumains qui flambent leur argent sur la Côte d'Azur ou, à Bucarest même, à l'enseigne du « *Casino de Paris* ».

Dans la vie courante, Les Roumains jouent avec ces formules d'adresse françaises importées de longue date. À *bonjur* s'ajoutent *bonsoar*, *mersi*, *au revoir*, *ma chère*, *mon cher*, *pardon* que l'on a des chances d'entendre partout. *Madam* se fait rare – cette appellation ironique et familière est encore en usage dans la petite bourgeoisie ou chez les commerçants de la génération des 70-80 ans. Ce jeu avec la politesse française ne va pas toujours sans dérision : *bonjurica* est un salut du bout des lèvres où la politesse se teinte d'un léger mépris, et *monserica* (de *monsieur*) manifeste une ironie certaine vis-à-vis de la personne à qui l'on s'adresse ainsi…

À table, les mots français sont convoqués tout au long du repas : *aperitiv*, *antreu* « entrée », *crudităţi*, *sufleu* « soufflé », *crochetă* « croquette », *buşeu* « bouchée », *aspic*, *omletă*, *legume*, *garnitură*, *piure* « purée », *salată*, *desert*, *pateu* (de *pâte*, « tarte »), *chou à la crème*, *ecler*, *sirop*… Autres termes utiles en cuisine : *asezona* (assaisonner), *muştar*, *sos*, *vinegretă*, *maioneză*… *Reşou* « réchaud » et *tirbuşon* peuvent être utiles.

Les Roumains connaissent *tartină*, *croasant* et *dejun* qui signifie « déjeuner » ou « dîner ». Inspirés par les nombreux pâtissiers français qui, au XIXe siècle, s'installèrent dans les grandes villes de Roumanie, les pâtissiers roumains ont inventé un gâteau, glacé ou non, fourré ou non, et ils l'ont baptisé *fursec*, mot-valise créé à partir de *petit-four* et de *gâteau sec*.

Dans le domaine du textile et de l'habillement, les mots français sont nombreux. Des noms désignant des tissus : *crepdeşin* [crèpe-de-chine], *poplin*, *etamină*, *dantelă*... Ou des vêtements. Il y en a pour les messieurs : *beretă* « béret basque », *pardesiu*, *costum*, *pantalon*, *cămaşă* « chemise », *maiou* « maillot de corps » dont les noms sont transparents.

Mais, qu'est-ce qu'un *delon* ? Un trois-quarts en daim doublé de fourrure... Arrivé dans les années 1960 avec les films où l'acteur Alain Delon apparaissait dans ce vêtement. Autre curiosité, le peignoir est appelé *capot* – mot emprunté au français *capote*, désignant autrefois un long manteau, notamment celui porté par les militaires. Analogie de forme. Sachez aussi que *batista* désigne un mouchoir (car la *batiste*, toile fine, était utilisée pour confectionner les mouchoirs).

Les dames disposent de *eşarfă* « écharpe, foulard », de *vestă* (qui désigne un « gilet »), de *bluză* (de *blouse*, « chemisier »), de *botină* et *sandale*. Côté dessous, voici *sutien* (soutien-gorge) et *chiloţi* ou *lenjerie de damă* deux vocables désignant la culotte... Côté bijoux, voici *dormeză*, *de dormeuse* (boucle d'oreille).

Dans l'inventaire d'une maison bien tenue, on trouvera peut-être *mochetă* « moquette » et *carpetă* « carpette », *canapea* et *fotoliu* « fauteuil », *şemineu* « cheminée », *lampă*, *abajur*, *bibelou* « bibelot » et *tablou* « tableau ». Côté commodités, *lavoar* « évier, lavabo », *bideu* « bidet ». Côté meubles, un certain désordre. *Birou* (de *bureau*) désigne un cabinet ou une table de travail) et *garderobă* (de *garde-robe*) une penderie ou l'ensemble des vêtements ; *bufet* et *bibliotecă* sont sans surprise ; en revanche, *scrin* (de *écrin*), *comodă* et *şifonier* (de *chiffonnier*) désignent tous trois une commode.

Autres décalages, *milieu* est le nom donné à un napperon placé au centre d'une table, d'un buffet, d'un guéridon... *Cuvertură* (de *couverture*) désigne un couvre-lit ou un édredon… Derrière *recamier* se cache un canapé-lit ou un convertible, bien que ce meuble prosaïque ait été inspiré par le divan sur lequel Mme Récamier aimait à recevoir, nonchalamment allongée, dans son célèbre salon.

L'AVENTURE ROUMAINE DE *BONJOUR*

À peine *bonjour !* était-il implanté que les Roumains ont malicieusement fabriqué *bonjurist* pour désigner ces jeunes gens entichés de français, précisément. On repérait un *bonjurist* à ceci qu'il remplaçait le *bunã ziua* roumain par *bonjour*. Ensuite, *bonjurist* a désigné, dans les années prérévolutionnaires de 1848, un Roumain progressiste, imbibé des idées françaises de liberté, partisan de rendre aux provinces de Moldavie et de Valachie, alors sous suzeraineté turque, leur indépendance. Ces *bonjuristi* sont toujours une référence dans la Roumanie contemporaine.

CURIOSITÉS

Non seulement le français est largement présent en roumain, mais on trouve dans cette langue des doublets issus du français. Autrement dit, un même mot français a généré deux mots en roumain.

Ainsi *bouillon* a produit *bulion* et *buion* qui désignent respectivement un coulis et un consommé. *Filet* a généré *file* « fine tranche de viande », mais aussi *fileu* « filet » (tennis). *Tricot* désigne un ouvrage tricoté main et *tricou* le maillot d'un sportif. *Eau de Cologne* est réservé à une eau de qualité tandis qu'*odicolon* s'applique à une eau bas de gamme.

Faux amis

En Roumanie, *galanterie* désigne le rayon sous-vêtements féminins dans un grand magasin, ce qui se comprend aisément. Mais *coc* désigne un chignon, ce qui est bien mystérieux. Ce *coc* est un arrière-neveu de *coque*, nom d'une ancienne coiffure où les cheveux étaient gonflés.

On connaît Christian Dior en Roumanie, notamment ses parfums. Or, le vocable roumain *dihor* (qui se prononce *dior*) désigne le putois. L'animal distille des effluves qui ne sont point poudrés…

Décalage

Pour exprimer des vérités semblables, des métaphores différentes. « C'est l'hôpital qui se moque de la charité » devient en roumain *Râde ciob de oală spartă* « Le débris se moque du pot cassé ». Ou encore « Chat échaudé craint l'eau froide » devra être traduit par *Cine s-a fript cu ciorbă suflă şi-n iaurt* « Qui s'est brûlé avec la soupe soufflera même dans son yaourt ».

L'exemple français

L'adjectif *franţuzit* « francisé » exprime de manière péjorative cette idée de la contamination du langage, des mœurs, de la pensée par le français et la France, cela allant à l'encontre de l'esprit autochtone et du bon sens. Autre référence peu glorieuse aux Français, *amic* (de *ami*) s'applique à quelqu'un dont l'amitié n'est pas très sincère.

À propos des choses du sexe, les Roumains se réfèrent

beaucoup au modèle français. Jugez plutôt. Comme ailleurs en Europe, le baiser avec la langue est nommé *sarut frantuzesc* « baiser français ». Plus original, *amor*, calqué sur le français *amour*, se substitue au terme du cru *gragoste* quand il est question d'une aventure sexuelle. Sachant cela, on imaginera sans peine que *face amor* doive se traduire par « faire du sexe ». Quant à *amorez*, derrière lequel on reconnaît *amoureux*, il désigne un amant, une maîtresse ou… un gigolo.

En Roumanie, on rencontrera quelques personnages pittoresques inspirés par des modèles français. Le premier d'entre eux, *filfizon*, est un dandy. Pourquoi a-t-on été chercher le refrain de la Carmagnole, « Dansons la Carmagnole, vive le son, vive le son ! », pour bricoler ce nom, *filfizon*, qui s'applique à un m'as-tu-vu ? La réputation de futilité des Français y serait-elle pour quelque chose ? Le second, *skubilitic*, est une personne fantasque, fofolle. Ce nom est, lui aussi, emprunté au refrain d'une chanson… « Des pommes, des poires, et des scoubidous-bidous », immortalisée par Sacha Distel. La réputation de légèreté des Français, peut-être ?

Mot choisi

Iulia Hasdeu, anthropologue roumaine vivant en Suisse depuis une dizaine d'années, s'est faite l'ambassadrice du mot roumain *dor*.

« *Dor* (s.m.) est un peu similaire au *saudade* portugais, il signifie "nostalgie, mal de, manque". Il est chanté dans bon nombre de chansons et poèmes populaires. On peut s'en aller avec le *dor*, se fâcher contre le *dor*, appeler le *dor*. Souvent, dans ces poèmes, le *dor* se substitue à une personne aimée absente. On peut s'appeler Doru ou Dorina. *Dor* peut avoir un diminutif, *dorulet*.

Selon le philopsophe Constantin Noica, *dor* représente une

fusion particulière entre la douleur (d'où son étymologie) et le plaisir, ce n'est pas le plaisir de (dans) la douleur mais à la fois plaisir et douleur. *Dor* exprime très bien la résignation, une certaine tristesse et une propension à la mélancolie qui caractérisent l'ambiance de beaucoup de créations. »

DE L'IMAGINAIRE

De l'usage du français en Europe

L'Europe a fait du français des usages divers, certains sont encore perceptibles aujourd'hui.

Dès le milieu du XVIe siècle, le français est choisi pour l'expression des choses subtiles. D'abord en Europe du Nord, dans certains milieux, comme en témoigne *L'Œuvre au noir*, roman de Marguerite Yourcenar. Martin Fuggers, banquier de Cologne, «qui avait fait apprendre aux deux filles le parler français, si convenable aux femmes, s'en servait lui-même quand il lui arrivait d'avoir à exprimer des idées plus déliées ou plus relevées que celles des jours ouvrables». Cette pratique se répand en Europe centrale et orientale au siècle des Lumières.

Au XIXe siècle encore, quand il s'agit des subtilités de l'esprit, des nuances de la pensée, des réticences, ou lorsqu'il faut avoir recours aux demi-tons, aux sous-entendus, aux insinuations plutôt qu'aux déclarations de faits, on se tourne vers le français.

De nos jours, Anglais, Scandinaves, Allemands, Néerlandais, Russes font appel à l'inspiration française lorsqu'ils veulent exprimer un propos subtil, nuancer un concept ou décrire une situation particulière. Les expressions françaises implantées durablement dans de nombreuses cultures ont précisément à voir avec les états d'âme ou les jugements subjectifs. *Fin de siècle... À contrecœur... Arrière-pensée... Bête noire...* En outre, plutôt que de traduire cette sorte d'expression – ce qui est dans la plupart des cas possible –, on fait le choix de l'importer « dans son jus ». Cela confère à ces formules fétiches un parfum d'authenticité qui flatte l'imaginaire : *Demi-monde... Embarras du choix... Enfant gâté... Et pour cause... Excusez du peu... Fait accompli... Noblesse oblige...*

Au siècle de Marivaux, le français passe pour la langue de la galanterie, une langue romanesque qui rend possible l'expression fine du désir et des chagrins d'amour. Aujourd'hui, partout en Europe, on trouve des expressions empruntées au français pour exprimer certaines choses liées à l'amour ou, plus prosaïquement, aux relations sexuelles : *garçonnière, rendez-vous, tête-à-tête, baiser français, maladie française...*

Le français est aussi, à diverses époques et dans différentes circonstances, une langue de l'intimité, du secret, voire de la résistance.

Dans l'Europe aristocratique, parler français est une manière de parler entre soi, en excluant d'autres personnes. Marc Fumaroli rapporte ceci à propos de Frédéric II de Prusse et de Frédérique Sophie-Wilhelmine : « Le frère et la sœur, dans leur enfance et leur jeunesse misérables, avaient trouvé dans la langue française le chiffre de leurs confidences et de leur commune espérance en des jours meilleurs. »

Langue du secret, le français l'est encore à la fin du XIXe siècle et au début du suivant, en Allemagne et aux Pays-Bas. Dans les milieux aisés protestants, on recourt au français pour aborder des questions privées en présence des domestiques.

Le français tient lieu de langue de résistance, en Europe de l'Est, pendant la période soviétique.

Enfin, la dimension ludique de l'usage du français n'est évidemment pas à exclure. Dans la passion gallomaniaque à laquelle s'abandonne l'Europe des Lumières, on reconnaît un certain goût du travestissement et, l'Europe contemporaine, qui use de mots français, bien souvent s'en amuse.

Ce français qui voyage en Europe

Une foule de termes culturels

On retrouve invariablement, d'une langue à l'autre, des mots évocateurs d'un certain art de vivre à la française. La vie quotidienne est touchée en premier lieu : dans l'art culinaire, l'art vestimentaire et l'art d'habiter, raffinement, chic et luxe s'expriment à travers les mots empruntés au français. Il a encore laissé son empreinte dans le domaine de l'architecture et des arts, dans celui de la diplomatie et de la politique.

Sans doute est-ce le propre du français que d'exporter des termes culturels ? Avec certains, c'est une certaine futilité qui voyage (mots liés à la gastronomie, à la mode, à la décoration…), avec d'autres, c'est du sérieux (termes administratifs ou techniques).

Plus étonnant, on trouve, ici ou là en Europe, quantité de mots français ne désignant ni des choses contribuant à l'agrément de la vie, ni des notions utiles à l'organisation de la société. Des mots qui évoquent des comportements, des manières d'être. Les Européens ont, en effet, élu des mots exprimant sentiments ou états d'âme… Une inclination, un agacement, une suspicion, une ironie. Bref, les sphères subtiles sont, elles aussi, concernées par l'apport français.

De belles réussites

Les usages du monde et la politesse, adoptés par les cours étrangères au XVIIIe siècle, ont implanté de petits mots indispensables dans l'Europe d'aujourd'hui : *merci, pardon, bonjour, Madame*…

Tout succès à son revers. Ainsi certains mots unanimement élus ont-ils connu des mésaventures, c'est précisément le cas de *Madame*. Selon les pays d'adoption et au gré de l'évolution des sentiments qu'ont inspirés les Français, *Madame* a endossé des significations variées, plus ou moins positives. Les Anglais usent de *little madam*, formule désignant une jeune pimbêche… Les Allemands font de *Madam* une femme bien en chair aimant se faire servir… Pour les Hongrois *madam* est une sage-femme et pour les Turcs *madama* s'applique à une femme issue des minorités juives et chrétiennes… Les Roumains réservent *madama* à une femme de moralité douteuse… Les Italiens, pendant la conquête de l'Afrique, ont donné à *madama* le sens particulier de « concubine d'un homme blanc »… Les Bulgares appellent *madama* une jolie fille distinguée.

Rendez-vous a fait l'unanimité. À l'exception de la Grèce où un rendez-vous est une simple rencontre, nulle part en Europe *rendez-vous* ne peut avoir le sens neutre ou professionnel que revêt le plus souvent le mot, en français. Cela dit, on note, d'une culture à l'autre, des variantes sémantiques. Ainsi, en Allemagne ou en Italie, le rendez-vous ne peut qu'être galant, aux Pays-Bas, l'un des deux protagonistes ne peut qu'être une maîtresse ou une prostituée.

On l'aura compris, les Français, aux yeux des Européens,

font figure de séducteurs chevronnés. Si l'on en croît le palmarès des mots français choisis, on leur attribue d'ailleurs deux qualités essentielles à l'art de la séduction. *Chic* et *charme* ont, en effet, fait florès dans l'Europe entière. Ces deux petits mots entrent dans l'expression *mit Schick und Charme*, qui évoque en Allemagne la manière française de se comporter. *Chic* va aussi émigrer en Angleterre, en Suède, aux Pays-Bas, en Russie, en Grèce, en Turquie, en Italie, en Espagne, au Portugal,

La France a bien souvent donné le ton en matière de mode, aussi les vêtements, en particulier ceux des dames et leurs dessous, ont-ils voyagé : *corsage*, *corset*, *soutien-gorge*, *déshabillé*, *négligé*... se sont implantés ici ou là.

La garde-robe a suivi. Dans bien des chambres d'Europe, on reconnaît notre *garde-robe* qui tient lieu d'armoire ou de penderie. On la retrouve aussi au théâtre ou dans les restaurants (comme en Hongrie) où elle désigne le vestiaire. Plus curieux, dans les gares bulgares *garderob* désigne la consigne. Dans ce même pays, où l'on adore jouer avec les mots français, le même mot s'applique à un costaud, genre armoire à glace, chargé de la sécurité à l'entrée d'une banque, d'une discothèque...

Dans les villes européennes, on trouvera *boulevard*, *terrasse*, *passage*, *canal*, *pension*, *hôtel*... Et dans les maisons, sachez que, à peu près partout, on reconnaîtra *chaise-longue*, *lampe*, *bureau*, *bibliothèque*, *divan*, *parquet*...

Ce n'est pas une surprise, la gastronomie française a voyagé à travers l'Europe – et cette tradition se maintient. En ce domaine, une ribambelle de mots et parmi eux, deux succès éclatants, l'omelette et le champignon de Paris... *Omelette* est au menu de presque toutes les langues d'Europe. Quant au *champignon*, on le trouve dans les assiettes allemandes, anglaises, danoises, néerlandaises (*champignon*)...

espagnoles (*champiñon*)... russes et roumaines (*champinion*)... suédoises (*champinjon*)... La mayonnaise, la sauce, la crème brûlée, la profiterole et l'éclair ont fait en Europe une carrière fracassante.

Cosmopolitisme

Les deux langues qui fournissent le plus de mots d'usage universel sont le français et l'anglais, avec une légère avance pour le français à la fin du XXe siècle.

Ainsi, en dépit des barrières linguistiques ou culturelles, des mots français à vocation cosmopolite circulent librement, moyennant de menues adaptations graphiques ou phonétiques. Les domaines privilégiés sont l'art militaire, l'industrie et la technologie. On retrouve à peu près partout, sous des habits variés, *sabotage*, *camouflage*, *surveillance*, *reconnaissance*... *tracteur*, *industrie*, *fabrique*... *machine*, *auto*, *autobus*, *moteur*, *garage*...

En outre, le français tient lieu, depuis fort longtemps, de langue véhiculaire. Notre langue a bien souvent transporté des mots italiens, allemands, grecs, anglais... Ces mots avaient été assimilés avant d'être transmis, aussi sont-ils aujourd'hui ressentis comme parfaitement français.

Un français délicieux, obsolète, un français de pacotille ?

Comment qualifier ce français qui voyage en Europe ? Au siècle des Lumières, le français est réellement lu et parlé dans les cours d'Europe. Dans les milieux princiers et aristocratiques, son apprentissage ne se fait pas à travers les livres, mais par la conversation avec des précepteurs et des gouvernantes qui transmettent un français délicieux, une langue vivante, savoureuse, celle de la noblesse de province française. Selon le mot de Marc Fumaroli, l'élite européenne parle « un français succulent et de vieille roche, lavé de toute trace d'abstraction ».

Si l'Europe contemporaine ne pratique plus la langue française, elle garde trace de cet usage si vivant au siècle des Lumières. Des expressions françaises en usage au XVIIIe siècle et aujourd'hui disparues chez nous ont encore cours ailleurs.

Outre-Rhin, *Mir ist ganz blümerant*, littéralement « Je me sens bleu-mourant », équivaut au français « Je me sens pâlir, défaillir ». Le « bleu mourant », cette couleur au nom français, était au XVIIIe siècle un bleu pastel très pâle, fort à la mode. Les motifs des services de table du roi de Prusse Frédéric le Grand étaient de cette couleur.

Déjà vu vient rapidement à l'esprit de mes interlocuteurs allemands, hongrois, anglais... En français, « impression de déjà-vu » ne surgit pas tous les jours dans la conversation, c'est le moins que l'on puisse dire. Il y a des expressions plus couramment utilisées à l'étranger qu'en France même. Le français pratiqué en Europe est, à certains égards, obsolète.

Les formules de politesse et les expressions françaises en usage partout en Europe évoquent un français de salon, un brin désuet, reflet d'une société de pacotille où l'on sait ce que *savoir-vivre*, *compliment* et *faux pas* veulent dire, une société dont les piliers sont le *galant homme*, la *cocotte*, le *bon vivant*, le *chauffeur*, le *maître d'hôtel* et la *gouvernante*. Une société où chacun se doit d'être *élégant* et *chic*, surtout pas *démodé*, les messieurs en *costume*, *redingote* ou *robe de chambre*, les femmes en *décolleté*, un tube de *rouge* à portée de main. Une société où le *salon* et le *boudoir* sont des pièces maîtresses, où le *secrétaire*, le *canapé*, le *sofa* et la *bergère* sont des meubles indispensables, où l'on passe son temps au jeu ou au théâtre, où la *gastronomie* va de soi, où le *restaurant* tient lieu de cantine, *foie gras* et *champagne* au *menu*…

Ce qui voyage avec le français, c'est, décidément, de l'imaginaire.

BIBLIOGRAPHIE SÉLECTIVE

Ouvrages, revues

Jean BOUTIER, *Atlas de l'histoire de France. La France moderne XVIe-XIXe siècle*, Paris, Autrement, coll. « Atlas / Mémoires », 2006.

Louis Antoine CARACCIOLI, *Paris, le modèle des nations étrangères, ou L'Europe française*, 1777.

Jean CARPENTIER et François LEBRUN (sous la dir. de), *Histoire de l'Europe*, Paris, Seuil, 1989.

Bernard CERQUIGLINI, *Une langue orpheline*, Paris, Minuit, coll. « Paradoxes », 2007.

Alain CORBIN (sous la dir. de), *1515 et les Grandes Dates de l'histoire de France revisitées par les grands historiens d'aujourd'hui*, Paris, Seuil, 2005.

Sergio CORRÊA DA COSTA, *Mots sans frontières*, Paris, Éditions du Rocher, 1999.

André CRÉPIN *Histoire de la langue anglaise*, Paris, PUF, coll. « Que sais-je ? », n° 1265, 1967.

Alexis FRANÇOIS, *Histoire de la langue française cultivée des origines à nos jours*, Genève, Alexandre Jullien, 1959.

Marc FUMAROLI, *Quand l'Europe parlait français*, Paris, Éditions de Fallois, 2001.

Georges GOUGENHEIM, *Les Mots français dans l'histoire et dans la vie*, Paris, A. & J. Picard, 1975.

Claude HAGÈGE, *Le Français et les Siècles*, Paris, Odile Jacob, 1987.

Hubert JOLY, « Le français dans une Europe multilingue », *La Banque des mots. Revue de terminologie française*, Paris, Conseil international de la langue française, n° 61, 2001.

José Carlos HERRERAS (sous la dir. de), *1992. Situations linguistiques dans les pays de la communauté européenne*, Lez Valenciennes, 14, 1992.

Jean HUMBERT, *Histoire de la langue grecque*, Paris, PUF, coll. « Que sais-je ? », nº 1483, 1972.

Ciarán MAC GUILL, *L'Irlandais de poche*, Chennevières-sur-Marne, Assimil, 2004.

Frazer MACKENSIE, *Les Relations de l'Angleterre et de la France d'après le vocabulaire*, Paris, Droz, 1939, 2 vol.

Michel MALHERBE, *Les Langages de l'humanité*, Paris, Robert Laffont, coll. « Bouquins », 1995.

Bernard MARINIER, *Le Franc-parler de l'allemand. Guide thématique des bons amis*, Paris, Ellipses, 1994.

Lise Arends OLSEN, *Regards du Danemark. Échanges avec la Suisse aux XVIIIe et XIXe siècles*, Yens-sur-Morges, Éditions Cabédita, 2007.

Charles DE PEYSSONNEL, *Petite Chronique du rididule. Les Français ont-ils changé depuis 1782 ?*, Paris, Payot & Rivages, 2007 (d'après *Les Numéros*, livre anonyme en quatre parties, 1782-1784).

Franziska RAYNAUD, *Histoire de la langue allemande*, Paris, PUF, coll. « Que sais-je ? », nº 1952, 1982.

Alain REY, Frédéric DUVAL, Gilles SIOUFFI, *Mille Ans de langue française. Histoire d'une passion*, Paris, Perrin, 2007.

Paul TEYSSIER, *Histoire de la langue portugaise*, Paris, PUF, coll. « Que sais-je ? », nº 1864, 1980.

Paolo ZOLLI, *Le Parole straniere*, Bologne, Zanichelli, 1991.

Articles

Anna Anastassiadis-Syméonidis, « L'emprunt du grec moderne au français », dans A. CLAS, H. AWAISS, J. HARDANE (sous la dir. de), *L'Éloge de la différence. La voix de l'autre, Actualité scientifique*, Agence universitaire de la francophonie, 2001.

Gueorgui L. ARMIANOV, « Les contacts linguistiques franco-bulgares dans le domaine des dialectes sociaux », *Études balkaniques*, 2001, vol. 2-3.

Nicolas G. CONTOSSOPOULOS, *L'Influence du français sur le grec*, Athènes, 1978.

Nadja DANOVA, « L'image de la France et des Français dans les textes bulgares au seuil des temps modernes », *Études balkaniques*, 2001, vol. 2-3.

José Carlos HERRERAS, « Le panorama linguistique espagnol », *La Linguistique*, 27, 1991 / 1.

Édith MARA, « Recenti influssi francesi nella stampa italiana », *Lingua nostra*, XLV, 1984.

Aïno NIKLAS-SALMINEN, « Le xénisme français *laïcité* en finnois contemporain », *Mots. Les langages du politique*, n° 82, 2006.

Dobrinka PARUSHEVA, « La vie quotidienne "à la française" dans les Balkans, XIXe-début du XXe siècle », *Études balkaniques*, 2001, vol. 2-3.

Alfons PILORZ, « Gallicismes polonais venus par l'intermédiaire de l'allemand », *Roczniki humanistyczne*, tome L, 2002.

Élisabeth ROBERT, « Les Français de Hongrie : les colonies lorraines dans le Banat 1770-1900 », *Études balkaniques*, 2001, vol. 2-3.

Henry SCHOGT, « Les mots d'emprunt en néerlandais : une étude sociolinguistique », *La Linguistique*, vol. 25,1989 / 2.

Nikola VUČO, « L'européanisation des villes de Serbie au XIXe siècle », dans *Istanbul à la jonction des villes balkaniques, méditerranéennes slaves et orientales, aux XVIe-XIXe siècles*, Bucarest, UNESCO, 1977.

SOMMAIRE

En Pologne

En Russie

SEPTIÈME ÉTAPE

UNE LANGUE OURALO-ALTAÏQUE

En Turquie

HUITIÈME ÉTAPE

UNE LANGUE INDO-EUROPÉENNE ISOLÉE

NEUVIÈME ÉTAPE

LES LANGUES ROMANES

RÉALISATION : PAO ÉDITIONS DU SEUIL
IMPRESSION : NORMANDIE ROTO IMPRESSION S.A.S. À LONRAI (61250)
DÉPÔT LÉGAL : FÉVRIER 2009. N° 86258 (09-0145)
IMPRIMÉ EN FRANCE